公共卫生法

PUBLIC HEALTH LAW

伦理、治理与规制

Ethics, Governance, and Regulation

[英国] 约翰·科根 基思·赛雷特 A. M. 维安 著
宋华琳 李芹 李鸽 等 译

JOHN COGGON
KEITH SYRETT
A. M. VIENS

译林出版社

图书在版编目（CIP）数据

公共卫生法：伦理、治理与规制 ／(英) 约翰・科根 (John Coggon)，(英)
基思・赛雷特（Keith Syrett），（英）A. M. 维安（A. M. Viens）著；宋华琳等译.
—南京：译林出版社，2024.1

书名原文：Public Health Law: Ethics, Governance and Regulation

ISBN 978-7-5447-5825-3

Ⅰ.①公…　Ⅱ.①约…　②基…　③A…　④宋…　Ⅲ.①卫生法－研究－英国　Ⅳ.
①D956.121.6

中国国家版本馆 CIP 数据核字（2023）第 241169 号

著作权合同登记号　图字：10-2020-285 号

公共卫生法：伦理、治理与规制［英国］约翰・科根　基思・赛雷特　A.M. 维安／著
宋华琳　李　芹　李　鸻　等／译

责任编辑　黄　洁
装帧设计　周伟伟
校　　对　王　敏
责任印制　单　莉

原文出版　Routledge，2017
出版发行　译林出版社
地　　址　南京市湖南路 1 号 A 楼
邮　　箱　yilin@yilin.com
网　　址　www.yilin.com
市场热线　025-86633278
排　　版　南京展望文化发展有限公司
印　　刷　徐州绪权印刷有限公司
开　　本　850毫米 ×1168毫米　1/32
印　　张　12
插　　页　4
版　　次　2024 年 1 月第 1 版
印　　次　2024 年 1 月第 1 次印刷
书　　号　ISBN 978-7-5447-5825-3
定　　价　76.00 元

本译著系国家社会科学基金重大项目
“突发重大公共卫生事件防控的法治体系研究”（批准号 20&ZD188）
及国家社会科学基金年度项目
“合作规制的行政法研究”（批准号 17BFX004）
的阶段性成果

公共卫生是人类通过有组织的行为防控疾病和维护健康的科学。其重要性毋庸赘言。但是作为公共卫生治理的法律基础和制度保障的公共卫生法则长期被人们甚至职业群体所忽视。值得欣慰的是，《公共卫生法：伦理、治理与规制》一书应运而生，填补了这一空白，成为公共卫生法的经典之作。它精辟且全面地从法学、哲学和伦理学角度对公共卫生的理论进行了诠释，严谨且深入地从私法、公法、刑法和国际法的角度对公共卫生的实践进行了分析，令人眼界大开，受益良多。它对于卫生法学研究和卫生法治实践都具有重要的参考价值。当人类社会正在抗击新型冠状病毒肺炎这一大流行病之际，该书中文版的出版无疑又具有现实意义，对于我国进一步完善公共卫生法治将起到重要的作用。

——王晨光，清华大学法学院和万科公共卫生健康学院教授、教育部特聘岗教授、全国新型冠状病毒肺炎专家组成员

《公共卫生法：伦理、治理与规制》一书作为国际公共卫生领域的奠基之作，构建了融公共卫生法历史、文本与实践于一体的精巧的理论框架与体系，并以立法、政策与个案分析为基础，诠释了公共卫生法所蕴含的伦理、道德与正义价值，完美地展现了公共卫生法的当代意义。在全球进入“后疫情时代”，人们期待健康、包容与合作的特殊背景下，阅读这本充满深邃哲理的跨学科作品，有助于我们分享公共卫生的理论资源和思想，感悟人的尊严与健康的价值，从焦虑与不安中寻求合理期待，勇敢地面向未来。推荐大家阅读这本书。

——韩大元，中国人民大学法学院教授、中国人民大学食品安全治理协同创新中心执行主任

《公共卫生法：伦理、治理与规制》是一本难得的具有全球视野的大家之作，作者们针对公共卫生领域中的法学和法律问题所作的分析，既框架简洁，简明易读，又体系完整，内容丰富；既阐述最基本的学理知识和最前沿的学术动态，又指引深入研读的扩展方向；既严密编织法学的核心内容，又分析伦理等领域与法律的关联方式。总之，在我国亟需建立完备的公共卫生法律制度之时，宋华琳教授等法学学人将此书译介入我国，无疑对我国的法学发展具有重大学术价值。

——朱芒，上海交通大学凯原法学院特聘教授

北宋王安石之子王雱曾曰："卫生者，卫全其生也。"故卫生，有保卫生命、维护健康之意。公共卫生，则指广大公众之健康。当今，公众健康不仅涉及医疗、药物、食品、传染病防控，也同包括空气、土壤、水域、动植物、生活和消费方式等在内的自然与社会环境质量休戚相关，还时不时会发生应与个人或组织权益需要权衡的冲突。以促进人民福祉为第一责任的现代国家和政府，需要各种法律、政策和规制工具加以应对，并动员社会、个人参与到关系所有成员健康利益的公共治理之中，也需要相关的社会正义伦理基础作为支撑。《公共卫生法：伦理、治理与规制》一书的译介，对于我们认识和理解公共卫生及其哲学，认识和理解复杂、有争议且变动的公共卫生法范围以及由民法、刑法、行政法等传统部门法所规束的公共卫生治理与规制手段，对于我们从英国的、欧盟的经验和知识，反思、建构及完善中国的公共卫生治理体系和法律体系，

大有裨益。疫情、洪水等或可过去，公众健康之题是常在的。

——沈岿，北京大学法学院教授、
中国行为法学会软法研究会会长

本书为公共卫生法研究添砖加瓦，做出了意义深远的贡献。通过十章极具可读性的论述，本书对公共卫生的性质、哲学基础加以探究，并论述对于公共卫生政策和实践而言，法律所具有的核心重要意义，是一部价值无可估量的杰作。本书是一部简洁明了并展示相应智识的杰作，公共卫生研究者和工作者读后，必然会在思考中将公共卫生法置于至关重要的地位。

——安东尼·凯塞尔，英格兰公共卫生局全球公共卫生部主任、
英国伦敦卫生与热带医学院荣誉教授

这是一部可理解的公共卫生法导论，构思开阔、阐释清晰，受培训者和实务人员将从中受益良多。本书解释了伦理如何影响公共卫生实践，探讨了英国公共卫生规制史，以及现代法律为公共卫生提供助益和约束的方式。我投身公共卫生三十年，我想我一直在听闻公共卫生之事，并展开讨论，将其视为本行。但本书给公共卫生领域带来活力，让我读后耳目一新。公共卫生伦理和法律不仅鲜活，而且至为重要，乃至激动人心。我将这本书推荐给公共卫生领域的所有人，无论年轻还是年长，是实务专家还是感兴趣的热心人士。公众需要对公共卫生伦理和法律怀有兴趣、加以关注，本书是一个很好的起点。

——约翰·米德尔顿，英国公共卫生学会会长

这部优秀的著作填补了空白，它为开发公共卫生法课程提供了必要工具，为将公共卫生法作为公共卫生工具，提供了背后所需的知识。希望本书能增加读者对法律在公共卫生实践中重要意义的理解，对所有从事公共卫生研究或实务的人，我极力推荐本书。

——罗宾·马丁，英国赫特福德郡大学初级和社区保健中心，公共卫生法荣休教授

目　录

第二部分　公共卫生法的领域

第三部分　反思性结论

致 谢

在撰写本书的过程中，我们积欠了太多人情债。这项工作与我们自身的教学和研究同时进行，我们要感谢学生和合作者，感谢他们对我们的观点和理解的演进所给予的无可估量的帮助。我们特别要感谢安格斯·道森、拉里·戈斯坦和罗宾·马丁多年来对我们的启发与支持。这部著作若干章节的较早版本得到了戴维·科根、葆拉·吉利科尔、希拉·麦吉尼斯、埃伦·斯托克斯和卡罗琳·瓦斯的评论，在此致以特别感谢。我们也非常感谢劳特里奇出版社编辑和制作团队的鼓励与支持。

导　论

很少有什么问题，其在社会或伦理层面的意义，能比政府如何 ix
确保人们在健康条件下生活来得更为重要。在检视这类问题时，无疑要对法律和其他社会协调模式有更为清晰的理解。过去十五年中，人们对公共卫生伦理和法律的关注激增，这体现在教学方面和研究方面。然而，尽管已有很多关于药品和医疗服务规制的教科书，但尤其是在英国，公共卫生法相对没有得到多少关注，也没有什么类似著作。正是为了回应这样的缺失，我们写了这本书。我们的目标是，用一本书的篇幅来撰写一份能为学生、实务人员和决策者理解的专业文本，来检视与解释法律和规制进路是否能推进或约束公共卫生议程，又是如何做到的。

虽然我们也会有更为广阔的法律视角，但还是主要聚焦于英格兰和威尔士管辖区域内的法律。我们希望在公共卫生伦理和法律的学位课程（特别是研究生课程）中，以及在相关专业人士培训课程中，或者在公共卫生法律和政策作为重要组成部分的学位学习和课程学习中，本书能成为核心文本。作为资料来源，我们的目标是，让公共卫生领域工作的学者、实务工作者和政策制定者，以及与之有关联的医疗专业人士和领域，都把此书作为一本主要的参考书。

我们的进路旨在解释公共卫生法领域的精义，其特征为：

> 无论怎样理解，这是一个关系法律、政策和规制面向的研究兼实务领域，旨在针对在人群之中、不同人群之间以及跨越人群的情况，来推进对健康的保护与促进，或施加相应的约束。

为此，将本书分为三部分。第一部分包括三章基础性章节，首先解释了我们如何理解公共卫生观念自身，我们将此视为一个更广阔的实务领域。我们继而探讨了哲学特别是伦理学在公共卫生活动中的作用，最后阐述了英国公共卫生立法与规制的历史。

本书第二部分致力于探讨当代公共卫生法领域。这使得有必要在第四章中对公共卫生法领域加以界定，对其理念予以解释说明。随后的五章旨在说明公共卫生和不同法律领域的关系。这样的进路与问题导向的进路形成了对比，后一种进路下的著作会关注公共卫生领域的特定问题，诸如烟草规制等。我们的目标与之不同，是力图清晰地理解如何通过法律的“运作”，来对公共卫生议程予以推进或限定。这使得各章有必要对私法、刑法、公法、欧盟法、国际法及“更软”的治理模式进行相应论述。我们没有去勾勒可能和公共卫生有关的所有法律的全景（这也是一本书不可能完成的任务），我们对不同领域的法律加以解释，并以例证的方式，说明它们和公共卫生的相关性。

本书第三部分包含了一章简短的结语。这允许开展某种结论性反思，去反思公共卫生法如何作为一个研究和实务领域，得以随着时间推移而发展。总体而言，我们的目标是在这样一部主题为公共卫生法的著作中，让解释的潜能与效用趋于最大化，让内容覆盖尽可能多的读者。我们希望这本书能成为一本有用的参考书，成为推进公共卫生法研究和实务的基础。

我们所讨论的法律以 2016 年 11 月 1 日时仍生效的法律为准。

第一部分

基本原理

第一章　公共卫生

1.1　为什么是公共卫生与法律?

本书对公共卫生法这一领域加以界定和探研，对其基础、范围、 3
限度予以检视，审视了其诸多不同的面向。本书解释了法律和其他规制手段如何既能有助于对公共卫生议程的探求，同时也有可能构成对此的限制。本书的目标是，为实务工作者、政策制定者、学生、学者，为对公共卫生伦理和法律有兴趣的普通读者，为希望理解公共卫生伦理和法律如何影响公共卫生政策和实务不同方面的人，提供一份导读。当下关于公共卫生的理解认为，这个领域的范围超越了政治分歧，跨越了社会和管辖权的边界。就概念而言，公共卫生不限于某个领域或学科，而且遍布于政府活动和社会责任之中，还运用了人文科学、社会科学、自然科学及临床医学中的专业知识。它需要应对疾病、预防疾病，确保有可靠的基础设施来提供洁净的环境，并识别和处理不利于健康的社会因素。[1]

1　参见 Lawrence Gostin and Lindsay Wiley, *Public Health Law: Power, Duty Restraint* (3rd edn., Berkeley: University of California Press 2016)。

面对如此广袤的议程，可以采取不同的进路，从自我规制，即用不同的私人干预与政策干预举措，以将个人和组织向特定方向“助推”（nudge）或“推动”（push）；到通过刚性法律规定，对行为举止施以更为强有力的导引。因此，需要理解：立法如何促进公共卫生实践；当法律、政治和社会标准将个人自由、经济自由等与之相竞争的价值置于优先地位时，立法又如何构成对公共卫生实践的约束。本书对公共卫生活动中不同治理模式的重要性加以考量，分析了不同模式的内在局限；并讨论通过法律和政治规则、原则、规范，能对公共卫生议程的推进施加怎样的约束。

令人讶异的是，在这个领域并没有几本法律教科书。[2] 有许多关于医疗服务伦理和法律的教科书，然而，就公共卫生而言，奇缺类似的著作。[3] 医疗服务伦理的规定显然是政府关于卫生责任的重要组成部分，因此，对医疗服务法予以如此多的关注是恰当的。
4 但在法律伦理文献中，同样重要但远未全面论及的论题是，如何提供可靠的公共卫生基础设施，以及就健康的社会决定因素而言，如何做出政治上可成立的回应，这种回应的基础和范围是什么。[4]

---

2 主要的教科书是前注 Gostin 和 Wiley 的著作，其主要关注美国法。

3 见 Keith Syrett and Oliver Quick, “Pedagogical Promise and Problems: Teaching Public Health Law” (2009) 123 *Public Health* 222。在英国，围绕此主题有一些著作，最应提及的是 Robin Martyn and Linda Johnson (eds), *Law and the Public Dimension of Health* (London: Routledge-Cavendish 2001)。

4 Lawrence Gostin, *Foreword*, in John Coggon, *What Makes Health Public? A Critical Evaluation of Moral, Legal, and Political Claims in Public Health* (Cambridge: Cambridge University Press 2012); Lawrence Gostin, *Global Health Law* (Cambridge, MA: Harvard University Press 2014), chapter 14.

尽管医疗服务法教科书中常常对公共卫生展开有限讨论，[5]但尤其令人感到惊异的是，治理在公共卫生领域有着如此重要、有力的作用，却几乎没有什么公共卫生法教科书致力于对治理的探讨。在本书中，我们将对公共卫生法的讨论与公共卫生责任中的三个领域相关联，即医疗服务体系、公共卫生基础设施，以及更为广义层面上健康的社会决定因素。简言之，我们对这些公共卫生核心职能做如下相应的理解：

- **医疗服务体系**：政府负有核心责任，去保证人民能获得医疗服务体系，当健康状况不佳时，则更需如此回应。在英国法的情境下，[6]卫生大臣有着明确、首要的责任，去促进全面的医疗服务，通过对疾病的预防、诊断和治疗，来改善人们的身体健康和心理健康。[7]

- **公共卫生基础设施**：政府有着核心责任，在更为广泛的意义上，去提供为健康所必需的基础设施条件，例如，通过良好的城市排水系统，通过提供适当的废弃物处理体系，来保障洁净的环境。在英国法的情境下，这样的事务属于不同部门和不

5 例如，见 J. K. Mason and Graeme Laurie, *Mason and McCall Smith's Law and Medical Ethics* (7th edn., Oxford: Oxford University Press 2013); Jonathan Herring, *Medical Law and Ethics* (5th edn., Oxford: Oxford University Press 2014)。

6 需要指出，虽然如本书第三章和第七章中将谈到的，立法权，包括那些和卫生有关的立法权，自 1998 年以来就下放给威尔士，但这里的"英国法"一词是指在英格兰和威尔士管辖范围内的现有法律。在苏格兰和北爱尔兰有着独特的法律体系，这些不是本书的主要关切所在，只是有时也会提及。

7 见 National Health Service Act 2006, s.1 (as amended); Health and Social Care Act 2012, s.1。需要指出，在本书的语境下，我们较少关注公共卫生责任的这第一个要素，因为已有著作对支配医疗服务体系的法律规则加以论述。

同层级政府的权限，涉及中央和地方行政中不同部门的角色。[8]

- **健康的社会决定因素**：政府的核心责任之一在于，通过从社会流行病学和相关学科中获得的理解，就我们所处社会环境对健康的影响加以考量，予以洞察。在英国法的情境下，这可能部分关系到削减卫生不平等的职责，[9] 部分还因为，出于对社会正义的关切，在更广泛意义上关注公共卫生责任的履行。[10]

除了政府责任之外，“公共卫生”的发展还包括私人主体的活动和责任。因此，如果不加以说明，当人们使用“公共卫生”一词时，该词可能有被误读的风险。[11] 在本书中，我们对公共卫生活动持广义
5 的理解。在接下来的章节，我们会说明我们对这个领域的构想，以及之所以如此构想的原因。很明显，公共卫生的集体活动要求一定程度的协调，这一定会导致政府不同形式的干预或监督。[12] 换言之，要对公共卫生有完整的理解，就必须要理解公共卫生伦理和法律。

此外，我们将描述，诸多潜在的公共卫生活动如何处于杰弗里·罗斯所勾勒的“预防悖论”之下。[13] 这包括一种观察到的现象，

---

8 见 National Health Service Act 2006, ss.2A（“大臣负有保护公共卫生的职责”），2B（“地方当局和卫生部长在改进公共卫生中的作用”）；本书第七章对此会开展进一步的讨论。

9 同上注，s.1C。

10 例可见上注 ss. 2A and 2B 条款中关于权力和责任履行的规定。

11 见 Coggon，前注 4，第三章。

12 见 Mark Rothstein, “Rethinking the Meaning of Public Health” (2002) 30 *Journal of Law, Medicine and Ethics* 144。

13 Geoffrey Rose, “Sick Individuals and Sick Populations” (1985) 14 *International Journal of Epidemiology* 32.

即疾病给一般人群所带来的集体负担，许多都由那些在疾病发作之前被界定为相对低风险的人承担。尽管从个体层面看，这些人处于低风险水平，但在数量上他们远多于那些处于高风险的少数人，因此他们对总发病率有相当大的贡献。这使得很难通过激励个人转向“更健康的生活”来获得明显成效，因为大多数人是“低风险”人群，个人由此只能获得微小的收益。

预防悖论对人群健康的治理提出了特定挑战。例如，可以证实，减少食盐摄入量会带来健康收益，但如果在低风险人群中推行这一举措，并不会让人群中的任何个人明显受益。那么如果确实如此，我们应如何证明，作为一项公共政策，应减少食盐摄入量，并由此来制定可行的规制措施，来实现这一目标？在我们整本书中，将深入探讨这两个问题所引发的系列争议，但是，我们立刻注意到，在无法促使个人改变自己的生活方式时，拥有能影响行为改变的方式，在逻辑上就具有重要意义。于是，与法律相关且在更广泛意义上和治理相关的独特机制，就占据了舞台的中心。

为了得出与我们研究相契合的公共卫生定义，我们首先要考虑两个基本问题。在本书第 1.2 节，我们会解释如何**实现**（approached）公共卫生的目标。为此，我们强调通过研究人群可以获得的特定洞见，以及针对人群采取健康措施的特别原因。我们继而在第 1.3 节中，从公共卫生伦理和法律的角度，勾勒了理解这一领域的进路。继而，我们根据公共卫生学会、英国政府（特别是英格兰公共卫生局）和世界卫生组织这三个权威来源提供的情境，来界定公共卫生。在第 1.5 节中，我们将对公共卫生的宽泛定义，置于对这一领域关键问题加以批判性讨论的情境下。在第 1.6 节中，我们强调了核心领域、关键进路和核心的利益相关者，这些都是在本书中受到特别关注之处。

1.2 公共卫生进路：人群与制度

我们在更广泛意义上来描绘公共卫生的特征，这基于对此领
6 域当下聚焦和关切问题的分析。[14] 我们不认为，从业人员、研究人员、政策制定者和理论家就公共卫生的确切范围存在普遍共识。[15] 但人们普遍认识到，**人群**（populations）处于公共卫生的中心，从两个重要方面看尤其如此。其一，公共卫生研究建立在对不同人群的健康和跨人群健康的认识之上，其重点是人群而非个人。[16] 其二，通常通过针对人群的集体措施，来展开公共卫生政策和干预。换言之，就实施层面而言，公共卫生涉及健康的共享责任，并旨在通过集体组织化的手段来改善健康。[17] 从第二点导出的必然推论是，除了将“人群”确定为核心关切之外，还强烈关注法律、政治和社会制度的作用及合法性。因为公共卫生实践需要集体干预，我们需要了解制度如何影响不同的措施，又如何评估采取这些措施

---

14 见下面第 1.4 节中概述的特性，可以对不同作者对公共卫生法律和政策的关注加以比较，如 Gostin and Wiley，前注 1；Wendy Parmet, *Populations, Public Health, and the Law* (Washington: Georgetown University Press 2009); Lindsay Wiley, “Rethinking the New Public Health” (2012) 69 *Washington and Lee Law Review* 207。

15 请注意，一些作者确实从公共卫生的一系列定义中引出共性：例如，见 Parmet，同上注；Marcel Verweij and Angus Dawson, “The Meaning of ‘Public’ in ‘Public Health’” in Angus Dawson and Marcel Verweij (eds), *Ethics, Prevention, and Public Health* (Oxford: Oxford University Press 2007), 13–29。

16 相关介绍，请见 David Coggon, Geoffrey Rose and David Barker, *Epidemiology for the Uninitiated* (5th edn., London: BMJ Books 2003)。

17 见 Charles Guest, Walter Ricciardi, Ichiro Kawachi, and Iain Lang (eds), *Oxford Handbook of Public Health Practice* (3rd edn., Oxford: Oxford University Press 2013)。

的合法性。

为了充实这一点，有用的起点是，去分析杰弗里·罗斯的名篇《患病个体与患病人群》。[18]在这篇文章中，罗斯勾勒出，流行病学研究如何通过检视与比较不同人群内部及跨人群的健康，力图理解人群健康现象的成因和效果，以得出有别于源自临床医学见解的洞见，也有别于仅研究个人或单一人群获得的观点。在开始解释这些洞见有着怎样明显的差异，以及为何有这些差异时，罗斯说：

> 如果每个人每天抽二十支烟，那么，临床研究、病例对照研究和队列研究都将使我们得出结论，肺癌是一种遗传病；在某种意义上，这是正确的，因为如果每个人都暴露在必要的病原体之下，那么，病例的分布就完全取决于个人的易感性。[19]

换言之，要得出我们当前关于吸烟对健康的影响的理解，所需进路是对吸烟者和非吸烟者两类人群加以比较。只有通过这种方法，我们才能取得证据，证明吸烟会导致疾病。[20]

罗斯在推导他的观点时，强调了探寻（looking）的重要性，不仅要探寻个别病例的原因，还要探寻不同人群之间疾病发生率不同的原因。因此，他的关切使我们不仅要探究为什么特定个人罹患疾

18 Rose，前注 13。

19 同上注，第 32 页。

20 Richard Doll and A Bradford Hill, “The Mortality of Doctors in Relation to Their Smoking Habits” (1954) 1 (4877) *British Medical Journal* 1451.

病，还要探究为什么从整体上来看，就某个特定疾病，某一人群比另一人群的发病率更高。罗斯用一个有关血清胆固醇水平的例子，来说明人群和个人视角之间的差异。[21] 他认为，如果我们只关注人群**内部**（within）胆固醇水平差异的决定因素，就可以通过观察诸
7 如基因组成之类的个体特征，来解释个体差异。但是，这些无法解释为什么一个人群血清胆固醇的平均水平整体上高于另一个人群，例如芬兰男性的血清胆固醇水平就高于日本男性。

罗斯表明，通过对人群的研究，我们可以发现在社区中某特定疾病发病率反常地高或低的原因。借助这种方法，一段时间以来，公共卫生研究已为健康状况与特定行为和环境条件之间的**关联**提供了有价值的洞见。这种研究还使阐明因果机制成为可能，使科学家能针对不同群体的不同情况，来预测健康结果。在这位流行病学家的研究成果发表后，迈克尔·马莫特等学者推进了关于**健康的社会决定因素**（social determinants of health）的研究，[22] 相关文献日渐增多。公共卫生研究使人们认识到，我们所处的自然环境与社会环境发生了怎样的变化，生活方式与工作方式又发生了怎样的变化，这些变化与健康结果有着怎样的关联，在某些情况下又如何带来特定的好的或差的健康结果。

罗斯不仅谈到了公共卫生研究提供的独特洞见，还继续讨论指出，通过对流行病学分析中所获取的知识进行回应，有可能推出务实的应对措施。如果我们了解导致人群中疾病发生率的可能原因，

---

21 Rose，前注 12，第 34 页。

22 例如，见 Michael Marmot, *Status Syndrome: How Your Social Standing Directly Affects Your Health and Life Expectancy* (London: Bloomsbury 2004)；Michael Marmot, *The Health Gap: The Challenge of An Unequal World* (London: Bloomsbury 2015)。

我们可能也会了解如何阻止这种状况发生。尤其在现阶段，我们可能会认识到理解公共卫生法的重要意义。如果我们退一步，在**政府视角**的标签下考虑健康问题，就可以对此予以很好的解释。罗斯指出，有两种进路居于卫生政策和实践的核心。其一，我们可以专注于对已患病个体的治疗，这旨在治疗现有的疾病，聚焦于患者个体，并尝试治愈或至少缓解疾病的影响。其二，我们可以制定**预防措施**，旨在从总体上遏制某种疾病的发生，或更为适度地降低特定疾病在社区中的发病率、流行情况或严重性。在此情况下，重点关注人群及其社会环境、自然环境。

医疗保健干预措施的示例是对一名吸烟患者的治疗，这名患者向全科医生主诉了某些症状，告知她正在咳血，经进一步询问，她还伴有其他症状。根据临床分析，确诊患者患有肺癌，并尝试给予化疗和放疗。相较而言，预防进路的示例是戒烟项目，旨在减少目标人群中肺癌和其他呼吸系统疾病的总体发病率。在可能或不大可能患呼吸道疾病的人群中，通过降低人群中吸烟率的协调措施，降低了总体疾病发生率。

对于从事公共卫生研究或工作的读者而言，上述内容大部分都耳熟能详。本节介绍的基础性工作引出了我们对公共卫生的定义。然而，在概述这些定义之前，还需要进行更多的背景分析。在不同的研究方法、不同的健康保护进路之下，对人群考量的方式也不同，这在法律和规制领域引发了对我们关于世界**是**什么样以及我们认为它**应该**是什么样的理解的质疑。用法学家和哲学家的专业术语来讲，它使我们转向对**描述性**（descriptive）和**规范性**（normative）之间关系的思考。理解这些术语，理解这些术语的区别和联系，对于公共卫生实践和公共卫生法至关重要。

1.3 公共卫生中的描述性与规范性

8 根据第 1.2 节中给出的见解，可以说，对公共卫生感兴趣的人都会对描述性**和**规范性概念感兴趣。当我们谈论描述性概念时，我们指的是事实要点，例如科学事实。例如，对描述性研究的考量可能表明，与每周消费 14 个酒精单位[*]或更少的人群成员相比，每周消费超过 14 个酒精单位的人群成员的健康状况会更差。[23] 在这种情况下，我们的科学观察结果是：对于世上某个特定事实的描述，也可能是对这一事实的解释。尽管人们可能认为，公共卫生本身与科学相关，因此对公共卫生的描述是中立的，但应指出，研究时所用方法的合理性，以及确定人群相对健康的“客观”数据，都可能引起争议。[24] 但出于当前的目的，我们将强调，描述性的主张本身并不暗示要有指令性的措施。了解酒类消费对健康的影响，并不等于了解是否应规制酒精，以及如果确实应当规制，又应如何规制酒精。因此，从描述性意义上讲，公共卫生研究我们这个世界是怎样的，而非直接给出导引，例如，我们通过公共卫生研究来了解，酒类消

---

* 一个酒精单位被定义为 10 毫升（按体积）或 8 克（按重量）纯酒精，换言之，125 毫升酒精浓度 8% 的酒即为一个酒精单位。酒精单位是健康教育中常用的标准化衡量工具，用于衡量酒精的摄入量。——译注（本书星号注均为译注，下文不再一一标明。）

23 见 Department of Health, *Alcohol Guidelines Review-Report from the Guidelines Development Group to the UK Chief Medical Officers* (London: Department of Health 2016)。

24 Sam Harper, Nicholas King, Stephen Meersman, Marsha Reichman, Nancy Breen, and John Lynch, “Implicit Value Judgments in the Measurement of Health Inequalities” (2010) 88 *Milbank Quarterly* 4.

费会增加患心脏病、癌症、肝病和癫痫的风险。

相比之下，当我们谈论规范性概念时，我们是在暗示，不是仅仅加以**描述**（described），而是**规定**（prescribed）特定的行为方式，或给出**不作为**（inaction）的要求。仍延续上述示例：科学家证明，过量饮酒会导致健康状况变差。当我们进入规范领域并给出**评估**和“指示”时，我们认为，基于我们所做研究表明的事实，政府应给出特别的回应。因此，酒精造成人群层面的健康危害属于描述性证据，我们由此转向规范性主张，即政府应通过对酒精饮料实施强制最低定价等措施来应对这一问题。

就规范性的观念而言，在某种意义上，我们应该以某种既定的方式对特定的健康问题采取行动，这个见解注定会引起明显的争议。首先，哪些具体事务适于被认为是他人之事，适于成为法律和政策的主题，人们对此存在分歧也是合乎情理之事。例如，有些人会主张，一个人的饮酒习惯既与他人无关，也是不适合成为受公共政策影响的事务。[25] 他们会直白地说：“我选择喝什么不关你的事，更与政府和爱管闲事的专业人士无关！”其他人可能不同意，并给出健康问题是共同关注所系的论断。[26]

在另一个层面上，人们可能会有共识，即诸如酒类消费之类的影响健康的事务是共同关注所系，但合理的分歧在于，什么是适当的干预手段，或者为什么某种干预可能具有正当性。例如，有些人会主张，信息公开运动固然可以接受，但以强制手段来规制我们喝

---

25 参较 Richard Epstein, “In Defense of the ‘Old’ Public Health” (2004) 69 *Brooklyn Law Review* 1421。

26 参较 Lawrence Gostin and Gregg Bloche, “The Politics of Public Health: A Response to Epstein” (2003) 46 *Perspectives in Biology and Medicine* S160。

9 什么，这不具备正当化根据。因此，争论的焦点在于，对公共卫生问题采取特定的实际应对措施，其正当化根据何在。在下一章中，我们将探讨有关公共卫生伦理论争的性质，并探究法律和条例如何可能构成公共卫生活动的助益或限制。在本章第 1.4 节中，我们转而就如何界定公共卫生的范围，对有影响的立场予以概述和分析。在考虑这些立场时，重要的是，要对描述性和规范性要素同时加以检视，理解他们宣称的“权限范围”（jurisdiction），并考虑它们对科学理解、社会使命以及政治控制和协调会带来怎样的影响。

1.4　公共卫生中的核心定义

在公共卫生文献中，研究者提出了广泛的概念性和分析性主张，以支持对公共卫生范围的不同定义。换言之，不同的研究者为不同的关切所驱使，来审视如何对公共卫生领域加以合理界定。尽管在本章中，我们不会尝试对已提出的各种定义加以全面概览，[27] 但在本节中，我们将介绍关于公共卫生最有影响力且最宽泛的一些定义。然后，在第 1.5 节中我们将延续某些关键性讨论，来讨论为什么对公共卫生领域持宽泛的理解，并解释采用这种理解的理由。宽泛定义的倡导者显然被驱使着来寻找全面的手段，以确保整个人群的健康。宽泛定义既关注“上游问题”，即预防不同人群中疾病发生的手段，也注重对紧急卫生需求的响应手段。与劳伦斯·戈斯汀等公共卫生法学者相似，我们将法律分析运用于对公共卫生的理解，这包括了在第 1.1 节所勾勒的三个领域内的运作：提供医

27　关于公共卫生不同特征的更深层次分析，见 Coggon，前注 4，第三章。

疗服务体系的责任，确保公众享有健全公共卫生基础设施的责任，以及对影响健康的社会决定因素予以理解，并应对健康不平等问题的责任。

我们分析公共卫生概念的出发点，是查尔斯–爱德华·温斯洛对该领域的著名界定，此论说导致了这种综合进路的生成：

> 公共卫生是一门预防疾病、延长寿命和促进身体健康与体能的科学和艺术，它的目标既是洁净的环境、社区感染的控制、个人卫生原则的教育，也是架构医疗和护理服务，来实现对疾病的早期诊断和预防治疗，并发展社会机制，通过组织化的社区努力，来确保社区中每个人的生活水准都足以维持健康。
>
> 过去公共卫生主要表现为纯粹治安权（police power）的行使，这迥异于在上述条件下对公共卫生的构想。[28]

温斯洛对公共卫生的定义已经有近百年的历史，这一定义显然仍与许多当代对公共卫生的界定相呼应。[29] 为了当下的目标，我们 10
将参考与英格兰公共卫生法特别相关的三种定义，分别是公共卫生学会、英格兰公共卫生局和世界卫生组织的定义。

1.4.1 公共卫生学会

公共卫生学会称自己为“专家型的英国公共卫生标准制定机

---

28 Charles-Edward Winslow, “The Untilled Fields of Public Health” (1920) 51 (1306) *Science* 23, 30.

29 见 Verweij and Dawson，前注 15。

构”。[30]它是英国皇家内科医师学会中的跨学科组织，成员各有不同的专业背景，并从事不同领域的工作。它通过与其他组织的合作行动，来实现其战略目标，旨在塑造公共卫生职业。[31]该学会将公共卫生的特征描述为：

> 是通过社会的有组织努力，促进并保护健康与福祉，预防疾病和延长寿命的科学和艺术。

公共卫生学会在解释公共卫生概念的内涵时，提出了“公共卫生进路”——

> **公共卫生学会的进路认为公共卫生：**
>
> - 以人群为基础；
> - 强调对健康、健康保护和疾病预防的集体责任；
> - 认识到政府的关键作用，与之相关的关切是将基础性的社会经济因素以及其他更广泛的因素，作为影响健康和疾病的决定因素；
> - 强调与所有致力于人群健康的人建立伙伴关系。[32]

公共卫生学会勾勒了“公共卫生实践的三个关键领域”和“面向公共卫生实践的九个关键领域”。这三个领域是健康促进、优化服

---

30 Faculty of Public Health, <www.fph.org.uk/what_is_public_health> accessed 5 April 2016.

31 同上注。

32 同上注。

务和健康保护。它们被分列在不同主题项下。公共卫生学会认为，健康促进聚焦不平等、教育、住房、就业、家庭/社区、生活方式以及对特定疾病和危险因素的监测与监控。优化服务聚焦临床有效性、效率、服务计划、审计和评估、临床管理和公平。健康保护聚焦传染病、化学药品和毒物、辐射、应急响应和环境健康危害。[33]

公共卫生学会在解释公共卫生实务领域时，提到了六个“核心价值”——

> 公共卫生学会的核心价值认为，公共卫生实践应该是：
> - 公平的；
> - 经授权的；
> - 有效的；
> - 基于证据的； 11
> - 合理的；
> - 包容的。[34]

> 公共卫生学会继续推进九个“关键领域”的实践：
> - 监测和评估人群的健康和福祉；
> - 评估健康和医疗保健干预措施、项目和服务的有效性证据；
> - 政策和策略的制定与实施；
> - 战略领导与卫生合作活动；
> - 健康促进；

33 同上注。

34 同上注。

- 健康保护；
- 卫生和社会服务质量；
- 公共卫生情报；
- 公共卫生学术研究。[35]

1.4.2 英国政府

英国政府对公共卫生的定义如下：

> 公共卫生旨在帮助人们保持健康，并保护他们的健康免受威胁。政府希望每个人无论在何种情况下都能做出更健康的选择，并让疾病的风险和影响趋于最小化。[36]

英格兰公共卫生局成立于2013年4月，当时保守党领导下联合政府的卫生大臣是安德鲁·兰斯利，这是他在英格兰进行卫生政策根本性改革的一部分。英格兰公共卫生局是卫生部的执行机构，负责管理英格兰境内的公共卫生服务（另请参阅本书第三章和第七章）。[37] 它可以确保卫生大臣履行其法定职责，采取适当的步骤，“以保护英格兰公众免受疾病或其他健康风险的危害”。[38] 英格兰公共卫生局称，“我们保护和改善国家的健康和福祉，并减少健康不平

---

35 同上注。

36 UK Government, <www.gov.uk/government/topics/public-health> accessed 5 April 2016.

37 见 HM Government, *Healthy Lives, Healthy People: Our Strategy for Public Health in England* (CM 7985 2010)。

38 见 National Health Service Act 2006, s.2A。

等现象”，[39]它将自己的职责概述如下：

- 通过鼓励讨论，向政府提供建议，并支持地方政府、国民医疗服务体系以及其他人员和组织的行动，使公众更加健康；
- 支持公众，以便他们可以保护和改善自己的健康；
- 通过全国性健康保护服务来保护国民健康，并做好应对突发公共卫生事件的准备；
- 与地方当局、行业和国民医疗服务体系分享我们的信息和专业知识，以帮助他们改善公众健康； 12
- 对数据加以研究、收集和分析，以加深对健康的理解，并就公共卫生问题给出答案；
- 就公众健康的促进加以报告，以便每个人都可以理解这一挑战和下一步的行动；
- 帮助地方当局和国民医疗服务体系构建公共卫生体系及其专业人员队伍。[40]

1.4.3 世界卫生组织

世界卫生组织以如下方式来界定公共卫生：

公共卫生是指为了预防疾病、促进健康并延长寿命，针对整个人群采取的有组织的措施，可能是公共措施或者私人

39 Public Health England, <www.gov.uk/government/organisations/public-health-england/about>accessed 5 April 2016.

40 同上注。

措施。它的活动旨在为人们提供健康生存的条件，它关注整个人群，而非单个患者或单种疾病。因此，公共卫生不仅关乎特定疾病的消除，还与整个系统有关。公共卫生的三个主要职能是：

- 对处于风险中的社区和人群健康进行评估与监控，以确定健康问题和优先次序。
- 制定公共政策，以解决已确定的地方性和全国性健康问题，并确定这些问题的优先次序。
- 确保全部人群都能获得适当且具有成本效益的照顾，包括健康促进和疾病预防服务。[41]

世界卫生组织继而提及一系列公共卫生运动，来说明它对公共卫生的理解范围：

- 预防接种和传染病控制；
- 机动车安全；
- 更安全的工作场所；
- 更安全、更健康的食品；
- 安全的饮用水；
- 更健康的母婴与获得计划生育服务；
- 死于冠心病和中风的人数下降；
- 承认吸烟对健康有害。[42]

---

41 WHO, <www.who.int/trade/glossary/story076/en/> accessed 5 April 2016.

42 同上注。

1.4.4 共同的主题和重点

读者会发现，上述定义之间存在着诸多实质性差异，而且重点也有所区别。但是，这三个定义具有共同的重要特质，我们认为这些应归功于温斯洛的基本观念，特别是在推进以下主题和论点时，这些基本观念尤有助益：

- 这些定义都聚焦于通过预防措施和健康促进来保护健康。
在提及健康和福祉时，需记住世界卫生组织对健康的著名定义， 13
即“身体、精神和社会福祉的完整状态，而不只是远离疾病或虚弱状态”，[43] 我们注意到，温斯洛提到的“身体健康”现在可能已更新至包括精神健康。

- 这些定义强调，公共卫生关乎对人群采取的措施。进而，应通过组织化的方式来实施这些措施。此处的“组织”不限于作为政治行动者的组织，是指公共卫生从业人员在明确发挥着协调作用。

- 公共卫生显然涉及一系列部门和专业：不仅医疗保健专业人员发挥作用，其他主体也发挥作用。

- 公共卫生的特征都聚焦于决定健康状况的广泛因素，并建议通过广泛的方式带来改变，让人们能拥有更好的健康。

- 尽管提到了紧急状态下的健康保护，但是不能将公共卫生活动和责任简化为强制手段或“治安权”的使用。

---

43 United Nations, Preamble to the Constitution of the World Health Organization, entered into force 7 April 1948, 14 UNTS 185.

- 最后，也是相关地，我们可以主张，不同的定义给出了关于社会任务的不同愿景。此处不同定义之间可能存在显著的差异。例如，公共卫生学会致力于平等和社会正义；英国政府的定义以政治权利为中心，强调个人的责任和自由；世界卫生组织则强调了公共卫生在各部门中的核心地位。

第 1.5 节将就我们对公共卫生的广泛理解，给予学理上的解释，并给出正当化根据，在此之前，我们以一个英格兰公共卫生治理的实例来结束当前的讨论。虽然英格兰公共卫生局是卫生部的机构，但在英格兰，政府已将公共卫生责任下放给地方当局。[44] 根据《2012 年健康与社会照顾法》第 12 条的修正，《2006 年国民医疗服务法》第 2B（1）条规定："每个地方当局必须采取其认为适当的措施，来改善当地人民的健康。"英格兰公共卫生局负有支持这项职能的法律义务，此外，它的正式角色是"向政府、地方政府、国民医疗服务体系、议会和国会议员、产业界、公共卫生专业人士和公众，提供循证的、科学的、可传递的专业知识和建议"。[45] 鉴于英格兰公共卫生局的上述职责，以及它更为广泛的跨学科、跨部门职能，[46] 可将公共卫生视为一个广泛的领域，这也强调了公共卫生学会和世界卫生组织所主张的重点。然而，采用这种宽泛进路的界定，需要考虑学术上的融贯性，我们现在就来谈谈这一点。

---

44 见本书第三章对权力下放的进一步讨论。

45 Department of Health/Public Health England, *Framework Agreement between the Department of Health and Public Health England* (London: Public Health England 2013), 4.

46 同上注。

1.5 公共卫生的范围：批判性见解及采用宽泛理解的原因

我们认为，最好按照上述当下最主流的思潮，来界定公共卫生的范围。上述机构认定的相关活动可能涵盖了主流生物伦理和医疗服务法律实务的标准关切，但又明显超出了这一范围。[47] 尽管医疗 14
服务法律实务领域集中关注卫生部门内部的互动、权利和义务，但我们对更宽泛的问题更感兴趣。在理解健康的**共同责任**（shared responsibility）这一使命的驱使下，公共卫生法领域的实务人士和学者确实聚焦于医疗服务，特别是如何提供适当的医疗服务。但正如我们已强调的，公共卫生实践也寄望于政治责任，来确保公共卫生基础设施，并对健康的社会决定因素加以回应。如果没有洁净的环境，获得医疗服务的关切也就没多大价值；对于完备的健康而言，清洁水质、适当的污水处理、可获得安全食物等可谓至关重要。此外，我们的**社会**（social）环境给我们的健康带来了直接影响，这一认识也日益为人们所接受。[48] 明确、一贯的证据表明，在当下及整个生命周期中，社会地位决定健康状况。[49] 即使在社会地位类似的人中，社会互动也会对与健康有关的信念和行为产生重要影响，从而改变疾病和残疾的发生率。出于这些原因，就上一节中

---

47 也可以比较 Gostin and Wiley，前注 1，第一章中的讨论。

48 Gostin，前注 4，第十四章。Irene H. Yen and S. Leonard Syme, “The Social Environment and Health: A Discussion of the Epidemiologic Literature” (1999) 20 *Annual Review of Public Health* 287.

49 见 Marmot, *Status Syndrome*，前注 22。

描述的公共卫生活动而言，其关注整体自然环境和社会环境、环境对健康的影响，并关注如何可能通过公共卫生的调适来改进健康，具有正当性。

因此，如上所述，对公共卫生的宽泛界定，必然包含来自全社会的行为主体、实践和进路。它们不限于某个政府部门或行政机构的工作，也不限于任何一组专业人士的实践。在有关公共卫生伦理和法律的文献中，对公共卫生范围持宽泛界定的见解，已对多位学者的见解和著述产生了深远影响，包括劳伦斯·戈斯汀[50]和温迪·帕尔梅[51]等法学学者，以及马塞尔·韦尔维和安格斯·道森[52]等哲学学者。但也有批判性的哲学和法律文献提示，我们应该警惕对公共卫生加以宽泛界定。本书作者之一在其他著作中曾经论及，围绕对公共卫生的宽泛定义，存在两种较为突出的质疑：可将第一种称为**自由论式的批评**，将第二种称为**基于管辖范围的批评**。[53]在此对这两种质疑加以简要讨论，或有助益。

在理查德·爱泼斯坦的著述中，源自自由论的批评得到了很好的印证。[54]在本书第二章中，我们将探讨公共卫生伦理学中的不同哲学进路。在此要说明的是，就一般意义而言，可以通过两个特征对自由论加以界定。首先是伦理上的关切，即国家只有有限的**权力**，去强迫人们以特定方式行事；换言之，对于政府合法行使

50 Gostin and Wiley，前注 1。

51 Parmet，前注 14。

52 Angus Dawson and Marcel Verweij, "Public Health Ethics: A Manifesto" (2008) 1 *Public Health Ethics* 1.

53 见 Coggon，前注 4，第 52—59 页。

54 见 Epstein，前注 25。

权力强制公民的程度，有着严格的限制。正如纳菲尔德生物伦理委员会发布的公共卫生伦理报告所指出的，通常将这项权力限制在保护生命、自由和财产所需的国家强制范围内。[55] 因此，可以认为，自由论者宣称政府介入公共卫生活动时只有有限的权力，这为在狭义范围内勾勒公共卫生提供了**规范性**基础。秉承自由论的公共卫生法学者认为，政府可以合法行使其治安权力，例如，在公 15
共卫生紧急状态下，去控制诸如埃博拉之类的传染病暴发。但是，这些法学学者并不认为，强制性法律能为控制“生活方式疾病”提供正当性。例如，出于以上原因，诸如爱泼斯坦这样的自由主义者批评了“肥胖症流行”的表述，认为该词给出了错误的暗示，即政府可以合法扮演相应角色，来强迫人们采取特定的生活方式，以减少肥胖症。他们认为，如果公共卫生的概念涵盖了针对诸如健康的社会决定因素等事务的政府活动，那么，这种概念就过于宽泛，是不可接受的，因为它所依赖的政府角色无法成立。更通俗地说，这种概念创造了“保姆式国家”，而忽略了个人可以选择承担任何风险的权利和责任。

作为对这种规范性批评形式的补充，自由论者还可能针对宽泛的公共卫生领域提出描述性论据，即经验性论据。从形式上看，虽然描述性论证可能会成为采用自由论立场的理由，但其仍有别于规范性论证。无论如何，在此情况下，此观念并不直接涉及关乎生命、自由和财产的道德权利。它更多涉及关于健康的社会决定因素的主张，以及有关规制效率和效果的论说，此观念构成了对这些主

55 Nuffield Council on Bioethics, *Public Health: Ethical Issues* (London: Nuffield Council on Bioethics 2007).

张的否定。以下段落摘选自爱泼斯坦的一篇论文，他举例说明，如何用经验性主张来支持规范性论证：

> 无可争议的证据表明，超重的成年人和儿童都比以前多，改变饮食结构和加强锻炼对防止肥胖成为一个纯个人问题而言大有助益。但是，用“流行病”这个词来看待这一问题，是**错误**的方法。不存在不具传染性的流行病。[56]

爱泼斯坦接着写道：

> 将肥胖症认定为一种公共卫生流行病，是为了表明政府强制是合适的，而事实并非如此。教育和说服是合适的，但在没有政府强制，甚至就个人健康目标应当是什么，以及如何以最佳方式实现目标，尚不存在政府指南和警示的情况下，也可以通过私人机构和私人基金会来进行教育和说服。[57]

我们在爱泼斯坦的论述中发现，他接受肥胖率的增长，但否认“肥胖症流行”这种表述的合理性。他进而指出，在公共干预更少而非更多时，会有更多保持更健康体重的激励：秉承此见解，因为“安全网”的存在，公共福利为不健康的生活方式提供了激励。爱泼斯坦还指出，无论如何，私人主体将比公共当局做得更好：“的确，和其他领域一样，有充分的理由担心，提高受保障的医疗保健水平，

56 Epstein，前注 25，第 1462 页。

57 同上注，第 1462—1463 页。

会削弱总体健康水平的根基。”[58]

在略有不同的意义上，自由论者对公共卫生宽泛界定的批评，立足于这样的原则性基础：所提出的规范性论说，是在质疑将公共卫生活动定位于更广泛射程的合法性。相较而言，我们所称的“管辖范围批判”给出了另一种替代的、**务实的**（pragmatic）理念，其仅适用于对公共卫生概念加以狭义界定。最著名的管辖范围批评的 16
支持者是马克·罗思坦，这尤其体现于他所撰写的《重新思考公共卫生的意义》一文。罗思坦论称，我们应该将对公共卫生行为者的理解以及对公共卫生的理解，狭义地限制于特定政府行为者范围内。他的论说本质上是指，如对公共卫生持更宽泛的理解，则无法对其施加妥当的控制：如果公共卫生延伸至整个政府部门和社会部门，那么它要求得就太多了。据此见解，要让公共卫生伦理和法律成为可行的研究领域，就不应对公共卫生做过于扩展化的理解。我们可以认为，纯粹的可管理性意味着我们不应该对公共卫生有宽泛的理解。此外，虽然罗思坦不认为公共卫生干预措施一定是强制性的，但他觉得这些干预措施总归会引起某种类型的争议。因此，出于公众接受性的考虑，绝不能对公共卫生有过于宽泛的构想：如果主张公共卫生干预措施的范围过宽，则会削弱公众对公共卫生措施的接受。[59] 罗思坦的观点是：“公共卫生是一个特定的法律术语，是指明确界定的权力、义务、权利和责任。”[60]

罗思坦的立场对公共卫生给出了狭义定义，但他提供的理由并

58 同上注，第 1463 页。

59 Rothstein，前注 12。

60 同上注。

未令我们信服。如我们已证实的，我们首要的理由是，在对公共卫生持宽泛理解的情况下，最相关的公共卫生行为者得以开展工作。如果我们遵循罗思坦的推理，至少在英格兰，最需要考虑的政府机构显然是英格兰公共卫生局和地方政府，因为它们被赋予了公共卫生职责。[61] 但我们已经看到，英格兰公共卫生局涉及政府的各个层次和部门，并与许多利益相关方有密切的联系。即便公共卫生理论家认为如此构建英格兰公共卫生局的架构是错误的，但在研究该机构职能时，如果我们对公共卫生法形成的理解要与英格兰当下实践相宜，就必须考虑该机构宽泛的权限。

除了这种务实的关切之外，还有对公共卫生概念加以宽泛界定的其他理由。如果认为采取此种进路之前就不再对此进行探究，那么这相当于是对自由论之类批评立场的回应。作为一项学术事业，不能将公共卫生法的研究囿于被规范性的自由论者理想化的领域。一部公共卫生法的教科书也需要考虑其他视角，可以倾听自由论者的主张，但不能固守其主张而排斥其他可替代的视角。类似地，对关于健康的社会决定因素的论说，如果完全加以无视，对其不加考虑，也是错误之举。

最后，不管英国公共卫生法对诸事物是如何设计架构的，去检视不同的规制模式对于如何理解人口健康状况的成因，理解如何改善这些结果，有着怎样的关联性，都具有显著功用。因此，我们在本书中，建议对公共卫生进行宽泛的记述，这在前一节中有所讨论，也受到了温斯洛的启发。读者不必对这些定义的规范价值深信不疑

61 National Health Service Act 2006, s.2B; Health and Social Care Act 2012, s.12. 参阅本书第三、七、九章。

（请参阅第二章），在后续章节中将发现它们的实际功用。真正难能可贵的，不在于找到公共卫生的“准确”定义，而在于理解我们的社会环境和自然环境如何影响健康，以及这种理解可能对不同的治理形式及其合法性带来怎样的影响。

1.6 从当下的公共卫生进路到对公共卫生法的界定

本章前五节已解释了，为何要将公共卫生理解为一个广泛的研 17
究和实践领域，以及如何理解公共卫生。我们已经认识到，公共卫生的基础在于从人群研究中获取的知识。我们还认识到，可以针对社会施行协调一致的干预措施，通过就此形成的总体承诺，来确定公共卫生活动。回到温斯洛的观点，公共卫生议程与“通过有组织的社区努力来预防疾病、延长寿命、促进身体的［现在我们会加上心理的］健康和效能”有关。[62] 在上文述及的公共卫生学会、英格兰公共卫生局和世界卫生组织的定义中，我们已经初步介绍了这个具有巨大范围和深度的领域。我们将特别重申世界卫生组织曾强调的观念，即公共卫生“**活动旨在为人们提供健康生存的条件，它关注整个人群，而非单个患者或单种疾病**”。[63]

本书试图将法律分析应用于公共卫生这一广泛的研究和实务领域。我们将看到，公共卫生法是如何被（正确或错误地）使用，以追求爱泼斯坦等自由论者认为不连贯或不合法的目的。我们将看到，公共卫生法领域包括了公共主体和私人主体，而罗思坦认为这

62 Winslow，前注 28，第 30 页。
63 WHO，前注 41。

些不应构成公共卫生治理和实践的一部分。简言之，我们在研究如何运用法律和治理，来帮助人们创造健康生活的条件；以及法律、政治、伦理和社会的限制，如何有可能构成对潜在公共卫生议程的限制。

在本书的第二部分，在第四章中我们提出并解释了对**公共卫生法**领域的界定，在之后的第五章至第九章中，分别对公共卫生的私法、刑法、公法、欧盟法与政策、国际法与政策、自我规制与治理加以研究，对公共卫生法进行阐述。在那之前，本书的第一部分将介绍另外两项基础工作。我们在第二章中对公共卫生伦理领域加以检视。鉴于公共卫生伦理的情境和内容具有高度政治性和争议性，在有关公共卫生法律与实践的辩论中，明显呈现出规范性论证的特征。单从学理上看，可以在不考虑公共卫生伦理的情况下研究当代公共卫生法。但我们认为，任何这样的割裂都会漏掉这一领域中不可或缺的方面。我们同样认为，对这一领域的历史认知，对于理解当代公共卫生法具有至关重要的意义。相应地，在本书第三章中，我们将讲述，英国公共卫生法领域如何随着时间推移而不断演进。

这一基础工作将使我们对公共卫生法给出以下定义：

> **公共卫生法是一个研究领域与实务领域，它涉及法律、政策和规制的许多方面，无论如何理解，这些促进或限制了在人群内部、人群之间和跨人群展开的保护和促进健康的活动。**[64]

---

64 参较 Coggon，前注 4，第 90—91 页。

本章提出的概念已经清楚地表明，我们为什么选择对公共卫生持这种宽泛的界定。本书的读者需始终记得，在考虑为人们提供保持健康生活的条件时，也需要关注医疗服务体系、公共卫生基础设 18
施及健康的社会决定因素，在界定公共卫生法时也必须牢记这几项内容。法律责任和政治责任都构成了回应这些关切的政府责任基础。我们在其间发现了涉及公共主体和私人主体的活动，其旨在疾病出现时克服疾病，并在最初就致力于预防疾病的发生；并改善社会环境，以应对疾病的社会决定因素。本书的每位作者都推进了关于公共卫生伦理的论说。尽管我们都认为公共卫生法的实践涉及伦理议程，但本书中我们**并未**固守或主张某种特定的立场。更准确地说，我们对公共卫生所牵涉的事务秉持上述理解，并研究了这些事务与硬法及相对较软治理模式的关系。

本章小结

- 公共卫生活动涵盖了广泛的议程，包括政府的和社会的责任，以确保获得医疗服务体系，提供公共卫生基础设施，并关注疾病的社会决定因素。
- 公共卫生研究聚焦于人群，公共卫生干预通常聚焦于在人群而非个人层面引起变化的措施。
- 鉴于这些焦点，公共卫生活动必须整合法律和其他社会协同形式。
- 在考虑实施公共卫生法律和政策时，必须同时考虑描述性问题和规范性问题：
    - 描述性问题涉及事实（例如，吸烟导致疾病的循证主张）。

○ 规范性问题涉及评价事务（例如，声称人们选择吸烟是不好的）和指导行动的声明（例如，声称政府采取禁烟行动是正确的）。

• 为了有助于探讨这些问题，本书对公共卫生法加以探究和解释，将其定义为：

> 公共卫生法是一个研究领域与实务领域，它涉及法律、政策和规制的许多方面，无论如何理解，这些促进或限制了在人群内部、人群之间和跨人群展开的保护和促进健康的活动。

1.7 扩展阅读

John Coggon, *What Makes Health Public? A Critical Evaluation of Moral, Legal, and Political Claims in Public Health* (Cambridge: Cambridge University Press 2012).

Richard Epstein, "Let the Shoemaker Stick to His Last: A Defence of the 'Old' Public Health" (2003) 46 *Perspectives in Biology and Medicine* S138.

Lawrence Gostin and Gregg Bloche, "The Politics of Public Health: A Response to Epstein" (2003) 46 *Perspectives in Biology and Medicine* S160.

Wendy Parmet, *Populations, Public Health, and the Law* (Washington: Georgetown University Press 2009).

Geoffrey Rose, "Sick Individuals and Sick Populations" (1985) 14 *International Journal of Epidemiology* 32.

第二章　公共卫生、哲学和伦理

2.1　哲学在公共卫生法律与实践中的重要意义

哲学与公共卫生政策、实践和研究有着显著的关联。越来越多 19
的哲学家和有哲学思维的法律人关注支撑公共卫生的哲学问题和公共卫生提出的哲学问题。然而，由于大多数公共卫生从业者和政策制定者并未在教育或培训中接触过哲学，因此，如何将哲学适用于公共卫生语境，可能会存在不情愿的情况或不确定性。正如我们在本书第一章中所看到的，就连试图界定何为“公共卫生”，本身也构成一项哲学事业。我们还看到，如何回答这个概念问题，将同如下问题的回答产生直接的实际关联，包括公共卫生活动涉及哪些领域，由谁承担公共卫生义务，哪些方法适用于公共卫生的促进和保护。

对公共卫生问题进行哲学反思和分析，其核心涉及对可能的、实际的和拟议的公共卫生政策和措施问题开展批判性评估。[1] 这种批

1　John Coggon, *What Makes Health Public? A Critical Evaluation of Moral, Legal, and Political Claims in Public Health* (Cambridge: Cambridge University Press 2012) 93.

判性评估可以帮助我们揭示特定的预设；确定不可或缺的主张和区别；通过推理，探究诸多道德、政治和法律因素如何影响不同的公共卫生活动。进一步地，对哲学理论、定义和概念更加谙熟，也能为我们提供有用的词汇，并为对公共卫生、公共卫生伦理、公共卫生法的分析提供基础。

本章探究哲学与公共卫生的相关性，特别是在以下语境中：公共卫生引发了伦理问题，而公共卫生伦理的核心部分试图应对这些问题。它开始于对规范性考量的阐明，以及这些考量如何以不同的方式与公共卫生产生相关性。在检视公共卫生法律与实务的任务和目标时，我们可以看到，规范性考量在形塑不同公共卫生活动时，以内隐或外显的方式发挥着显著作用。特别是，我们经常看到，不
20 同的伦理价值和政治价值如何构成了公共卫生政策的支撑。本章继而检视了在对公共卫生进行批评性评估时使用的不同方法，这些方法用于承担相应的哲学任务，来澄清、批评、整合和重新评估公共卫生的伦理价值和政治价值。我们继而勾勒出伦理考虑和价值会以何种不同的方式，对职业伦理、伦理指南和公共卫生当局的适当社会角色等问题施加影响。最后，本章侧重于伦理指南和伦理规制，对公共卫生伦理的不同进路加以归纳，这些进路是用来反思公共卫生事业的伦理维度，给公共卫生实务以导引，并用于公共卫生政策制定的。

2.2 哲学与公共卫生

公共卫生提出了许多需要认真考量的哲学问题。这是事实，不仅因为它们本身是发人深省而重要的问题，还因为哲学能对公共卫

生政策、实践和研究的诸多方面予以阐发。本章聚焦于公共卫生伦理问题。然而，应当认识到，伦理学并非影响公共卫生的唯一哲学分支。例如，公共卫生提出了形而上学或本体论的问题，即世界是怎样的，世界上有什么事物存在，何为健康或疾病，[2]什么构成了人群，[3]或者我们应该如何理解因果关系的本质。[4]公共卫生也提出了认识论问题，要追问我们知道什么，或如何为我们所相信的事务提供正当化根据。[5]同样，在逻辑学和科学哲学中，公共卫生也提出了关于批判性推理，以及我们应该如何收集和分析证据（用来做出关于公共卫生政策和行动的决断）的问题。这些问题包括：为什么在研究中有必要进行统计测试，或开展一定的推理形式；或为什么需要使用特定的数据收集方法；或在证明吸烟导致肺癌之前，需要什么样的证据标准？[6]所有这些哲学问题都有助于构成判定的基础，来判定特定情形的真伪，判定其是客观还是主观，是理性还是非理性。

---

2 Christopher Boorse, "Health as a Theoretical Concept" (1977) 44 *Philosophy of Science* 542; Ian Kennedy, *The Unmasking of Medicine* (London: Allen and Unwin 1983); K. Codell Carter, *The Rise of Causal Theories of Disease* (Aldershot: Ashgate 2003).

3 Nancy Krieger, "Who and What Is a 'Population'? Historical Debates, Current Controversies, and Implications for Understanding 'Population Health' and Rectifying Health Inequities" (2012) 90 *The Millbank Quarterly* 634.

4 Kenneth Rothman and Sander Greenland, "Causation and Causal Inference in Epidemiology" (2005) 95 *American Journal of Public Health* S144; Alex Broadbent, *Philosophy of Epidemiology* (London: Palgrave 2013).

5 Stephen John, "Expert Testimony and Epistemological Free-Riding: The MMR Controversy?" (2011) 61 *The Philosophical Quarterly* 496.

6 Sam Harper, Nicholas King, Stephen Meersman, Marsha Reichman, Nancy Breen, and John Lynch, "Implicit Value Judgments in the Measurement of Health Inequalities" (2010) 88 *The Milbank Quarterly* 4.

关注这些事务具有重要意义，因为这使得科学实践在方法论上更为严谨，更不易产生偏见或错误。

当人们想到公共卫生时，它通常是一项与科学调查和统计评估相关的客观事业，并根据此类科学调查制定政策。公共卫生活动力求通过现有的最佳信息来知晓情况，根据科学证据所告诉的内容来采取行动，来促进或保护人口健康。[7] 因此，通常认为公共卫生主要是一项描述性的事业；它能告诉我们，什么使某个人群或群体健康
21 或不健康，以及可以用怎样的干预措施来对不同的健康状况施加影响。然而，如果认为诸如流行病学研究或政策制定之类的活动本质上仅仅是描述性的，或对特定的规范性承诺持中立倾向，那就错了。不同的规范视角或价值框定并塑造了要提出的问题，确定可以接受哪些形式的证据，采用何种程序，以及怎样的结果将被判定为成功。我们在本书第一章中概述了描述性和规范性主张之间的重要区别，现在将对此进行更深入的解释。

当我们给出**描述性主张**时，我们关心的是经验性考量，这种经验性考量表达了对事物是怎样的或可能是怎样的一种理解。我们可以将它与**规范性主张**相对比。规范性主张表达的是，事物应该是怎样的，或者为什么可能的替代方案会更好。公共卫生不仅是描述性的，它也是规范性的事业。因此，重要的是，更好地理解对公共卫生规范层面的关注，如何影响政策和实践。尤为关键的是，我们要

---

7 Michael McGinnis and Deborah Maiese, “Defining Mission, Goals, and Objectives” in F. Douglas Scutchfield and C. William Keck (eds), *Principles of Public Health Practice* (Albany, NY: Delmar 1997) 131; Hebe Gouda and John Powles, “The Science of Epidemiology and the Methods Needed for Public Health Assessments: A Review of Epidemiology Textbooks” (2014) 14 *BMC Public Health* 139.

确定，如何从对人群健康本身的描述性主张，转向应生成何种公共卫生活动的规范性主张。正如丹尼尔·戈德堡所指出的那样：

> 在生成政策意涵方面，流行病学的证据“不言自明”，这一观念是可受质疑的。直接从描述性过渡到规范性，犯了自然主义的谬误；世间有确定方式的事实，这本身并不能证明世间就应如此。[8]

公共卫生伦理的许多工作都关系到我们对如下问题的阐释：为什么特定的公共卫生政策会是适当的或不适当的，为什么我们采用特定的公共卫生措施来推进这些政策是具备或缺少正当化根据的。

2.2.1 规范性

我们在本书中涉及的许多问题本质上都是规范性问题，这些主要为伦理、政治和法哲学领域所涵盖。当哲学家对规范性问题或规范性感兴趣时，他们会很关注我们在特定情况下有理由做的那些事。规范性有两个面向，**道义性**（deontic，来自希腊语 deon，表示具有约束力）和**评价性**（evaluative，来自拉丁语 valores，表示具有价值）。[9]

在提出规范性主张时，我们经常会看到熟悉的术语，来试图指

---

8 Daniel Goldberg, “Social Justice, Health Inequalities and Methodological Individualism in US Health Promotion” (2012) 5 *Public Health Ethics* 104, 106–107.

9 Christine Tappolet, “Evaluative vs. Deontic Concepts” in Hugh Lafollette (ed), *International Encyclopedia of Ethics* (Oxford: Wiley-Blackwell 2013) 1791–1799.

导预期的行动，或对已采取的行动做出评判。有些规范性术语是**道义性**的——例如，我们说某项行动正确、错误，公正、不公正，必要的、被禁止的、强制的或允许的，应当或不应当的。道义性规范涉及要求、禁止或容许，是对特定要求的表达，例如声称某人享有健康权，或主张某人负有不将传染病传染给他人的义务。有些规范性术语也是评价性的，例如，一个行为是好的、坏的、更好的、更坏的、最好的、邪恶的，应受谴责的、值得赞扬的、可受奖励的或是应受惩罚
22 的。评价性规范涉及对特定活动或事务状态的重要性或价值的评估，例如，声称如果每个人的健康权都得到保障，社会将更幸福；或者主张将传染病传染给他人是轻率和粗鲁的行为。

虽然道义性和评价性都属于规范层面的范畴，我们仍应谨慎地理解二者之间的关系。我们尤其需要理解，道义性和评价性的主张如何成为制定或修订某些公共卫生政策的论据，或用以证明实施某种公共卫生干预措施的正当性。先考虑这种评价性主张："摄入太多糖分对你的健康有害。"即使我们都同意这一评价性主张，这构成了怎样的道义隐喻？你吃太多糖，这在伦理上是不对的吗？我们有义务鼓励人们少吃糖吗？我们有权利禁止销售含糖量过高的食品吗？不能想当然地认为，只要某些评价是正确的，就应随之发布道义性的指令。针对摄入糖分的评价性主张，要使得任何道义论上的可能回应合法化，都需以进一步的支持和论证为前提。

是否规范性的某个类别比另一类更为基础，或者我们是否应该根据一个类别来理解另一个类别，对此存在实质性的理论质疑。无须在此解决这些问题。然而，了解不同的规范性类别如何互动，将是公共卫生政策和实践中经常出现的问题。通常情况下，当一个作

者仅仅提出了一个推断性的评价性主张时，公共卫生的拥簇者就得出明显且坚定的道义性结论。公共卫生伦理工作的一部分在于，以公共卫生的名义确定应当做什么，或不应做什么，这些直接成为公共卫生实践和公共卫生法的内容。

例如，考虑一下健康不平等是否不好，以及这种不平等是否不公平这个问题。（可以回想一下，本书第一章展现了公共卫生机构如何主张自己被授予解决健康不平等问题的权力。）我们可能探求用不同的方式，来解释健康不平等带来的不公平。有些伦理理论会诉诸评价性事实，来解释道义性事实。例如，古典功利主义声称，可以用后果的恶劣，来说明是什么构成一种不公正的行为。在功利主义者看来，恶劣的健康不平等是不公正的，其原因在于，这种不平等导致了更大范围的总体健康状况不佳。根据这样的理论，在概念层面，评价性优先于道义性。就根本意义而言，所有的伦理主张都是评价性主张，涉及的是为什么某一行为或政策对某人的健康和福祉而言是好的、糟的、较好的或较糟的。以对健康权的考量为例，在功利主义者看来，既然我们应该根据后果来理解是与非，那么，只有当健康权的存在能带来更高水平的健康时，我们才有健康权。如果享有健康权的总体结果不会带来道德上的良好结果，那么我们就不认为存在健康权；或者，如果存在这项权利，并实现了更好的结果，那么它就更为重要。

其他伦理理论将诉诸道义性事实，来对评价性事实加以解释。例如，经典的道义论主张，通过某人的权利或义务是否遭到侵犯，来说明是什么构成了违法行为。在道义论者看来，使健康不平等变得不公平的，并非不平等造成的不良后果，而是这种不平等如何侵犯了某人被平等对待的权利，例如，侵犯了平等获得医疗保健的

权利。根据这些理论，相较于评价性概念而言，道义性概念更具优势——所有道德主张的基础都在于，为什么某些行为或政策会构成
23 对义务或权利之类义务性概念的保护或促进。再回到健康权的例证：在道义论者看来，既然我们关于对错的理解与后果无关，那么以健康权为例，其存在取决于它在保护人性尊严或个人能力方面的作用。据此观点，无论健康权利本身是否导致更高的健康水平，人们都享有健康权。

重要的是要认识到，所有的伦理理论都**同时**包含道义性和评价性的主张。因此，尽管“道义的”（deontic）和“道义论”（deontology）有着相同的词根，但单纯认为功利主义是评价性观点，道义论是道义性观点，这是错误的。这两种理论都涉及是什么使一项行动或政策对或错，公正抑或不公正。然而，如上所述，我们看到，在道义性概念与评价性概念之间，不同理论会赋予某个规范性概念优先性，进而对两个概念之间的关系加以解释。在进行伦理论证时，我们需要牢记，我们是在诉诸道义性事实抑或评价性事实，以及这些事实是如何相互关联的；同样地，在提出关于公共卫生政策或行动的正当化根据时，要考虑不同的伦理理论在这些事务上有着怎样的分歧。在我们证明某些政策或行动的正当化根据时，这种理论分歧会带来不同的影响，而且基于我们认可的正当化根据，可能会导致选择此种而非彼种公共卫生干预措施。例如，设想一项公共卫生政策只能带来以下两种结果中的一种，如下的数字表示不同人群的健康状况——每个人群规模相同，人群中每个小组的人数也相同：[10]

10　这个例子来自 Roger Crisp, *Mill on Utilitarianism* (London: Routledge 1997) 169。

第 1 组	第 2 组
50	50

结果 1：平等

第 1 组	第 2 组
90	20

结果 2：不平等

结果 1（**平等**）中的所有人都将拥有同样健康的生活，而那些处于结果 2（**不平等**）中的人将会有不同的际遇，有些人要比其他人健康得多。在选择一项公共卫生政策时，如果有两种不同的可能结果，我们应该选择哪一种？功利主义会建议我们去颁行第二项政策（**不平等**），因为它提供了最多数量的健康，而忽略了如何在群体之间分配健康。基于功利主义，公共卫生旨在让人们的健康最大化，而第二项政策更能确保整体健康。[11] 从功利主义的视角回顾，由于功利主义界定了伦理上适当的行动方向，以怎样才能提供最好的结果为依据，那么，认为最好的结果将是那些能整体上带来更多健康的结果，这属于评价性事实，以此可确定道义性事实，即颁行第二项带来结果不平等的政策，是正确的选择。

道义论将建议我们颁行第一项带来平等结果的政策，因为它对每个人的健康需求加以平等尊重——哪怕知道在第一项选择下，第 1 组个人的健康状况将低于选择第二项政策时的状况。根据道义论，相较于选择平等结果的结果 1，选择不平等结果的结果 2 时，第 1 组个人的整体健康状况更好，但不能因此认为，让结果 2 的第 2 组因健康状况低下而丧失自由或能力，就是正确的。让我们再次回想道义论，要从道德上判定行为方式的正确程度，关涉行动符合

11 Marc Roberts and Michael Reich, "Ethical Analysis in Public Health" (2002) 359 *Lancet* 1055.

诸如规则、义务和权利等伦理规范的程度。正是道义性事实决定了
24 评价性事实。道义性事实的示例为，人们应该得到平等尊重，可以通过颁布第一类的平等政策，来更好地实现这一伦理标准；评价性事实的示例为，最好人人享有平等的健康结果。

这样的例子也说明，当我们试图证明采取一些公共卫生政策或行动的正当理由时，往往会诉诸不同的价值。有些人可能会将功效和效率的价值作为我们选择某种干预措施的理由。实际上，我们经常听到，一些人诉诸某些公共卫生干预措施能降低死亡率和发病率的事实，将其作为我们应该做某事的正当化根据。例如，考量晚近的建议，即我们应该对高糖食品和饮料征税，此种公共卫生干预措施的意旨是减少糖的摄入量，并减少因其带来的超重或肥胖。对于糖尿病、心血管疾病和某些癌症而言，糖摄入量高都是风险因素。[12] 有人可能还会诉诸公平价值，将其作为我们应选择此种而非彼种干预措施的原因。例如，在公共卫生领域，一种越来越普遍的吁求是，将健康不平等或不公平作为开展特定活动的理由，这具有重要意义。[13] 在任何一种情况下，无论价值有赖于评价性事实还是道义性事实，重要的是理解这些事实的性质，以及它们如何相互关联。诸如功利主义和道义论之类的不同伦理理论为我们提供了一套系统的思考方式，来思考这些不同规范性概念的性质及它们的关系。

以上在平等与不平等政策之间的选择，尽管只是一个简单的示

---

12 Public Heath England, *Sugar Reduction: The Evidence for Action* (London: Public Health England 2015). 英国财政大臣在 2016 年的预算中宣布了一项“糖税”，详见第七章。

13 例如，见 Jennifer Prah Ruger, *Health and Social Justice* (Oxford: Oxford University Press 2012)。

例，但从中容易看出，类似的问题如何出现于真实世界的情境之中。例如，有些政策具有减少烟草使用的实际效果，从功利主义角度来说，这些政策可能得到认可，但从道义论角度来说，这些政策又可能受到批评，因为它们扩大了贫富社会经济群体间吸烟者比例的不平等。[14] 这个例子的用处在于，它表明，伦理价值构成了我们选择公共卫生政策和行动的基础，而且当我们考虑为这些公共卫生活动给出正当化根据时，这些价值也发挥了核心作用，乃至可能决定我们最终将选择哪些公共卫生行动。因此，重要的是，在我们审议公共卫生政策和行动，并为其探寻正当化根据时，进一步检视伦理价值和政治价值的作用，讨论这些价值如何构成公共卫生伦理争论的基础，又构成在伦理、政治和法律哲学层面更广泛争论的特征。

2.2.2 价值，以及哲学的任务

正如我们已开始看到的，哲学对于公共卫生及公共卫生法至为重要的另一个重要方面在于，哲学可以用来更好地理解公共卫生的性质，理解与公共卫生相关的价值，理解如何通过质询构成公共卫生活动的概念、原则、观点和实践，来加强或限制公共卫生议程。对哲学最好的定义之一来自哲学家约翰·坎贝尔，他认为：

> 哲学是思维的慢动作。它对我们通常以极快速度做出的行动加以分解、描述和评估，这关乎我们的自然动机和信念。然后，变得显而易见的是，替代方案是可能的。[15]

14 Kristin Voigt, "Smoking and Social Justice" (2010) 3 *Public Health Ethics* 91.

15 引自 Steve Pyke, *Philosophers* (Manchester: Cornerhouse 1993)。

25 对公共卫生进行哲学思考会让我们产生怀疑。在持怀疑态度（提出问题、分析预设，并要求主张能经得起辩驳和相反证据质疑）时，对替代可能性的检视并不必然否定那些目前构成公共卫生实践和政策的价值或进路。从根本上讲，这意味着采取批判性立场，它使我们能够更好地理解，我们用来证明特定公共卫生政策或行动的正当化根据最终是否以及为什么经得起辩驳。在持批判性态度时，有不同的任务需要我们承担——更好地了解这些任务，就更容易理解不同的分析模式，这些模式用于检视公共卫生背景下兴起的伦理和法律问题。

任务之一是**价值的廓清**。这项任务涉及能识别境况中的所有相关价值，并调查这些价值的性质、强度和范围。例如，可以去设想一项限制在学校附近销售“垃圾食品”的政策。为什么要推进这样的公共卫生干预或政策？支撑它的基础价值是什么？是为了促进全体人群的福祉吗？是为了减少相对的健康不平等——或许是为了令那些在社会中处于最弱势地位的人受益？是为了证明社会团结吗？也许它是这些价值和其他价值的某种组合（也确实经常如此）。我们还可以对不同的价值加以追问，探究其是有内在价值（即本身有价值），还是工具价值（即对其他某些事物而言具有价值）。

这项任务关乎阐明和解释。在公共卫生情境下，涉及价值廓清的伦理分析本质上不一定是规定性的。仅仅认可一套相关的价值，并不意味着必然带来任何特定的结果。例如，可能论称，如果在不同的社会经济群体中，与酒精相关的伤害存在不平等分布，那么这里尤其存在伦理问题。然而，认可这一主张本身，并不能证明引入最低限价制度之类的问题解决手段就具有合理性。需要对政策或行动指示做进一步论证，来解释这些价值如何相互作用，又应如何相互平衡，以此作为实质性辩护理由的一部分，来论证为什么应该采取特定政策或行动。这些论证帮我们理解，以优先次序或强度为依据，价值是否应有特定的排序，以及当价值冲突变得很难调和时，我们应做什么。然而，在廓清公共卫生中多重且经常相互冲突的价值时，我们应听从詹宁斯的警告，不要落入想象的陷阱：

> 就对价值给出适当解释而言，价值本身是自足的……它们像台球一样，相互碰撞，抢占位置。实践伦理话语是复杂且情境化的，因为它将诸多伦理概念聚集在一起，这影响并限定了对每一概念的合理解释。[16]

因此，不应简单地认为，处理与公共卫生有关的伦理议题就是找到某种备选理论或某套原则，然后将其机械适用于手边的问题。我们需要质疑和批判：对于一种情况合适的，对于另一种情况可能并不合适。例如，尽管自由是一种重要的价值，但它不一定在所有情况下都居于头等重要的地位，甚至在大多数情况下都并非如此。[17]

正因如此，我们还需关注另一项任务：**价值批判**。在分析某些 26
公共卫生活动，并为之给出正当化根据时，一旦我们明确了所涉及的相关价值，我们就需要检视这些价值是否正确，以及是否以正确的方式考虑了这些价值。正如杰里米·加勒特所主张的那样，这项任务试图

16 Bruce Jennings, "Relational Liberty Revisited: Membership, Solidarity and a Public Health Ethics of Place" (2015) 8 *Public Health Ethics* 7, 9.

17 例如，请考虑本书第五章关于兰普顿吸烟者案的讨论，以及本书第六章和第七章关于恩霍尔诉瑞典案的讨论。

> 对构成话语基础的预设加以揭示、探询和质疑……这在很大程度上为未曾明确的前提确立了边界，在边界内，可以将问题予以概念化，并设想解决方案。因此，根本性批判的功能不只是廓清这些前提，还要对这些前提及其界定的界限加以质疑。只有这样，我们才能设想新的解决方案。[18]

因此，在推进这一重要进路时，所要做的不仅仅是阐明对所牵涉的价值加以批评时可得到的可能的解释或选项。应当将价值批判理解为一项审议性的任务，它试图探究，对于伦理问题，质疑其前提和边界，或探索其新的解决方案，可能会引发什么。需通过**价值整合**的任务，来实现此目的。加勒特再次阐明，这项任务试图

> 在相互竞争的价值中，对正确的价值予以“尊重”和统一。……因此，整合的功能是展望行动或政策，这些行动或政策不但可以解决冲突，而且其解决冲突是通过深刻和令人信服的方式来实现许多真正的价值。[19]

这不需要假定所有价值都是可比较的或可度量的，甚至不需要假设整合总是有可能的。然而，在试图整合相关价值的过程中，它迫使我们超越简单的平衡实践——例如，就某一特定干预措施而言，可以去询问自由是否比共同的善还重要，如果自由更重要，那么可以认为干

18 Jeremy Garrett, “Two Agendas for Bioethics: Critique and Integration” (2015) 29 *Bioethics* 440, 443.

19 同上注，第 444 页。

预会自动获得正当化根据。就公共卫生伦理问题而言，要提出问题并给出答案，需要对价值的复杂性和情景化互动开展更为精微、敏锐的分析。

最终的任务是**对价值的再评估**。伦理探究是一个至为重要的过程，应不断对它的前提和结论进行评估及再评估。新的事实可能会显现出来，我们的知识会改进，我们的价值可能会多少变得更为坚实。通常，当特定的伦理论据或立场变得流行时，很容易发生一种情况，就是转而依靠已受公认的智识或过去的评判。在采取这种批评立场时，我们也在问，例如，所选择的价值是否基于个人偏好，这些价值是否对特定的个人或群体有利，或者对于过去在类似情况下运作完好的价值，是否需要再评估。布鲁斯·詹宁斯指出了这样一项任务暗含的意蕴：

> 对于诸如“自由”或“团结”等重要的伦理概念和类别，没有稳定、优先的含义，它们只是被简单地引入有关公共卫生的政策和实践话语中。……伦理概念并非遍及公共卫生话语之中，而是嵌入其间，以彰显其独立的重要伦理意义和权威。相反，当讨论在公共卫生议题和问题背景下出现的伦理概念和价值时，这些概念的含义被转化、情景化或本地化。[20] 27

虽然这些任务本质上是哲学的，但这并不意味着公共卫生伦理只是哲学家的领域。为了确保扎实、全面的伦理探究，公共卫生伦理注定是跨学科的事业，还需要知晓公共卫生从业人员和政策制定者面临的问题。

---

20 Jennings，前注 16，第 8—9 页。

2.3 公共卫生伦理、公共卫生中的伦理及面向公共卫生的伦理：职业标准、应用伦理及对公共卫生的倡导

我们已开始看到，公共卫生伦理在以各种不同的方式对公共卫生事业进行批判性分析和评估。在涉及公共卫生专业人员和行政机构的政策与活动时，哲学观点特别强调，对规范考量予以阐明和检视具有重要意义。随着对公共卫生展开更多哲学层面的关注与探究，显然在此情境下出现的哲学问题，尤其是伦理问题，都是具体问题，迥异于诸如临床医学等领域的问题。当对人群和公共利益加以关注时，会产生不同的伦理问题。现在很明显的是，如何将医学伦理和生物伦理中的观念、原则和概念转化，用于公共卫生伦理领域，这方面的尝试还不够。[21] 由于相关问题不同，我们试图回答这些问题的方法也迥异，人们越来越多地尝试发展出独立的公共卫生伦理。[22] 公共卫生伦理的发展与扩张，构成了学术和实践探究的独特领域，

---

21 例如，见 Ronald Bayer, Lawrence Gostin, Bruce Jennings, and Bonnie Steinbock, "Introduction: Ethical Theory and Public Health" in Ronald Bayer, Lawrence Gostin, Bruce Jennings, and Bonnie Steinbock (eds), *Public Health Ethics—Theory, Policy, and Practice* (Oxford: Oxford University Press 2006) 3–25; Angus Dawson, "The Future of Bioethics: Three Dogmas and a Cup of Hemlock" (2010) 3 *Bioethics* 218。

22 例如，见 Madison Powers and Ruth Faden, *Social Justice: The Moral Foundations of Public Health and Health Policy* (Oxford: Oxford University Press 2006); Angus Dawson and Marcel Verweij (eds), *Ethics, Prevention, and Public Health* (Oxford: Oxford University Press 2009); Sridhar Venkatapuram, *Health Justice: An Argument from the Capabilities Approach* (Cambridge: Polity Press 2011); John Coggon, *What Makes Health Public? A Critical Evaluation of Moral, Legal, and Political Claims in Public Health* (Cambridge: Cambridge University Press 2012)。

这一努力表明，可以通过不同的方式，以伦理来促进公共卫生的专业主义、政策及活动。劳伦斯·戈斯汀采用了三分法方式，他提供了一种有用的方式，来对这些主要贡献中的部分内容加以框定。[23]

首先是公共卫生伦理，它“关注专业主义的伦理维度，以及社会赋予公共卫生专业人员以道德信任，令其为共同福祉而行动”。[24] 当我们关注公共卫生伦理时，可以去思考公共卫生伦理的使命和总体目标，以及它在公共卫生架构中的作用，并分析它所试图面对的问题。例如，本书第一章曾提及，英格兰公共卫生局对自己任务的陈述是，它的存在“是为了保护和改善国家的健康和福祉，减少健 28
康不平等”。[25] 我们发现了对健康、福祉、平等等基本伦理价值的表述，这些价值将作为塑造和导引英格兰公共卫生局专业政策和活动的标准。[26] 我们还发现，这些价值是如何支撑一种道德观的，这种道德观为社会提供了信任专业人士的基础，并赋予这些专业人士以权力和资源，使他们可以为公益行事。对公共卫生伦理考量的关注则尤为重要，正是这些要素使政府行为合法化，使诸如英格兰

23 Lawrence Gostin, “Public Health, Ethics, and Human Rights: A Tribute to the Late Jonathan Mann” (2001) 29 *Journal of Law, Medicine and Ethics* 121.

24 同上注，第 124 页。

25 Public Health England, <www.gov.uk/government/organisations/public-health-england/about>，最后访问日期 2016 年 4 月 5 日。

26 当将公共卫生伦理理解为职业伦理的一种形式时，丹尼尔·卡拉汉（Daniel Callahan）和布鲁斯·詹宁斯认为，它涉及“由特定职业的从业者和领导者在很长一段时间内发展起来的价值和标准，以及……那些在职业本身中最突出和最固有的价值”：Daniel Callahan and Bruce Jennings, “Ethics and Public Health: Forging a Strong Relationship” (2002) 92 *American Journal of Public Health* 169, 172。当然，正如詹宁斯还认为的那样，我们可以质疑，公共卫生是否真的是一个单一的、统一的职业，是否可以毫无疑义地说所有公共卫生从业人员都持有相同的价值和标准。见 Bruce Jennings, “Frameworks for Ethics in Public Health” (2003) 9 *Acta Bioethica* 165。

卫生局之类的政府机构有正当根据，来采取行动干预我们的生活，以促进公众健康。实际上，公共卫生伦理要解决的最重要问题之一，是“什么使卫生成为公共的”。也就是说，我们可以在什么基础上，合理地确定政府在通过其行政机构和官员来认可或鼓励遵守与卫生有关的指示时的角色，以及合理地确定应当使用哪些手段来推进这些指示的实施。[27]

其次，就公共卫生的伦理而言：

> 不要过多关注专业人员的品格，而是要关注公共卫生事业本身的伦理维度。在此，学者们研究的是，在创制和实施公共卫生政策时，谨慎思考和决策所必需的哲学知识和分析推理。[28]

涉及公共卫生伦理时，我们会想到应用伦理学领域，它涉及针对公共卫生情境下出现的特定伦理问题进行分析，并给实务人员和政策制定者以导引。这可能采用一般化指南的形式，去记述与公共卫生或伦理决策基准相契合的价值；在特定领域也会颁布指令性的、问题导向的指南。以大流行暴发时出现的伦理问题为例。对公共卫生伦理考量的关注将聚焦于为一些诸如下述的问题给出实质性答案：我们何时有正当化根据，对个人进行检疫或者隔离？医疗保健人员负有怎样的专业职责，将自己置于更高感染风险的境地？我们在分配稀缺的疫苗或抗病毒药物时，应优先考虑

27 Coggon，前注 1，第十二章。

28 Gostin，前注 23，第 125 页。

哪些人？以及，与流行病相关的研究，是否可免于取得受试者的同意？[29] 在通过应用伦理学来应对这些问题时，我们不会问公共卫生专业人员可能会支持什么，而是去检视道德与政治的基本伦理和原则，并从哲学层面解释哪些有正当化根据，或没有正当化根据。

最后，戈斯汀解释了**面向**公共卫生的伦理是如何存在的，它关注的是阐明“一种‘倡导’伦理，这种伦理遵循卫生共同体中独有的、首要的价值。根据此基本原理，公共卫生当局假定，当局的想
法与社会相适，其职能在于对此社会目标的倡导”。[30] 就面向公共卫 29
生的伦理而言，我们认为，公共卫生活动可以而且应当以各种方式，超越一种描述人群健康的无偏私、科学的事业，转而采取积极的手段，来代表人群的（健康）利益，特别是那些受剥夺、压迫和不平等之苦的群体的利益，并为之吁请。公共卫生是一种能影响特定卫生议程的务实的政治力量，对公共卫生伦理考量的关注聚焦于这种力量的适宜性。然而，正如詹宁斯慎重警告的那样，倡导伦理作为公共卫生伦理的一种形式，“几乎无法让公共卫生领域之外的人冷静和安心，他们可能质疑运用政府或社会权力来从事公共卫生活动的合法性”。[31] 虽然许多公共卫生实务人员将倡导视为自己工作的一部分，但公共卫生中所使用的倡导范围和进路引发了重要的伦理问题。健康是否应当始终支配我们的活动，是否是最重要的、首要的价值？在倡导更多干预主义政策或采取对立策略时（特别是在酒类、

29 例如，见 Lawrence Gostin, “Public Health Strategies for Pandemic Influenza: Ethics and the Law” (2006) 295 *Journal of the American Medical Association* 1700。

30 Gostin，前注 23，第 126 页。

31 Jennings，前注 16，第 173 页。

烟草和食品等可能需要反击产业界的强大游说努力的领域），存在多大程度的风险，公共卫生专业人士会被视为另一个利益集团或压力集团？

这些领域针对公共卫生政策和实践提出了很多核心的伦理问题，在审视这些领域的不同类型时，很快就清楚的是，我们还需对必要的理解、知识和技能加以确证，来为这些不同领域中提出的问题找寻答案。为进一步明确何为公共卫生职业标准，我们应如何回答公共卫生伦理问题，以及公共卫生专业人员应在多大程度上执行与健康相关的指示，我们需要对不同的伦理指南和伦理规制进路有更广泛的了解。

2.4 伦理指南和规制

在本章开篇，我们检视了公共卫生规范考量的相关性，以及伦理和政治价值发挥核心作用的方式，这种核心作用不仅体现于为公共卫生活动给出正当化根据，还体现于决定最终选择哪些政策和干预措施。在阐明伦理在公共卫生中的重要意义时，我们还看到，要以多种方式来解决公共卫生引发的伦理问题，需关注职业标准、应用伦理和公共卫生倡议等。公共卫生伦理的最终要素涉及确定为这些问题提供答案的视角和进路。公共卫生伦理要完成这项工作，它最普遍运用的两种方式分别是提供伦理指南和伦理规制。虽然我们在此不去认可关于公共卫生伦理的任何记述，但对处理公共卫生伦理问题的不同进路和方式加以宽泛勾勒，将有助益。

公共卫生实务人士和政策制定者经常报告称面临伦理挑战，并认识到他们的行动和政策需要有伦理上的正当性，这具有重要

意义。[32] 有时很难或无法确定如何最好地将伦理融入他们的活动 30
中，或将伦理适用于特定的政策问题。通过使用伦理指南和伦理规制，实务人员和政策制定者可以更好地了解不同的方法，这有助于确保他们自己的行为合乎伦理。大部分伦理指南试图确证，个体甚至小团体如何以符合伦理的方式，给自己和同事以指引。因此，伦理指南倾向于以内部指示的形式发布——个体使用不同的伦理工具，来帮助自己以有正当化根据的方式行事。然而，进一步将伦理规制视为公共卫生伦理的要素也同样重要。伦理规制是从外部强加的，它以机构为基础，是制定政策和指导集体行动的方法，它由经确证的有权机关负责实施，例如确定谁是公共卫生专业人员、颁发许可、对不守法者施加惩罚。因此，伦理规制的许多方面更近于法律和治理，而非哲学。最常见的伦理规制模式之一或许是采用研究伦理委员会的形式。然而，伦理指南和伦理规制也可以采取多种形式，也涉及用不同工具来实现不同目的。重要的是，个人和机构应根据手边的任务，来选择适当形式的指南或规制。

第一条进路聚焦于**伦理意识**的提升。这些形式的指南或规制旨在作为提示，让使用者放缓他们的思考，或将思考扩展到科学或技术问题之外，并探究是否可能涉及一些相关的伦理问题。例如，流行病预防和应对计划可能促使使用者认识到，稀缺资源的分配不仅是需要解决的技术问题，还涉及资源如何公平分配的伦理问题。

32　例如，见 Barry Pakes, *Ethical Analysis in Public Health Practice: Heterogeny, Discensus and the Man-on-the-Clapham Omnibus* (PhD thesis, University of Toronto 2014)。

第二条进路聚焦于提供**伦理行动指南**。这些形式的指南或规制旨在告诉人们，在面对特定伦理情形的类型或案例时，应当如何行动。在个人之前没有接受过专业伦理教育或培训的情况下，或者出于一贯性的原因要确保所有人遵循同一规则时，可以选择这条进路。例如，流行病预防和应对计划可能要求我们，在分配稀缺资源时，理应让易感染患者处于优先地位。

第三条进路聚焦于促进**伦理审议**。这些形式意在构成辅助工具，通过对从事先教育或培训中已获得的伦理知识予以重新强化，或通过伦理决策过程，为个人提供更多指示要求和导引。这种审议指南往往聚焦于提供总体性进路，通过运用价值、原则，或列出与伦理相关问题的清单，来对伦理问题加以确证和解决。例如，流行病预防和应对计划可能会提供不同的价值或推理方式，来确定两个临床症状相同的病重患者，谁可以使用最后一张通风的重症监护室床位。

第四条进路聚焦于解释**伦理的正当化根据**，究竟哪些类别的机构、政策或行为合乎伦理，为此给出概括性说明。例如，流行病预防和应对计划可能解释，为什么所有正确的决策和政策都涉及在流行病暴发期间拯救尽可能多的生命，而不考虑他们是否是易感者。

当然，某些伦理指南和规制形式力图实现的不只是上述某一种进路。然而，即便我们明确了哪种伦理指南或规制是适合的，
31 也仍存在一个问题，即在不同可能的指南或规制类型中，我们应选择哪一类来解决伦理问题。在某些方面，将各类伦理指南或规制视为工具，可能会有助益。无论是分析公共卫生问题，制定公共卫生政策，还是公共卫生实务人员决定当前要做什么，都要选择正确工具来做正确的事。与所有工具一样，每种工具都有其优

缺点，合理选择适当的工具对获得最佳结果而言具有至为重要的意义。最终，我们应尝试选择既能反映实际的现实情况（即在经验层面以通达信息为基础，并对所关注问题的性质加以解释），又具有规范层面的有效性（即全面、确定、有正当化根据）的公共卫生伦理工具。

2.4.1 理论

诸如伦理和政治理论之类的规范理论关注的是，解释我们作为个人或作为社会在道德层面应做什么。它们提供了概括性和抽象性的描述，例如，什么使制度、政策或行动是对或错、善或恶、公正或不公正的。示例包括结果主义、道义论和平等主义等伦理理论，以及诸如自由主义、社群主义和自由主义等政治理论。学者们在文献中，以自由主义[33]、放任自由主义[34]、公民共和主义[35]、充足主义[36]、人权进路[37]、能力进路[38]等不同的伦理和政治理论为基础，发展了公共卫生伦理理论。

---

33 见 Coggon，前注 1。

34 Richard Epstein, "Let the Shoemaker Stick to His Last: A Defense of the 'Old' Public Health" (2003) 46 *Perspectives in Biology and Medicine* S138.

35 Bruce Jennings, "Public Health and Civic Republicanism: Toward an Alternative Framework for Public Health Ethics" in Angus Dawson and Marcel Verweij (eds), *Ethics, Prevention, and Public Health* (Oxford: Oxford University Press 2009) 30–58.

36 见 Powers and Faden，前注 22。

37 Lawrence Gostin and Zita Lazzarini, *Human Rights and Public Health in the AIDS Pandemic* (Oxford: Oxford University Press 1997); Jonathan Mann, Sophia Gruskin and Michael Grodin (eds), *Health and Human Rights: A Reader* (London: Routledge 1999).

38 见 Ruger，前注 13; Venkatapuram，前注 22。

规范理论有理想型和非理想型两种形式。理想理论本质上是乌托邦或理想主义的，其关注一些基本问题，例如，如果我们今天正在建设一个公正的社会，它应该是什么样子？为了足够抽象和全面，这种理论经常对假定予以简化，例如所有相关的个人都遵守该理论的规范标准，而且自然和历史的考量足够有利，有助于实现对这些标准的完全遵从。另一方面，非理想理论的目标是更现实地对我们所认识的世界加以理论化，认识到世界的复杂性、变幻莫测和不公正，以记述我们如何——举例来说——制定规则、构建制度，以有助于我们的社会变得比当下的状况更加公正。这两种形式的理论各有优缺点，一个持续的争论是，要确认非理想理论应当是什么样子，是否要以一个精心设计、经得起辩驳的理想理论为必备前提。[39]

尽管有人称，理论可以在伦理审议中发挥有益的作用，但理论主要关注伦理的正当化根据。虽然伦理理论和政治理论有了相当大的发展与进步，但究竟哪种伦理理论或政治理论是正确的，学者们对此始终存在分歧。纵非不可能，也很难找到一种让所有人都满意的理论，
32 但缺乏共识并不意味着伦理和政治的理论化必然是主观的事业，或者它们注定要走向相对主义。与之相伴的是，即便围绕某些伦理理论或政治理论形成了广泛共识，也不意味着这样一种理论总能为所有问题或所有情境提供最好的答案。因此，不应盲目地选择和应用一种理论来分析公共卫生。在确定可以证明特定公共卫生政策或行动的正当化根据时，不同的伦理和政治理论揭示出，哪些是有价值的、值得考虑的概念、价值和区别。然而，在分析或推理时，人们同样不应不假思索地将不同理论的组分“挑选和杂糅”在一起。

39　有关讨论请见 Coggon，前注 1，尤可见第八章。

2.4.2 框架

框架设定了一套处理伦理问题时应遵循的实体性和程序性标准。框架内的标准包括一系列价值或原则，这些价值或原则阐明了在伦理上能成立的观点，或反映了得到普遍接受的准则。值得注意的示例包括厄普舍[40]、柴尔德里斯等[41]、公共卫生领导力学会[42]、纳菲尔德生物伦理委员会[43]及安大略省公共卫生局等原则主义者提出的框架。[44]这些标准也会以清单形式呈现，旨在帮助使用者确定在某种状态下伦理考量是否具有相关性，以及在推进过程中需将哪些伦理考量纳入考虑范围。值得注意的示例包括卡斯[45]及格里尔、道森的清单框架。[46]然而，并非所有框架都涉及对原则、清单或这两者的阐述。[47]有些框架还整合了基于案例的进路，例如以"决疑术"（casuistry）

40 Ross Upshur, "Principles for the Justification of Public Health Intervention" (2002) 93 *Canadian Journal of Public Health* 101.

41 James Childress, Ruth Faden, Ruth Gaare, Lawrence Gostin, Jeffrey Kahn, Richard Bonnie, Nancy Kass, Anna Mastroianni, Jonathan Moreno, and Phillip Nieburg, "Public Health Ethics: Mapping the Terrain" (2002) 30 *Journal of Law, Medicine and Ethics* 170.

42 Public Health Leadership Society, *Principles of the Ethical Practice of Public Health* (New Orleans: Public Health Leadership Society 2002).

43 Nuffield Council on Bioethics, *Public Health: Ethical Issues* (London: Nuffield 2007).

44 Public Health Ontario, *A Framework for the Ethical Conduct of Public Health Initiatives* (Toronto: Public Health Ontario 2012).

45 Nancy Kass, "An Ethics Framework for Public Health" (2001) 91 *American Journal of Public Health* 1776.

46 Kalle Grill and Angus Dawson, "Ethical Frameworks in Public Health Decision-Making: Defending a Value-Based and Pluralist Approach" (forthcoming) *Health Care Analysis*.

47 Andrew Tannahill, "Beyond Evidence—To Ethics: A Decision-Making Framework for Health Promotion, Public Health and Health Improvement" (2008) 23 *Health Promotion International* 380.

进行具体的伦理选择。[48]

框架主要涉及伦理审议和伦理行动指南，这取决于它们是如何架构的。因此，正如道森指出的那样：

> 批评任何理论框架未能针对规范层面的深层次问题，来提供足够精巧的、在理论上有实体正当理由的答案，是没有意义的。如果框架聚焦这些，那么它们将不再是一个框架，而将更多地扮演理论角色，这时，它们的主要意图就变成了为现有的答案提供有正当理由的解释。[49]

框架可以是一般性的，例如可适用于所有公共卫生问题，包括可能未曾预见的问题；框架也可以旨在解决特定的公共卫生问题，
33 例如流行病的预防与应对。可以由公共卫生伦理学者，以及由有兴趣或被授权制定公共卫生规制政策的组织来形成框架。有时，框架的形成还需更广泛团体的介入，这反映了尊重共同体价值或议题的承诺，也在某种意义上为框架赋予了更多合法性。

2.4.3 模型

模型旨在为处理伦理问题提供简化方式。它们可能采用图表或

---

48 Albert Jonsen and Stephen Toulmin, *The Abuse of Casuistry: A History of Moral Reasoning* (Berkeley: University of California Press 1988); Steven Coughlin, *Case Studies in Public Health Ethics* (Washington: American Public Health Association 2009).

49 Angus Dawson, "Theory and Practice in Public Health Ethics: A Complex Relationship" in Stephen Peckham and Alison Hann (eds), *Public Health Ethics and Practice* (London: Policy Press 2009) 191.

算法的形式，甚至采用隐喻的方式，来构建受限的视角，借此来接近问题。模型并不试图证明伦理问题的正当性，或帮助我们解决伦理问题，模型被用来提醒我们某些事情的伦理意义。模型通常聚焦于伦理意识的提升，或提供架构伦理选择的手段，例如，在流程图中确定与某一问题相关的不同信息（在这种情况下，其中一个箭头包括一种与伦理相关的要素）；或以图示的方式，说明某一公共卫生干预措施可能的道德强制水平（见下一节）。

2.4.4 举例说明公共卫生伦理中理论、框架和模型的差异

在公共卫生伦理中，理论、框架和模型是让伦理指南和规制发挥作用的不同方式。它们各自涉及不同的目标，涉及不同的相关工具。选择哪条进路，将取决于面对的任务和所涉及伦理问题的性质。然而，选取这些进路中的一个示例，来阐明人们可以用不同方式在不同层面上处理公共卫生伦理中的问题，是有助益的。基于对英国公共卫生实践和政策的熟知，可以方便地使用纳菲尔德生物伦理委员会 2007 年关于公共卫生伦理的报告作为阐明不同进路的示例，来说明这些进路在目标和分析层次上有何不同，以及可在这些进路之间建立联系的方式。[50] 纳菲尔德委员会的进路涉及理论、框架和模型。它构想了一种整体进路，其中所有这些组成部分都有相互融贯的基础，且相互关联。这并不意味着不同的理论、框架和模型都是如此——实际上，它们常常独立运行。

纳菲尔德生物伦理委员会的进路之始，在于认可自由主义理论为首要理论框架，特别是约翰·斯图尔特·密尔的自由主义和伤害

---

50 Nuffield Council on Bioethics，前注 43。

原则（harm principle）。[*] 作为一种主要涉及伦理和政治正当化根据的理论，它坚持认为，“维护和捍卫个人基本权利是国家事务，维护所有公民福祉也是国家责任”。[51] 将此扩展到公共卫生活动中，提升诸如自治和自由治理的价值是国家事务，而为了防止对他人的伤害，使用强制性的、侵犯自由的国家干预措施，也有正当化根据。[52]

作为一种理论，此立场有一定程度的概括性和抽象性，因
34 此并不总是很容易应用于特定的公共卫生问题。出于这个原因，纳菲尔德委员会建议，应有一个基于自由主义理论的管护框架（stewardship framework）。管护框架旨在更具启发性地确定，在任何既定情况下，为了保护或促进公共卫生，国家使用何种程度的干预在伦理上具有正当性。这份报告称：

> “管护”概念传达的是，国家有责任照护个人和集体的重要需求。它强调国家有义务提供让人们健康生活的条件，特别是采取措施来减少健康不平等。以管护为导向的国家认识到，一个国家的首要资产是健康：健康水平越高，总体福祉和生产力就越高。[53]

---

* 伤害原则，又称“不干涉原则”（Non-interference Principle），19 世纪后半期英国自由主义的代表性人物约翰·密尔概括出的一条“极其简单的原则”，它是密尔在社会与个人之间所划定的边界，也是合法和非法的边界。该原则认为，人类之所以可以个别或者集体地对任何成员的行动自由进行干涉，唯一的目的只是自我防卫。这就是说，权力能够正当地施与文明群体中的任何成员的唯一目的，只是要防止其对他人的伤害。

51 同上注，第 14 页。

52 同上注，第 16 页。

53 同上注，xvi—xvii。

作为一个框架，管护进路就特定目标提供了更具体的行动指南，并阐明，可以运用诸如自由、自主、需求、健康平等、卫生、福祉和生产力等实体性价值，来为我们选择公共卫生政策和活动提供导引。因此，这一框架可以作为公共卫生政策制定者和从业者的基础，来形成有正当化根据的伦理指南和伦理规制。

纳菲尔德委员会报告还包括了一个被称为干预阶梯的模型，它按照对个人选择和行为规制的侵扰程度，对从最低侵扰程度到最高侵扰程度的可能的公共卫生干预类型，依次加以勾勒。作为一种模型，它有助于提醒我们，不同程度的干预措施涉及不同的伦理考量，其接受要以接受不同程度的伦理审查为前提。然而，这一阶梯无法帮助我们清楚地考虑，何种程度的干预是最合适的；也不会建议采取特定的政策或行动，或为其给出正当化根据——需要通过管护框架和自由理论来实现此工作（需指出，在第三章和第九章中将对此阶梯进行进一步讨论）。

干预阶梯

政府可能采取的干预阶梯活动如下：

- 取消选择。此种规制方式是完全取消选择，例如强制隔离传染病患者。
- 限制选择。此种规制方式是通过限制人们可获得的选择，来保护他们，例如，禁止食品中含有不健康成分，或禁止在商店、餐馆出售不健康的食品。
- 通过扼制因素来导引选择。通过财政和其他激励措施来施加适当影响，让人们不要从事某些活动，例如征烟草税；

或通过收费机制、限制停车位数量，来减少人们在市中心开车的意愿。

- 通过激励引导选择。用财政和其他激励来加以规制，以引导选择。例如，当购买自行车作为上下班交通工具时，为其提供税收减免。

- 通过更改默认政策来导引选择。例如，在一家餐厅，不
35 是用薯条作为标准配菜，而是提供更健康的备选项，修改菜单以将更健康的选项作为标准配菜，而仅将薯条作为可选项。

- 让选择成为可能。使个人能改变他们的行为，例如，提供机会，参与国民医疗服务体系发起的“戒烟”计划；修建自行车道；或在学校提供免费水果。

- 提供信息。告知并且教育公众，例如，作为一系列健康行动的一部分，鼓励人们每天多散步，或吃五份水果和蔬菜。

- 什么也不做，或者只是监控当前情况。[54]

在阐发纳菲尔德委员会针对公共卫生伦理进路的理论、框架和模型时，如我们已描述的那样，我们可以理解每个组成部分如何与不同的伦理任务相关联，并被用以实现不同的伦理目标。在选择或认可不同的公共卫生伦理理论、框架或模型时，重要的是，不仅要弄清每种进路试图回答的问题类型，还要弄清这些进路本身在多大程度上具有正当理由。公共卫生伦理对公共卫生政策和活动进行至为重要的评判，评判的质量和影响范围如何，将取决于对这些伦理反思和分析工具如何加以选择与适用。

---

54 Nuffield Council on Bioethics，前注 43（报告内的交叉引用省略）。

本章小结

- 对公共卫生政策、实践和研究的所有领域而言，哲学，特别是伦理哲学和政治哲学都具有重要意义。
- 伦理哲学和政治哲学关注对规范性概念的审视、分析和理解。这些概念可以用于为公共卫生行动、制度和政策给出正当化根据，并对其进行相应的评估。
- 许多规范性概念都由伦理价值来表达或支撑，通过伦理分析对价值予以澄清、批判、整合和重新评估，是公共卫生伦理的一项重要任务。
- 公共卫生伦理关注职业标准、应用伦理和对公共卫生的倡导。公共卫生伦理致力于这些领域有两种方式，提供伦理指南和进行伦理规制。
- 伦理指南和伦理规制可呈现为包括理论、框架和模型在内的多种形式。

2.5 扩展阅读

Sudhir Anand, Fabienne Peter, and Amartya Sen (eds), *Public Health, Ethics, and Equity* (Oxford: Oxford University Press 2006).

Ronald Bayer, Lawrence Gostin, Bruce Jennings, and Bonnie Steinbock (eds), *Public Health Ethics: Theory, Policy, and Practice* (Oxford: Oxford University Press 2006).

Dan Beauchamp and Bonnie Steinbock (eds), *New Ethics for the*

Public's Health (Oxford: Oxford University Press 1999).

Ruth Garage Bernheim, James Childress, Alan Melnick, and Richard Bonnie (eds), *Essentials of Public Health Ethics* (Burlington: Jones and Bartlett Publishers 2014).

John Coggon, *What Makes Health Public? A Critical Evaluation of Moral, Legal, and Political Claims in Public Health* (Cambridge: Cambridge University Press 2012).

Angus Dawson and Marcel Verweij (eds), *Ethics, Prevention, and Public Health* (Oxford: Oxford University Press 2009).

Angus Dawson (ed), *Public Health Ethics: Key Concepts and Issues in Policy and Practice* (Cambridge: Cambridge University Press 2011).

Lawrence Gostin (ed), *Public Health Law and Ethics: A Reader, Revised and Updated* (Berkeley: University of California Press 2010).

一般介绍，还可参见牛津大学出版社出版的《公共卫生伦理》（*Public Health Ethics*）杂志，http: //phe.oxfordjournals.org。

第三章　公共卫生立法与规制的演进

3.1　公共卫生立法的历史

3.1.1　起源

虽然如第一章所述，学界对公共卫生法的关注相对不足，但公 37
共卫生法本身源流深远悠长。最早的公共卫生规制形式为清洁法律（sanitary laws），例如《圣经》中对“洁净”和“不洁净”动物的区分。人们已将反刍动物（如羊、鹿等食草动物）和食肉动物、食腐动物（如猪）区分开来，且认为反刍动物传播人畜共患传染病的概率更小，但限于当时的食品卫生知识水平，将这些认识作为法律规定所遵循的理路，很多时候还带有推测的成分。[1] 直至 19 世纪后半叶，这些法律还在为国家对人群健康的规制提供正当化根据。[2]

1　见 Thomas Key and Robert Allen, “The Levitical Dietary Laws in the Light of Modern Science” (1974) 26 *Journal of the American Scientific Affiliation* 61。

2　见特别委员会报告……考量建立州健康委员会的益处时，马萨诸塞州参议院第 340 号文件（1869 年 5 月 22 日）陈述道，“摩西时代以来，所有政府的建立都是为了保护其人民的生命和健康”。

下水道是古罗马在卫生工程领域的率先推创，此外，古罗马还建立了对公共浴室、街道清洁、供水及变质食物销售的政府监督体系，现在这也被视为英国公共卫生立法的首要目标。英国于1225年通过了一部规制下水道维修的法案，这也是进一步控制环境损害的立法。[3]在13世纪晚些时候，伦敦市的一项条例禁止猪在街上游荡，1309年颁布的一部条例则进一步禁止人们将家里垃圾扔到城市街巷，而要求“人们应将垃圾扔到泰晤士河或市区之外的其他地方”。[4]

尽管从公元前开始，就已采取措施将麻风病患者同更广泛的社区隔离开来，但是，是鼠疫（或黑死病）“最早激发起市民政府对传染病控制和预防的直接干预”。[5]尤其是在意大利的城市国家，一种精妙的市民公共卫生管理开始浮现，其承载了控制疾病传播及维
38 护政治现状的双重任务。这涉及船舶检疫、在城门派人看守对旅客进行检查、隔离感染者、搜集情报、采取监测措施，以及设立由政治当局管理的常设卫生委员会，赋予该委员会给旅客或货物签发许可证的权力。简言之，“鼠疫使公共卫生成为现代国家的一项职能，该职能旨在处理疾病和社会失序之间的关系”。[6]当面临源自社区之外的威胁时，这条进路很大程度上依赖“治安权”的部署来维持稳定，以保护公众免于多为外源性的危险，它奠定了公共卫生法传统范式的基础。

---

3 9 Hen. III, c.15&16 and 9 Hen. III, c.23&25 respectively.

4 见 Michael Warren, *A Chronology of State Medicine, Public Health, Welfare and Related Services in Britain 1066–1999* (London: Faculty of Public Health Medicine 2000)。

5 Diana Porter, *Health, Civilization and the State* (London: Routledge 1999) 45.

6 同上注，第62页。

英国缺乏类似意大利和其他欧陆城市国家那样的城市政治基础设施，因此，相关公共卫生措施的制定更为缓慢，也更具偶然性。波特指出，在1518年之前，英国尚未出台关于疫病的条例。[7]不过，在都铎王朝和斯图亚特王朝时期，出现了强有力的集权化政治体制，这推动了规制回应。1578年，伊丽莎白一世的首席大臣威廉·塞西尔以北欧的公共卫生控制方法为基础，发布了枢密院令；仅在四分之一个世纪之后，英国通过了第一部全国性的公共卫生法律，这是“关于疫病慈善救助和人员秩序的法律”。[8]这部立法允许政府当局任命“搜查者、巡逻者、检查者、看守者和丧葬人员”，并对未能“居家隔离”的感染者规定了刑事处罚。当然，这些措施未能有效阻止1665—1666年间发生的伦敦“大瘟疫”，这场鼠疫导致了约十万人死亡，死亡人数约占当时伦敦人口的四分之一。[9]

对疾病传播方式的理解和主流理论形塑了国家的规制干预措施。实施检疫和隔离基于这样的确信：特定疾病通过接触（包括人与人之间的直接接触）传播，或者经由某种空气介质传播。从古代到近代早期的流行病，如麻风病和鼠疫，它们的传播趋于强化了这种确信的正当性。但值得注意的是，固守某种理论，去把握疾病所产生的影响，这已远远超出纯“科学”的范畴，而是与国家适当角色的相关构想相联系，因此，也认为法律的功能构成了一种国家干预模式。阿克尔克内希特对此做了很好的论述：

---

7 同上注，第62页。

8 1 Jac. I, c. 31 (1604).

9 见哈佛大学图书馆馆藏公开项目 <http: //ocp.hul.harvard.edu/contagion/plague.html>，最后访问日期：2016年4月5日。

> 传染论不仅仅是一个理论问题，甚至不仅仅是一个医学问题。传染论在检疫隔离和相关官僚体制中建立了其实体表达，且整个讨论绝不限于传染病，**而总是涉及传染病与检疫隔离**。对于迅速壮大的商人和实业家阶层而言，检疫隔离意味着构成了损失的来源，是对扩张的限制，是施加官僚控制的武器，是他们不愿再容忍的。……传染论通过与旧官僚体制权力的连结，导致所有自由主义者对其产生质疑，并尝试努力将国家干预降到最低程度。[10]

3.1.2 维多利亚时代：现代公共卫生立法的奠基

39 理性主义和批判性科学探究出现于 18 世纪，它们推动了对传染理论的重估。某些人认为，这种对疾病传播的理解是“荒诞不经的，是医学黑暗时代一种徒劳的神话”；[11] 这样的批评“是为科学而战，是对过时的权威和中世纪神秘主义的反抗；也是针对这个体系和猜测的观察和研究”。[12] 如之前几个世纪一样，处于变化之中的流行病模式极大地影响着这种反思过程。尤其在 1831—1832 年、1848—1849 年两次疾病大流行中，霍乱导致英格兰和威尔士大约 75 000 人死亡，[13] 这对 19 世纪人们的思想认识产生了显著影响。虽然最初采用检疫或隔离措施是为了遏制传染病的传播，在应对该疾病时，这些措施或多或少也是有效的，但看上去霍乱并未因此得到控制。

---

10 Erwin Ackerknecht, “Anticontagionism between 1821 and 1867” (2009) 38 *International Journal of Epidemiology* 7, 9 (强调部分为原作者所加)。

11 Porter，前注 5，第 104 页。

12 Ackerknecht，前注 10，第 9 页。

13 Stephanie Snow, “Commentary: Sutherland, Snow and Water: The Transmission of Cholera in the Nineteenth Century” (2002) *International Journal of Epidemiology* 908, 908.

疾病暴发常常会伴随社会动荡，这带来了重构保护模式的动力。使用“治安权”实施隔离、构筑**防疫封锁线**（cordons sanitaires），这些措施引发了民众的质疑和反对，而且随着大众民主运动的兴起，民众也不再像前几代人那么被动。

从古希腊时代起，就有理论涉及污浊空气在致病过程中起到的作用，“瘴气论”认为，来自腐烂有机物的无生命粒子组合成有毒的水汽，从而导致流行病，该理论在19世纪早期的西方极为流行。托马斯·索斯伍德·史密斯是该理论在英国的主要支持者之一，他也是受杰里米·边沁托付而为边沁解剖遗体的那个人，他论述道：

> 对人或其他被污染物品而言，若假定疾病是通过接触传播，而忽视肮脏空气在其间的作用，会立即让真正的危险增加，不仅使人们暴露于有害臭气中，还会分散对正确预防和补救方法的关注。……如果说现代调查和经验告诉了我们什么非常重要的实践真理，那就是要抵御任何程度和种类的流行病，唯一有保障的方法是持续提供充足纯净空气，避免过度拥挤，分散患者；而且通常的共识是，如果让人们集中在空气污浊的环境中，普通的发烧就会变成瘟疫，而通风和人员分散可以使任何传染病消散，因此，隔离不仅无用，甚至还有害，……所以，预防流行病发生和传播的唯一方式就是采取公共卫生方面的措施。用公共卫生措施替代隔离限制，能在很大程度上降低疾病在国与国之间传播的可能性。[14]

---

14 T Baker (ed), *The Common Nature of Epidemics, and Their Relation to Climate and Civilisation: Also Remarks on Contagion and Quarantine: From Writings and Official Reports by Southwood Smith, M.D.* (Philadelphia: J.B. Lippincott & Co. 1866) 68–69, 74–75.

埃德温·查德威克律师引领的“公共卫生运动”将消除“污秽”
视为消除传染病的手段，并认为贫困是传染病的成因（因此还会带
40 来不稳定和动荡）。这迥异于此前的政府干预方式，更注重环境改
善，而非检疫和隔离。事实上，这种公共卫生观念依赖工程学而非
医学模型，通过建设有效的下水道和排水系统、供应洁净的水及拓
宽街道，来减少“污秽”，进而减少疾病。尽管这种进路可能有局限
性，但具有相当重要的政治和立法价值，它因关注健康的社会决定
因素，而被视为现代公共卫生进路的先驱。

1842 年，查德威克自费编写并出版了《大不列颠劳动人口卫生状况报告》。这份报告建议设立中央公共卫生机构和地方卫生委员会，要求地方委员会由一名卫生医务官领导，由一名对健康妨害进行检查的检查员协助，地方委员会要“建设排水系统，清理居民区、街道上的所有垃圾，并改善供水”，[15] 他们还负有清洁工作和道路铺设之责，并对住宅、健康妨害加以规制，对给环境和健康带来不利影响的行业加以规制。1844 年市镇卫生协会成立，试图向政府施加压力，令政府采纳查德威克的建议。1845 年市镇卫生皇家委员会报告出版，这也提升了查德威克观点的影响力。[16]1846 年，这些建议在利物浦进行了局部试点，之后，英国于 1848 年颁布了第一部全国性的《公共卫生法》，这部法律创设了一个中央部门，即卫生总署，但另一方面，法律实施在很大程度上留给地方当局裁量。在大都市中，市议会或市政委员会成为地方卫生委员

15 *Report from the Poor Law Commissioners on an Inquiry into the Sanitary Conditions of the Labouring Population of Great Britain* (London: HMSO 1842) 369–372.

16 *Second Report of the Commissioners for Inquiring into the State of Large Towns and Populous Districts*, 602 (1845) XVIII.

会，而其他地方采用的形式则是由纳税人选举产生的特别委员会；但是，机构框架不受强制，可任意设定，当地十分之一的地方税纳税人（ratepayers）可以向卫生总署申请在本地适用《公共卫生法》。[17] 地方机构有权任命的官员，包括一名检验检疫官、一名负责检查环境和健康妨害的官员，以及一名符合资质要求的执业医生。他们的职责包括：清洁下水道；规制地下室及其他不适人居的房屋；监督房屋出租；对给健康和环境带来不利影响的行业加以规制；监督排水系统、供水及燃气供应；道路维护；提供墓地、公园和公共浴室。

《公共卫生法》远称不上取得完全成功。不过，1848—1853 年间，有 284 个地区申请了适用该法，同一时期还有 103 个市镇确认适用该法。[18]

> 不同卫生当局的活力并不相同。一些地方当局未能对排污系统做任何改进，或未能执行卫生总署的工程建设方案。在有些地区，无论其适用《公共卫生法》与否，不洁净的卫生状况都依然存在。但也有一些地方当局更为努力地承担起新职责，并在卫生总署检查官的指导下推进了模式改革。[19]

在很大程度上，意识形态层面对国家干预的反感，构成了反对公共卫生立法的基础；《先驱报》指出，“相较于一尘不染但被

17 需要指出，死亡率超过 2.3% 的地区会被强制要求设立地方卫生委员会。

18 这部法律未在伦敦适用，见 Metropolitan Commission of Sewers Act 1848。

19 Porter，前注 5，第 150 页。

41 奴役而言，自由但有一点尘污，总归相对更可欲”。[20] 依据《1858年公共卫生法》，卫生总署被解散，其职能转移给枢密院，法律授权枢密院可以对任何地域的任何公共卫生问题进行调查。然而，这当然不是英国公共卫生法的丧钟；事实上，“1848 年之后，公共卫生领域的立法基础发生了引人注目的扩张”。[21] 在《1848 年公共卫生法》颁布后的四分之一个世纪里，这一领域颁布了若干立法，在此仅举几例，如 1848 年及 1849 年《垃圾清理与疾病预防法》，1853 年、1867 年及 1871 年《疫苗接种法》，《1855 年疾病预防法》，1866 年及 1868 年《清洁卫生法》，《1872 年公共卫生法》。然而，这种无计划的、零散的进路“过于混乱，以至于那些热忱的地方当局都认为，这些立法过于令人困惑，以致无法实施”。[22] 最后的回应是颁行了统一立法，通过了《1875 年公共卫生法》，该法被描述为“直至 1936 年之前，是公共卫生领域的《大宪章》”。[23] 这部法律的显著意义在于，它实际上相当于一部卫生法典，[24] 它要求地方当局承担公共卫生责任，组建地方卫生委员会，并任命地方卫生医务官。因此，这部法律某种意义上是更为包容的维多利亚时代早期与 19 世纪末期的分水岭，在 19 世纪末期，至少在公共卫生领域，日趋走向官僚行政，迈向“命令－控制”模式。

---

20 转引自 David Roberts, *Paternalism in Early Victorian England* (London: Croom Helm 1979) 200。

21 Porter，前注 5，第 156 页。

22 同上注，第 158 页。

23 Warren，前注 4。

24 见该法第三部分。

在另一方面，《1875 年公共卫生法》也标志着公共卫生法历史上的一个转折点。该法第 84 条要求，当住户“发烧或患有任何传染性疾病”时，“出租屋管理员”应“立即向地方当局的医务官员报告”；接着规定向这些场所施以强制性义务，并对未能遵守规定者科以罚款。[25] 这意味着引入法定报告制度，在 19 世纪余下的四分之一时间里，这项规制措施历经多次重复和扩展，最初被写入特定地区的地方性法令，[26] 随后于 1889 年以容许性的表述为基础，被纳入全国立法，[27] 最终在 1899 年成为法律中的强制性规定。[28]《1889 年传染病报告法》第 6 条列出了应当报告的疾病，包括“天花、霍乱、白喉、膜性喉炎、丹毒、猩红热，以及名为斑疹伤寒、伤寒、肠热病、回归热、稽留热或产褥热的发热”。

关于报告的规定，以及与之相伴的对感染者的隔离，预示着对疾病传播有了进一步的新理解，即细菌模型或“细菌致病理论”。在英国，对此进路的形成影响尤其大的是被誉为“现代流行病学之父”的约翰·斯诺，[29] 他对伦敦苏活区霍乱暴发开展了著名的调查，使政府拆除了宽街公共水泵的手柄。直至 19 世纪 60 年代，细菌理论才

---

25 第 85、86 节。

26 例如 1877 年的博尔顿和 1879 年的爱丁堡。

27 Infectious Diseases Notification Act 1889. 该法在伦敦引入了强制性报告。

28 Infectious Diseases Notification (Extension) Act 1899.

29 例如，见 Francis Chappelle, *Wellsprings: The History of Bottled Spring Waters* (New Brunswick: Rutgers University Press 2005) 82; Renaud Piarroux and Benoît Faucher, “Cholera Epidemics in 2010: Respective Roles of Environment, Strain Changes and Human-Driven Dissemination” (2012) 18 *Clinical Microbiology and Infection* 231, 237；还有一种持略微质疑态度的观点，不过仍然承认，斯诺的贡献“毫无疑问是流行病学发展到如今程度之因果链上的重要一环”，见 Cesar Victoria, “The Causes of Epidemiology” (2013) 381 (9874) *Lancet* 1302, 1302。

42 得到广泛认可，但从那以后，这一理论日益反映于规制措施，这些措施力图提供确认传染病暴发源头的方法，以及通过隔离切断疫情传播。[30]

另一项推行天花疫苗强制接种计划的立法则既反映了细菌进路，又反映了维多利亚时代日趋流行的“命令–控制”型规制模式。《1853 年疫苗接种法》启动了这项政策，[31] 该政策适用于所有三个月龄以内的婴儿（对孤儿院收养的婴儿而言，为四个月龄以内），但对违反者并未科以有效的制裁。在 1867 年、1871 年、1873 年及 1898 年颁布了进一步的立法，其中 1867 年立法规定，对未履行疫苗接种义务的父母处以持续、累积的惩罚。苏格兰在 1863 年颁布了相关立法。

这一立法遭到了强烈抵制。为抵制《1853 年疫苗接种法》，若干市镇发生了骚乱。也出现了反对这些立法的有组织运动，尤为著名的是成立于 1853 年的反疫苗接种联盟和成立于 1867 年的反强制疫苗接种联盟。有些父母再三公然违反法律，要么选择每次支付罚金，要么甘受监禁。[32] 在莱斯特城，抵制尤为强烈，在那里，因抵制疫苗接种而被起诉的案件从 1869 年的两起，增至 1881 年的

---

30 除了前注 27—28 提及的法案，还可见《1878 年（动物）传染病和感染性疾病法》[Contagious and Infectious Diseases (Animals) Act 1878]；《1894 年动物疾病法》（Diseases of Animals Act 1894）；《1864—1869 年传染病法》（Contagious Diseases Act 1864–1869）。

31 值得注意的是，《1840 年疫苗接种法》首次让获得免费疫苗成了穷人的一项福利，这是“第一次通过立法在全国范围内提供免费医疗卫生服务”。Warren，前注 4。

32 Stanley Williamson, “Anti-Vaccination Leagues” (1984) 59 *Archives of Disease in Childhood* 1195, 1195.

1 154 起。[33] 到 1885 年，已有 3 000 名父母在等待被起诉，[34] 在 1885 年这一年里，当地有 8 万～10 万人参加了抵制疫苗接种的游行。[35] 此种抵制的长期后果是，一个皇家委员会成立了，它负责调查人们对疫苗接种的不满。该委员会在 1896 年报告中的结论是，[36] 疫苗是有效的，但应废止累积制裁，增加良知不服从条款，这两条建议都体现于 1898 年立法之中。

反对疫苗强制接种的动机当然各有不同：或许是担心疫苗对孩子的影响，或许出于宗教信仰，或许源自对医学界的不信任。但意识形态是一个很重要的因素，即对国家介入私人家庭生活的敌意，在本身**健康**的儿童也要进行接种时，这种敌意就更加剧了。例如，后来出任反强制疫苗接种联盟主席的威廉·休姆-罗瑟里论称：

> 人民只有自愿、明断地行使自己的权力，才能获得进步；显然，国家为人民做的，……都是人民在自身权限和能力范围内能承担的责任，国家在某种程度上限制和阻碍了人民的发展，……即使疫苗接种实际上是最大的眷顾，它也不应成为政府来实施的职责。[37]

---

33 Dale Ross, “Leicester and the Anti-Vaccination Movement 1853–1889” (1967–1968) 43 *Transactions—The Leicestershire Archaeological and Historical Society* 35, 37.

34 Stuart Fraser, “Leicester and Smallpox: The Leicester Method” (1980) 24 *Medical History* 315, 330.

35 Nadja Durbach, “They Might as Well Brand Us: Working-Class Resistance to Compulsory Vaccination in Victorian England” (2000) 13 *Social History of Medicine* 45, 57.

36 *Final Report of the Royal Commission Appointed to Inquire into the Subject of Vaccination*, C–8270 (1896).

37 William Hume-Rothery, *Vaccination and the Vaccination Laws: A Physical Curse and a Class Tyranny* (Manchester: Tulley 1872).

43 与之类似，1898 年立法在议案阶段的讨论中，来自切斯特的国会议员托马斯·贝利指出，存在

> 一些人，他们相信自己能控制自己和孩子的身体，因此，他们不允许国家或其他任何人告诉他们，应当对自己的身体或孩子做些什么。这是一个关乎父母自由的问题，父母可以对孩子做自己认为正确的事情。[38]

总之，在维多利亚时代，制定和实施公共卫生相关法律成为英国政府的一项重要活动。这看来可能有些自相矛盾，因为这一时期，自由个人主义正是盛行的政治思潮，而且实际上，对特定法律的广泛抵制反映了公众的关切，即“一方面是扩张的威权主义式、父爱主义式的中央政府权力，另一方面医疗职业作为特定职业，其专断影响力也在增加”。[39] 不过，当我们考虑到城市贫民健康状况的不佳后果时，不可避免地会对维多利亚时代政治精英所青睐的自由市场经济加以否定，而且功利主义要求，国家应当实现最大多数人的最大福祉，此时，前述矛盾可能并不像乍看上去那么深刻。

我们也曾指出，随着对传染病性质认识的变化，规制措施也发生了与之相应的演进。当然，重要的是，不去夸大从传染论到瘴气论，再到细菌学的陡然转变；在新理论出现后，先前进路的痕迹依然会保留一段时间，而立法的颁布还难免存在时滞现象：

---

38 Hansard, 19 April 1898, vol. 56, col. 454.

39 Porter，前注 5，第 112 页。

> 仔细审视会发现，这些［干预］阶段……并非十分清晰，在同一时期，关于传染病的不同模型会共存。因此更妥当的是，每个阶段都会受到不同模型的影响，就特定阶段而言，某个特定的模型对公共卫生政策和实践会产生更有力的影响，而共存的其他模型的影响可能会相对较弱。[40]

尽管如此，有人可能论称，在19世纪的英国，规制模式大致做到了与公共卫生"科学"的发展同步。如下文所探讨的那样，在20世纪时则远非如此。

3.1.3 20世纪：公共卫生立法的边缘化？

> 在20世纪的大部分时期，很难去概括英国公共卫生的特色。福利国家的成熟及与之相伴的卫生政策的重大变化，并未导致英国公共卫生的转型；在方案和机构层面，在中央与地方之间，公共卫生仍处于一种不统一的混合体状态，它受到政治、文化、职业关切等多方面因素的影响，这些因素并非都是显性因素。……在预算受约束的年代，现代公共卫生机构忙于应对日常事务，几乎不考虑长期目标，遑论关注卫生方面的新概念。[41] 44

哈姆林将公共卫生作为一个公共政策领域，对英国20世纪公

40 Rob Baggott, *Public Health: Policy and Politics* (2nd edn., Basingstoke: Palgrave Macmillan 2011) 41.

41 Christopher Hamlin, "State Medicine in Great Britain" in Dorothy Porter (ed), *The History of Public Health and the Modern State* (Amsterdam: Rodopi 1994) 154.

共卫生状况给出了悲观的分析，这同样适用于公共卫生法这一亚类。在 19 世纪，为追求公共卫生目标，立法干预是常用的工具，但如我们在下文将看到的，20 世纪的特征则是立法日益无法与卫生和社会情境同步。可以发现，维多利亚时代浮现出的某些趋势，其影响是下一世纪公共卫生立法逐渐趋于边缘化。

特别是，19 世纪末发现了疾病的细菌学成因，这对立法活动的范围和频率产生了重要影响。在此可能要区别两个维度。一方面，有可能论称，对疾病性质认识的演进秉承了"正确"的形式，作为回应，国家无须改变已采用的规制模式或对象。事实正是如此，例如"瘴气论"进路要求消除"污秽"，这就取代了强调检疫和隔离的"传染论"进路。但这一结论某种程度上忽视了两个因素：其一，如下一节及本书第一章中所讨论的，对**公共卫生本身**（包括公共卫生的功能、目标和范围）的理解曾发生过转变，可以想见，这在立法中会受到关注；其二，在 20 世纪的进程中，公共卫生共同体的关切在逐渐转移，从关注传染病到同时关注非传染病，从关注消除疾病到关注福祉。

细菌学的出现对公共卫生的第二个方面的影响是，"关注重点从环境状况转向作为传播媒介的个人"，这也扩展到对公共卫生相关法律的影响。[42] 换言之，"重点关注疾病在个体及人群中亚群中的表现，而非人群整体的健康状况"。[43] 此种发展的新颖性可能被过分强调了：公共卫生运动仍强调，要对作为弱势群体的贫民采取干预措施，但正如波特所指出的，相较于以细菌理论理解划定的目标人群，

---

42 Porter，前注 5，第 140 页。

43 Baggott，前注 40，第 38 页。

这代表了更为“一般化的人群概念”，这部分亚群可能包括肺结核患者、有痫疾风险的婴儿等。[44] 此外，应当指出，与这种更高程度的独特性相关联的，不仅涉及特定疾病，也涉及人群中相对较小的亚群。因此，我们或许会发现，在公共卫生实践中，**医学知识**日益受到重视。

第二次世界大战后建立的国民医疗服务体系加剧了此趋势，下文会对此进一步讨论。但在 20 世纪的开端，如巴戈特指出的，[45] 一些人主张恪守关于公共卫生进路的理想，一些人完全认可“细菌致病理论”，两者之间存在一定程度的分歧。前者日益被拖入关于更广泛社会福利运动及话语的一般性讨论之中，后者则日益对有效医疗手段的可能性感兴趣。后者在公共卫生共同体占据了支配地位，部分原因在于“相较于更难评估的社会干预，医疗干预……更容易被度量和量化”。[46] 但这也削弱了对规制活动价值的认识，相较于基于特定科学知识的指示或禁止，无论成功与否，规制活动能更容易、更有效地对负面的社会经济状况加以缓解。

因此，如下文所述，尽管在持续颁布法律，通过建立特别规制 45
机制来处理特定的公共卫生问题，但可以说，在 20 世纪早期，立法影响公共卫生的更重要的方式是更为间接的，即通过**设立机构框架**来实现公共卫生目标。在此意义上，有两部法律值得关注。《1919 年卫生部法》首次创设了卫生部这个中央政府部门，它有可能对在

44 Porter，前注 5，第 140 页。

45 Baggott，前注 40，第 38 页。

46 同上注。

19 世纪已成为“松散拼图和无通盘安排服务”的公共卫生职能进行更为合理的应对，[47] 卫生部还在确定政策优先次序方面发挥领导作用。该法还为卫生大臣设定了广泛的职责：

> 采取所有可欲的步骤，以保证对有助于公众健康的措施，加以准备、有效实施，并进行相应的协调，这些措施包括：疾病预防和治疗措施，对与所谓的救济方式相关的欺诈的防止，对身体和精神缺陷的治疗，对盲人的治疗和照护，对相关研究的发起和指导，相关信息和统计数据的收集、制作、公布和散播。[48]

卫生部除负责整体协调外，根据《1871 年地方政府委员会法》赋予卫生部行使特定的公共卫生职责，这也整合了此前根据济贫法由地方政府委员会行使的职责。这些职责包括环境卫生、供水与卫生、住房供给、母亲与儿童的福利，以及根据《1911 年国民保险法》建立的国民健康保险计划。《国民保险法》规定了病人、残疾人及产妇津贴，规定了对肺结核病人进行免费治疗，并为投保人提供全科医生服务，不过这项服务并不惠及投保人家属。

《1929 年地方政府法》进一步致力于“能力建设”。该法规定，由市议会的“公共援助委员会”取代济贫委员会。结果是，在维多利亚时代由监护委员会行使的公共卫生职能及对大部分公立医院的

---

47 Walter Holland and Susie Stewart, *Public Health: The Vision and the Challenge* (London: Nuffield Trust 1998) 30. 作者提到，“例如，一个家庭可能会得到在五个不同科室工作的多达九名医生的照料”，第 32 页。

48 s. 2.

控制权，一并被转移给地方政府。这意味着，自20世纪之初直至第二次世界大战，地方政府的作用进一步发生了更为一般性的扩张。地方政府有义务在如下形形色色的领域采取措施、提供服务，这些领域包括：学校供餐，[49]小学生体检和治疗，[50]肺结核治疗，[51]性病的诊断、治疗和教育，[52]产妇和儿童福利，[53]盲人照护，[54]健康教育，[55]控制烟雾排放，[56]照顾精神病患者，[57]癌症诊疗。[58]

这份立法目录清晰地表明，“在20世纪20年代至30年代 46
间，地方公共卫生部门的工作在范围和重要性方面”如何“有了显著增长”，[59]这样的事实使得有人将这一时代称为公共卫生的“骄傲时代”。[60]然而，需要指出，就为地方机构配置法定职责的活动而言，似乎并无太多统一的计划作为基础，其“几乎没有哲学基础”，成为“各种活动的杂烩”。[61]在某些方面，这与维多利亚时代没有什么不同，颁布的许多立法只不过是“以未经协调的

---

49 Education (Provision of Meals) Act 1906.

50 Education (Administrative Provisions) Act 1907.

51 Public Health (Prevention and Treatment of Disease) Act 1913; Public Health (Tuberculosis) Act 1921.

52 Public Health (Venereal Diseases) Regulations 1916.

53 Maternity and Child Welfare Act 1918.

54 Blind Persons Act 1920.

55 Public Health Act 1925, s. 67.

56 Public Health (Smoke Abatement) Act 1926.

57 Mental Treatment Act 1930.

58 Cancer Act 1939.

59 Jane Lewis, *What Price Community Medicine? The Philosophy, Practice and Politics of Public Health since 1919* (Brighton: Wheatsheaf 1986) 15.

60 Holland and Stewart，前注47，第58页。

61 Lewis，前注59，第11、26页。

方式，来对个别的健康威胁加以规制”。[62] 但或可论称，维多利亚时代的特色是国家“视角”，对于查德威克这样的特定改革者而言，则尤其如此。在此视角下，“允许将《公共卫生法》作为更为一般化社会改革的过滤器”。[63] 在 20 世纪早期，存在这种国家视角的缺失，似乎

> 在处理健康问题时缺乏确定的哲学来指引［公共卫生］。在 20 世纪早期，公共卫生日渐介入个人预防服务工作中，这一领域中积极致力者的行事，很大程度上像是将这种介入予以事后合理化。[64]

鉴于关注点是作为疾病携带者的个人，似乎很难将卫生医务官根据其法定职责从事的工作与独立全科医生的工作区别开来，因此，在 1925 年，有人主张，“公共卫生工作主要是临床医学，只不过是一种特殊类型的临床医学”。[65]《1929 年地方政府法》让卫生医务官承担了医务管理职责，卫生医务官花费大量时间于医务管理，这不利于卫生医务官在更传统、更广泛意义上发挥预防作用，这使得公共卫生更加欠缺特殊性。[66]

---

62 Robyn Martin, “Domestic Regulation of Public Health: England and Wales” in Robyn Martin and Linda Johnson (eds), *Law and the Public Dimension of Health* (London: Cavendish 2001) 76-77.

63 Lewis，前注 59，第 6 页。

64 同上注，第 3 页。

65 The Public Health Service (1925) 34 *Medical Officer* 99.

66 见 Lewis，前注 59，第 26—27 页。将这种情况与第一章中讨论过的温斯洛等人采用的更为广泛的公共卫生定义进行对比。

《1936年公共卫生法》被视为当代公共卫生法的“基石”,[67]它既是公共卫生活动处于不稳定地位的例证，又使这种状况得到强化。这是一部整合性立法，包括347条和三个附表，它规定了与公共卫生相关的地方当局的权力和职责。该法的规定涉及环境卫生和建筑（涵盖排水系统、建筑物的卫生设施、关于建筑物的权力和章程、下水道和化粪池），还涉及垃圾清理、废气净化及动物保护，涉及污秽或满是虫子的场所或物品，涉及被虱虫感染的人和污染的公共设施。该法还涉及：带来卫生妨害的活动和厌憎性贸易活动，供水，疾病的预防、通报和治疗，医院和疗养院，出生通知,* 母亲与儿童福利，儿童生活保障，浴室、洗衣房和浴场，简易旅社，运河船只，河流、水道和池塘，以及帐篷、货车和棚屋。

如科克尔和马丁所说，纵非完全如此，但这部立法还是很大程 47
度上以“妨害模型”为基础，据此通过移除、控制和许可，来规制垃圾、废物和糟糕的排水系统，从而限制传染病。[68]“人们认为可将不佳的健康状况归因于从固定来源逸出的可确证实体，因此关切重点是场地设施的不完备。”（还可见本书第五章的讨论。）[69]就某些方面而言，这是有益的，因为这使公共卫生的方法、目标及相关法律

---

67 Martin，前注62，第77页。科克尔和马丁指出，受英国殖民统治的影响，这部法律构成了世界许多地区公共卫生法的基石；见Richard Coker and Robyn Martin, “Introduction: The Importance of Law for Public Health Policy and Practice” (2006) 120 (Supplement 1) *Public Health* 2, 3–4。

* 英国法的制度是，对婴儿的出生除要进行出生登记外，在婴儿出生时实际居住在婴儿出生的房屋内的婴儿的父亲，或在婴儿出生当时或之后的六小时内照料婴儿母亲的任何人，都有义务在婴儿出生后的36小时内将出生的事实书面通知出生地的福利机构。如未能遵守法律的这一规定，将被处以一英镑以下的罚金。

68 同上注，第3页。

69 Martin，前注62，第79页。

框架，能与临床医学有清晰的界分，从而强化了对公共卫生领域特别之处的认识。但这部法律所采用的进路有些落伍，当时医学界已日益注重研发治疗药物以诊疗疾病，而这部法律依然反映了病因方面“瘴气论”解读的持续影响。[70] 因此，尽管该法确证无疑的效用在于，将非同寻常的诸多法定权力和职责拼接在一起，并予以合理化，但也反映出这一历史时期的认识水平，即越来越认为公共卫生处于无足轻重的地位。

吊诡的是，虽然“1948 年创设的国民医疗服务体系本身是公共卫生领域的一项重要成就”，[71] 但它的设立依据是《1946 年国民医疗服务法》，这也印证了如下印象，作为与保护和改善人群健康相伴的更为宽泛的国家责任，其趋于边缘化。在此情况下有两重含义。其一，公共卫生从业者在新医疗服务体系的运行中没有多少发言权。尽管 1944 年发布的《国民医疗服务白皮书》[72] 曾对地方当局的控制权加以构想，但最终方案将国有化医院服务的管理权交由卫生大臣任命的地区委员会；这是“工党政府与医疗行业协商妥协的结果，工党政府决意建立一个由税收出资并向个人免费提供的综合性服务体系，医疗行业则更倾向于国有化，而非由地方政府基于多元目标的控制”。[73] 担任区委员会成员的医务人员绝大多数来自临床医学领域，而非公共卫生领域。[74] 地方当局的公共卫生职能的确在一定程

70 见 Holland and Stewart，前注 47，第 59 页。

71 Baggott，前注 40，第 48 页。

72 Cmd 6502.

73 Porter，前注 5，第 215—216 页。

74 Holland and Stewart，前注 47，第 100 页。

度上得以保留，但已被“实质削减”，[75]这些职能包括“一系列的环境健康和个人健康服务，包括妇幼福利诊所、卫生访视员、助产士、健康教育及免疫接种。它们还负责救护车服务”。[76]据路易斯所述，伯恩茅斯的卫生医务官叹息道，“二十一年了……公共卫生委员会下辖所有机构的医疗负责人……都没有机会向医院或疗养院管理委员会表达自己的见解，甚至没有机会听到其他人表达的见解”。[77]

其二，人们普遍认为，“国民医疗服务体系的建立是为了疾病诊治，而非提供医疗保健服务”，[78]这种见解至今依然占主流地位。[79]另一位来自索尔福德的卫生医务官认为，“我们时代的悲剧是在消极健康行为上花费甚巨，相较而言，在积极健康行为上花费甚少”。[80]这
也反映于立法中；正如霍兰德和斯图尔特指出的，“这部法律断然将 48
重点放在药物治疗上”。[81]尽管《国民医疗服务法》第 1 条赋予卫生大臣促进全面卫生服务的整体职责，这包括“改善英格兰和威尔士人民的身心健康”、“预防”以及“疾病诊疗”，但这部法律的第二部分和第四部分分别将医院服务和全科医生服务放在了显著地位，也说明将“疾病诊疗”放在了优先地位。该法第 28 条授权地方当局“为预防疾病做出安排”，尽管此规定采用了相当不明确的方式，但

75 Lewis，前注 59，第 46 页。

76 Holland and Stewart，前注 47，第 96 页。

77 转引自 Lewis，前注 59，第 47 页。

78 Baggott，前注 40，第 49 页。

79 例如，见 HM Government, *Healthy Lives, Healthy People: Our Strategy for Public Health in England* (CM 7985 2010)：“我们这一代面临的一个重大挑战是如何建立一个公共卫生服务体系，而非停留在国家疾病服务体系”：[1.5]。

80 转引自 Lewis，前注 59，第 48 页。

81 Holland and Stewart，前注 47，第 100 页。

似乎只有这条规定才体现了公共卫生的传统角色，而且就连这些安排也需卫生大臣批准。一名卫生医务官或许多少有些乐观地写道，“这些容许性条款将所有关于预防医学的内容都纳入其中……在我看来，只要基于预防疾病或保护患者福祉的合理目标，就可以提供任何东西”。[82]

国民医疗服务体系建立之后的一段时间里，得到压倒性关注的是以治疗服务应对英国人群健康问题的可能性。在有限的公共卫生立法中，仍然嵌入了过时的疾病观念和《1936 年公共卫生法》所例示的相关规制机制。例如，《1949 年虫害预防法》规定，地方当局应保护其辖区免遭大鼠和小鼠之害，还应向食品生产、储存、运输和销售者发出虫害通告，而《1969 年公共卫生（复发妨害）法》针对的是经常反复出现的臭气和噪声问题。《1961 年公共卫生法》拓展了《1936 年公共卫生法》的范围，但仍然以对个别妨害加以规制的模式为坚实基础。[83]

这些立法中体现出的对疾病成因的理解看上去有些过时，但事实并非这么简单。彼时公共卫生面临的主要威胁已迥异于维多利亚时代时所普遍面对的威胁。据统计，在 1901—1971 年间，死亡率下降了大约 75%，其原因在于水传性疾病、空气传播疾病、食源性疾病和其他疾病致死人数的减少。[84] 因此，相应地，到了 20 世纪 60

---

82 Kenneth Macdonald, “The Challenge of Section 28” (1947–1948) 61 *Public Health* 27, 27–28.

83 见 Martin，前注 62，第 80 页。

84 Thomas McKeown, R.G. Record, and R.D. Turner, *An Interpretation of the Decline in Mortality in England and Wales during the Twentieth Century* (1975) 29 Population Studies 391.

年代，诸如心脏病、癌症这样的非传染性疾病对人群健康的威胁就远高于19世纪时：1916年前后，英国因上述这些非传染病死亡的人数超过了因传染病死亡的人数；1931年前后，英国因癌症死亡的人数超过了因传染病死亡的人数。[85] 因此，这构成了意义显著的“流行病学转型”，当然，19世纪和20世纪早期的公共卫生干预，对此种转型贡献良多。

然而，在20世纪，立法对上述转型的回应可谓微乎其微。《1936年公共卫生法》针对不同的非传染性疾病，较为宽泛地授予了采取行动的权力和职责。当然之后并未尝试针对非传染性疾病立法，而是针对特定的公共卫生威胁做出了有限的立法回应。例如，鉴于烟草有损健康，禁止向儿童售烟，这样的规定始见于《1908年儿童法》，在之 49
后的《1933年儿童和少年法》、《1986年儿童保护（控烟）法》以及《1991年儿童和少年（防止烟草损害）法》中，相继对此加以规定。《1964年电视法》禁止在电视上播放香烟广告，欧盟《“电视无国界”指令》规定，从1991年起禁止播放任何形式的烟草广告。[86] 在20世纪，根据每年度财政立法的规定，烟草税也在有规律地增长。另一个例证是与石棉相关的干预。《1901年工厂和车间法》第79条对“危险和有损健康的行业”加以规制，这构成了《1931年石棉行业条例》的制定依据，《石棉行业条例》为企业主和雇主设定了包括提供通风设

---

85 Scott Mann, *Bioethics in Perspective: Corporate Power, Public Health and Political Economy* (New York: Cambridge University Press 2010) 108.

86 Directive 89/552/EEC of 3 October 1989，该指令意在协调各成员国针对电视广播活动的法律、条例和行政管理活动，［1989］OJ L 298/23, Article 13。《1990年广播法》（Broadcasting Act 1990）使此指令在英国生效。

备和其他设备在内的义务，[87]但它仅适用于石棉行业。《1969年石棉条例》将法定义务扩展至其他工作场所的雇主；[88]《1987年工作场所石棉控制条例》则进一步将该义务扩展至适用于访客和其他人；[89]《2002年工作场所石棉控制条例》又为所有非住宅场所设定了对石棉加以处置的义务。[90]在此领域中，除立法干预外，民事诉讼在公共卫生法的形塑方面也扮演了重要角色。[91]还应关注日渐浩繁的环境立法，这一领域显然与公共卫生法交织，将保护人群健康的角色与对自然资源的保护相结合，形成了"不稳定的结合"。[92]例如，如马丁指出的，《1936年公共卫生法》中的大量条文被吸纳入《1990年环境保护法》之中。[93]然而在《环境保护法》中，主要通过生态术语的表达，来对"损害"加以界定，且在涉及对"人"的损害时，也没有专门提及健康，[94]似乎很难将这部立法完全解释为"公共卫生法"（亦见本书第五章）。

到了20世纪末，很难反对这样的结论，即在应对英国人群健康问题上，公共卫生立法仅处于次要地位，这与它在此前的中心地位形成了鲜明对比。可以对《1984年公共卫生（疾病控制）法》加以思忖，这是这一时期最后一部主要公共卫生立法，马丁认为，它

87 SI 1931/1140. 批判意见见 Nick Wikeley, "The Asbestos Regulations 1931：A Licence to Kill?" (1992) 19 *Journal of Law and Society* 365。

88 SI 1969/690.

89 SI 1987/2115.

90 SI 2002/2675. 大部分关于石棉的法律都被并入了2006年《石棉控制条例》（the Control of Asbestos Regulations 2006），SI 2006/2739。

91 例如，见 Smith v Central Asbestos Co. Ltd.［1972］1 QB 244。

92 见 A. Dan Tarlock, "The Future of Environmental 'Rule of Law' Litigation" (2000) 17 *Pace Environmental Law Review* 237, 238。

93 Martin，前注62，第80页。

94 s. 1(4).

“不是一部 1984 年的法律，而是对 19 世纪相关立法的巩固”。[95] 与较早立法所采用的进路相契，这部法律设置了诸多极为特定的权力、义务和禁止，其中许多规定的流行病学基础看上去粗疏、过时。例如，该法第 24 条和第 25 条规定：

> 如果知道任何物品已暴露于法定传染病的传染，除非该物 50
> 品经地方当局的适当官员或注册医务人员消毒，或得到其认可，否则，个人不得将该物品送至任何洗衣店、公共洗衣房洗涤，也不得送至其他任何地方清洗。
>
> 任何人一旦知道自己患有法定报告传染病，就不得从公共图书馆或流通图书馆借走任何书，或请他人借书供自己使用，或使用借出的书。任何人一旦知道自己患有法定报告传染病，就不得再接触、使用自己此前已从公共图书馆或流通图书馆借出，并处于他控制之下的任何书。……任何人一旦知道一本书接触了传染病病源，则不得将此书还给任何公共图书馆或流通图书馆，也不允许将他手头控制的任何这样的书归还给图书馆。

类似的滞后于时代的规定还可见《1984 年公共卫生（疾病控制）法》中的其他条文。该法第 45 条规定：“为死于法定传染病的死者守灵是不合法的。”该法第 55 条规定：“从事二手布料、旧衣物及其他类似物品收集或交易的人，前述人员的协助者或代表其行事的人，不得……向任何人出售或提供任何食品或饮料，不得向未满

95 Robyn Martin, “The Limits of Law in the Protection of Public Health and the Role of Public Health Ethics” (2006) 120 (Supplement 1) *Public Health* 71, 74.

十四周岁的人出售或提供任何物品。”[96]

《1984年公共卫生（疾病控制）法》第二部分规定的权力适用于有关“法定传染病”的内容，即该法第10条列明的霍乱、鼠疫、回归热、天花以及斑疹伤寒，该法第11条对食物中毒报告加以单独规定。以上这个目录滞后于时代，世界卫生组织已在1980年宣布消灭天花；[97] 这个目录过窄，很多时候通过次级立法将许多其他传染病列入目录。[98] 需要注意的是，法定传染病目录并不包括艾滋病。[99]《1987年艾滋病（控制）法》规定了艾滋病监测，该法要求卫生当局向国务大臣报告包括艾滋病确诊人数、死亡人数在内的多个相关事项，《1988年公共卫生（传染病）条例》授权医院，为避免艾滋病传播，可将患者扣留在医院。[100]

尽管艾滋病病毒/艾滋病及其后禽流感、非典型性肺炎的出现，还有肺结核发病率的回升，都表明即使到了20世纪末，关注传染病立法也并非完全不合时宜，但《1984年公共卫生（疾病控制）法》还是因欠缺灵活性而受到批评。该法赋予权力和职责的特定性，不利于其应对新的、无法预料的公共卫生威胁；[101] 它们无疑也不适用于

---

96 对于该法的全面批评，见 Stephen Monaghan, *The State of Communicable Disease Law* (London: Nuffield Trust 2002)。

97 世界卫生大会决议，WHA 33.3，1980年5月8日。

98 主要是《1988年公共卫生（传染病）条例》[Public Health (Infectious Diseases) Regulations 1988], SI 1988/1546。英国现行的法定传染病目录载于《2010年健康保护（通告）条例》[Health Protection (Notification) Regulations 2010], SI 2010/659, 附表1。

99 对此的学术分析，见 James Chalmers, *Legal Responses to HIV and AIDS* (Oxford: Hart Publishing 2008)。

100 SI 1988/1546, reg. 5, modifying s. 38 of the 1984 Act.

101 见 Martin，前注62，第74页，第七章对此有进一步的讨论。

那些非传染性疾病，而这些非传染性疾病不仅构成了当下对人群健康的最大威胁，还是逐渐显现出的“新公共卫生”范式的核心关切（本章下一节对此予以讨论）。因此，在千禧年前夕，英国的公共卫生立法看似与此目标完全脱节。

3.1.4 21 世纪：公共卫生立法的复兴？

不应低估传染病造成的持续性威胁，除了上一节谈及的传染病 51
外，2009 年“猪流感”、2014 年埃博拉病毒、2016 年寨卡病毒的暴发都说明，即便上述传染病对英国的影响已降到最低限度，民族国家与国际组织仍需继续对传染病保持警惕。但在 21 世纪初，政府对公共卫生的主要关切集中于非传染性疾病。到 2014 年，英国死于非传染性疾病的人数已约占总死亡人数的 89%，癌症、糖尿病、心血管疾病和慢性呼吸系统疾病作为四类主要的非传染性疾病，导致在三十岁至七十岁间早逝的概率达到了 12%。[102] 然而，引发政策问题的不仅仅是死亡率。传染病往往是急性病，会导致患者较快死亡，而非传染性疾病是慢性的，因此会给医疗系统资源造成更大压力，进而难免加剧医疗服务和治疗的需求与供给之间的不匹配。因此，不论从社会的角度，还是出于经济的原因，迫切需要通过与维多利亚时代类似的方式[103]采取措施，降低非传染性疾病的发病率。

---

102 World Health Organization, *Non-Communicable Diseases Country Profiles 2014* (Geneva: WHO 2014).

103 对经济的影响，不仅体现在非传染性疾病对卫生系统资源的冲击，也体现在直接影响经济活动，进而影响国家财富，这与维多利亚时代的影响逻辑是类似的；例如，见 HM Government，前注 79，第 5 页，其中指出，若减少因工作年限太长而引发的健康问题，每年可以节省一千亿。

新公共卫生范式兴起于20世纪70年代,[104]其最有影响力的表述见1986年的《渥太华宪章》,[105]对非传染性疾病的关注（虽然并非排他性的）构成新公共卫生范式的一部分。简言之，新公共卫生范式观念认为公共卫生的角色是“保护和促进个人及社会健康状况的整合进路，……认识到个人、社群和国家在健康方面相互依赖、相互关联”,[106]这“不仅基于国家、区域和地方政府关于健康和社会福祉的责任和可问责性”,[107]还“涉及志愿组织和私营部门,如食品、医疗设备、药品、疫苗等的生产商”（还可见本书第一章）。[108]

作为一种范式转移，新公共卫生在多大程度上构成真正的“新”，此处存在争议。阿沃费索令人信服地论称，新公共卫生相当程度上运用了过去时代的知识与干预方式；[109]仅举一例，新公共卫生强调，贫穷或建筑环境等“上游”因素是健康不平等的决定性因素，这令人联想到维多利亚时代查德威克等改革者所持的进路。与19世纪下半叶的状况不同，新公共卫生的驱动力主要并非源自对疾病性质认识的演化。如果说与此前观念有什么区别的话，新公共卫

104 例如，见 Theodore Tuchinsky and Elena Varikova, *The New Public Health: An Introduction for the 21st Century* (3rd edn., London: Academic Press 2014), especially chapter 5; Helen Halpin, Maria Morales-Suárez-Varela, and José Martin-Moreno, ‘Chronic Disease Prevention and the New Public Health’ (2010) 32 *Public Health Reviews* 120。

105 见 World Health Organization, Regional Office for Europe,<www.euro.who.int/__data/assets/pdf_file/0004/129532/Ottawa_Charter.pdf>，最后访问日期: 2016年4月5日。

106 Theodore Tuchinsky and Elena Varikova, “What is the ‘New Public Health’?” (2010) 32 *Public Health Reviews* 25, 26.

107 同上注。

108 同上注。

109 Niyi Awofeso, “What’s New about the ‘New Public Health’?” (2004) 94 *American Journal of Public Health* 705.

生的新颖性或许在于其议程明显具有整合性。这一方面体现于认识论层面，即“对公共卫生流行病学认识的深化……一定要同定性方法论相互影响，而且公共卫生必须对包括社会学、社会心理学、卫 52
生经济学、环境卫生、系统分析及政策科学在内的诸多学科加以整合”。[110] 就本章的目标而言，或许更为重要的体现，在于实现公共卫生目标的机构框架层面。机构框架必须要采用多部门、“整体社会”的进路，将卫生部门之外的其他部门及利益相关方都纳入其中，“将健康融入所有政策”的策略或许最好地体现了这一点。[111]

在这种“新”模式下，公共卫生法律将扮演怎样的角色？或者说，由于在“将健康融入所有政策”的背景下，每个部门的法律都有可能影响人群健康，一般性的法律将扮演怎样的角色？就如新公共卫生一样，21 世纪的框架中也嵌入了先前进路的制度遗产。例如，《2006 年卫生法》的第一部分授权制定条例，禁止在封闭或基本封闭的公共场所和工作场所吸烟；[112]《2014 年儿童和家庭法》拓展了上述对制定条例的授权，当车辆载有十八岁以下人士时，禁止在车内吸烟。[113] 控烟立法被认为非常成功，[114] 控烟立法对非传染性疾病

---

110 Tuchinsky and Varikova，前注 104，第 106 页。

111 例如，见 Timo Ståhl, Matthias Wismar, Eeva Ollila, Eero Lahtinen, and Kimmo Leppo, *Health in All Policies: Prospects and Potentials* (Helsinki: Ministry of Health 2006)。

112 英国禁烟的主要条例是《2006 年无烟（场所和强制实施）条例》[Smoke-Free (Premises and Enforcement) Regulations, SI 2006/3368]。

113 s. 95.《2015 年无烟（私人交通工具）条例》[Smoke-Free (Private Vehicles) Regulations 2015, SI 2015/286] 落实了这一禁令。

114 例如，见 Linda Bauld, *The Impact of Smokefree Legislation in England: Evidence Review* (Bath: University of Bath 2011) 16。然而，尽管吸烟的流行程度在逐渐下降，但 35 岁以上的成年人中因吸烟死亡的人数没有发生变化，见 Health and Social Care Information Centre, *Statistics on Smoking: England 2014* (Leeds: Health and Social Care Information Centre 2014)。

的特定风险因素做出了针对性回应，这在某种意义上构成了 20 世纪以来的顶峰。控烟立法的先进，不是因为主题，或是因为采用“命令－控制”的规制模式实现公共卫生目标，而是因为公然将个人自治置于保护他人健康不受损害的利益之下，此前的政府和立法机关都对此望而却步。不过，甚至在此时，人们也可能觉察到上文曾述及的，在维多利亚时代围绕疫苗接种立法产生争执的回响。

目前在《2008 年卫生和社会照顾法》第三部分中，规定了应对公共卫生威胁的一般权力，可将这些规定与 1936 年立法和 1984 年立法相对照，这构成了《1984 年公共卫生（疾病控制）法》的修正案。该法力图采取“所有危险”（all hazards）进路，来应对公共卫生威胁，修正此前立法滞后于时代的问题，以使英国法律与修订后的《2005 年国际卫生条例》相一致，本书第八章还会对此加以讨论。结果是，政府权力不再单独针对特定形式的传染病，也针对诸如化学或辐射污染之类的其他风险形式。[115] 此外，正如本书第七章将指出的，相较于《1984 年公共卫生法》中非常具体的规定而言，《2008 年卫生和社会照顾法》所授权力更具有一般性。然而，在其他方面，该法与新公共卫生范式仍不契合。该法未授权国家采取措施，来应对以非传染性疾病为代表的公共卫生威胁，以及诸如气候变化等当前显著风险因素以更间接的方式造成的公共卫生威胁。[116] 该法未能就贫穷等“上游”决定因素加以应对，也未述及

115 尤见 Public Health (Control of Disease) Act 1984, s. 45A, inserted by Health and Social Care Act 2008, s.129。

116 就气候变化而言，《2004 年民事意外事件法》（Civil Contingencies Act 2004）授予政府非常广泛的权力以应对紧急事件，这可能与其有一定关联；尽管该法并非针对公共卫生。进一步的论述见第七章。

健康状况的不平等。可能会通过其他法律或规制干预来处理这些问题，本书第二部分将对此加以进一步讨论。 53

然而，其他的立法发展似乎让公共卫生法与新公共卫生进路更趋一致。特别是，以《2012 年卫生和社会照顾法》为依据，近期在“能力建设”方面发生了显著变化。该法对英格兰公共卫生机构框架进行了彻底改革，促成了英格兰公共卫生局的建立，它被描述为“一个新的、致力于公共卫生服务的专业机构”，[117] 同时（首次）对卫生国务大臣规定一项法定义务，要求其采取被认为适当的举措，来保护和改善公共卫生。[118] 然而，最显著的发展还是根据该法第 12 条规定，[119] 将公共卫生职责重新交给地方政府，政府认为这一步骤的正当性基础在于：

> 目前未能对健康不佳的根本原因给予足够关注。在人的一生中，身心健康和福祉之间相互作用，且受到多种因素的影响。在形塑这些影响时，中央政府可以发挥部分作用，同时，它必须坚定地保护人民免受严重的健康威胁，并做好应急准备。然而，自上而下的创议以及中央政府对于“风险”的宣传，都并非解决问题的答案。国民医疗服务体系虽会持续发挥关键作用，但它自身也难以应对各种更为广泛的因素。……而地方政府最

117 HM Government，前注 79，［4.3］。英格兰公共卫生局是卫生部的一个执行机构。

118 ss. 11 and 12, inserting ss. 2A and B into the National Health Service Act 2006. 这些举措的示例规定于 ss. 2A(2) 和 2(B)(3)。在实践中，卫生国务大臣在中央层面会将这些职责授予英格兰公共卫生局，地方层面则会授予地方政府，同时保留向议会负责的义务。

119 Inserting s. 2B into National Health Service Act 2006.

> 适于应对影响健康和福祉的诸多更为广泛的因素。我们需要发掘地方政府的这种潜力，基于它在公共卫生领域已有的重要角色，显著地授权地方政府以切实的自由、专用的资源、明确的权责，来发挥更大作用。[120]

因此，虽然从表面上看，2012 年立法在很大程度上重回与维多利亚时代相似的框架，但该法确立的制度结构看似蕴含了新公共卫生的基本原理，因为它旨在为针对健康“上游”决定因素的行动提供便利。

2012 年立法的进一步规定也是为了让英格兰的公共卫生制度框架与新公共卫生的议程更一致。因此，该法第 11 条中规定的公共卫生保护义务适用于“疾病或其他健康风险”。需要指出，这不限于传染病，而是采用了“所有危险”进路，该法的凡例说明将气候变化引发的健康风险界定为本条涵盖的“其他风险”之一，并指出，“在新的健康威胁出现时，该规定将继续有效”。该法第 4 条进一步为国务大臣设定义务，要求其在履行公共卫生职责时，“考虑削减英格兰人民从卫生服务中获得收益的不平等”。[121] 此外，对于英格兰每个较高级别的地方政府当局而言，其必须设立卫生与福祉委员会，该委员会的责任包括“为提升该地区人民的健康和福祉”而开展整合
54 性工作；这不仅延伸适用于在卫生部门工作的人，还涉及提供“会影响个体健康，但并非卫生或社会照顾服务的卫生相关服务”的人，

120 HM Government，前注 79，[2.1]—[2.2]，[2.5]。

121 Inserting s. 1C in National Health Service Act 2006.

因而可能包括担负住房、交通、规划、公园和绿地等职责的人。[122]

以上的讨论都以英格兰为中心，然而，20 世纪末以来最显著的发展之一，是将公共卫生职责下放给苏格兰、北爱尔兰和威尔士。本书第七章还将对此问题加以讨论，在此将做简要勾勒，以证明其价值。《2008 年（苏格兰）公共卫生法》的要义是对 19 世纪晚期立法的更新，让法律符合《国际卫生条例》的要求。该法采用了一种相对狭义的公共卫生概念，其关注传染病、污染或“对人类健康构成危险的其他类似危害”，[123] 因此，尽管法律强加给卫生委员会和地方当局一项职责，令其与“任何看上去对保护公众健康感兴趣的人或可能在此间发挥作用的相关人员”合作，但是，它仍不大认可新公共卫生的议程。[124] 在北爱尔兰，出于相似的目的，也开启了公共卫生立法现代化的进程，不过居于主导地位的立法虽经修订，[125] 仍是源于 20 世纪的立法。[126] 迄今为止，虽然有证据证明政治家就此做出了承诺，但仍几乎没有与新公共卫生进路契合的立法。[127]

但威尔士的情况有根本不同。此处可以觉察到三条清晰的线索。其一，与其他国家一样，威尔士对立法加以更新，使之与修订后的《国际卫生条例》一致。[128] 其二，威尔士政府提议，针对可能导致非

---

122 s. 195.

123 s. 1(2).

124 s. 6(1).

125 Public Health (Amendment) Act (Northern Ireland) 2008.

126 Public Health Act (Northern Ireland) 1967.

127 尤见 Department of Health, Social Services and Public Safety, *Making Life Better: A Whole System Framework for Public Health* (Belfast: DHSSPS 2014)。

128 在这方面，《2008 年卫生与社会保健法》（Health and Social Care Act 2008）第三部分适用于威尔士。

传染性疾病或损害的多种风险因素，制定一部适用范围更广的公共卫生法律，但这一提议尚未获得政治支持。[129] 其三，也是最根本的一点，《2015 年（威尔士）未来世代福祉法》对公共机构施以追求人民福祉目标的义务，要求公共机构的工作使得“在这个社会中，人民的身心福祉得以最大化，且能理解有利于后代健康的选择和行为”，[130] “工作方式既要力图确保满足当下的需要，又不能损害后代人满足自身需要的能力”。[131] 适用这项“可持续发展原则”时，公共机构要致力于长期考虑，避免出现问题或使问题趋于恶化，还要考虑，对一个目标的探求可能影响其他目标，应当与可能帮助公共机构实现目标的其他人或机构合作，让所有对实现这些目标有兴趣的人都
55 参与进来。[132] 尽管这部法律并非“将健康融入所有政策”战略的直接适用，特别是健康只是同等重要的七项“福祉目标”之一，并且这些目标被赋予了相同的权重，但在这个方向上，威尔士已经比英国其他任何地方走得都远。

3.1.5 超越立法，超越法律?

此处关注的焦点是立法，这是国家试图应对公共卫生威胁或实现目标的最直接手段，但手段或许有些生硬。正如本章下一节将更

---

129 见《2015 年公共卫生（威尔士）法议案》[Public Health (Wales) Bill 2015]，该议案涉及烟草和尼古丁产品，针灸、电针穿刺和文身，儿童和青少年的文身，药品服务的规划和提供，以及关于洗手间的规定。该议案在 2016 年 3 月 16 日被威尔士议会否决了，该议案部分禁止在公共场所使用电子烟，这遭到了强烈反对，但其被否决很大程度上还是因为政党政治。

130 s. 4.

131 s. 5(1).

132 s. 5(2).

为深入探讨的那样，实际上，就一般性的立法而言，法律只是一种规制模式。正如马格努森所指出的，“在公共卫生规制中浮现出的一个重要特征，涉及私人和非政府主体……在改善劳工及更广泛群体健康状况中的作用”。[133] 虽然本书第五章和第九章将对此进路展开更为详细的分析，此处仍需对上述历史记述做简要补充，以说明立法在当代公共卫生规制框架中所处的地位。

在 2010 年发布的公共卫生战略白皮书中，由保守党和自由民主党组成的联合政府强调，希望“在个人和组织的自由与免于伤害他人的需求之间探求平衡，引入干预‘阶梯’，以确定在必须实现预期效果和目标时，哪些是造成最小侵害的进路，而在诉诸规制之前，应先让自愿进路发挥作用”。[134] 它采用的具体形式是由政府、产业界和志愿组织共同达成的“公共卫生责任协议”，在酒精、食品、职业健康和体力劳动等一个或多个领域，产业界和志愿组织就此签署了开展自愿行动的“保证书”。[135] 这一协议也体现了联合政府对行为科学理论与实践的兴趣，协议承诺：

> 只要有可能，我们就会尤为致力于聚焦这样的进路，让人民有能力选择，并对人民的选择加以导引。这包括改变社会规范和默认选项，使人民更容易做出有利于健康的选择。有广阔的空间来采取利用最新行为科学方法的进路，来助推人民走向

---

133 Roger Magnusson, ‘Mapping the Scope and Opportunities for Public Health Law in Liberal Democracies’ (2007) 35 *Journal of Law, Medicine and Ethics* 571, 578.

134 HM Government，前注 79，[9(e)]。

135 见 Department of Health, *The Public Health Responsibility Deal* (London: Department of Health 2011)。

> 正确的方向，而非禁止或明显限制他们的选择。[136]

责任协议和构成其基础的“助推”进路，遭到了许多公共卫生组织的尖锐批评，[137] 一份关于英国新公共卫生框架的议会特别委员会报告提出，“不应允许与之有经济利益者参与改善健康的议程设
56 定”。[138] 证明该协议有效性的证据看来很有限，[139] 且自保守党在 2015 年大选中获胜至本书撰写之时，该协议的地位仍不明朗。尽管如此，责任协议作为公共卫生规制形式的样本之一，其特征迥异于上文分析的立法，其干预程度相对而言要低得多，仍具有相当价值。本书第九章将对此做进一步讨论。

3.2 公共卫生主体

此前章节勾勒的历史表明，随着时间推移，英国公共卫生的参

---

136 HM Government，前注 79，[2.33]—[2.34]。

137 例如，见 Royal College of Physicians, <www.rcplondon.ac.uk/press-releases/key-health-organisations-do-not-sign-responsibility-deal> accessed 5 April 2016; and British Medical Association Ethics Department, *Behaviour Change, Public Health and the Role of the State—BMA Position Statement* (London: BMA 2012)。

138 House of Commons Select Committee on Health, *Public Health* (HC 2010 –12, 1048–I), [287] .

139 例如，见 Mark Petticrew, Elizabeth Eastmure, Nicholas Mays, Cécile Knai, Mary Alison Durand, and Ellen Nolte, “The Public Health Responsibility Deal: How Should Such a Complex Public Health Policy be Evaluated?” (2013) 35 *Journal of Public Health* 495; Cécile Knai, Mark Petticrew, Mary Alison Durand, Courtney Scott, Lesley James, Anushka Mehrotra, Elizabeth Eastmure, and Nicholas Mays, “The Public Health Responsibility Deal: Has a Public-Private Partnership Brought about Action on Alcohol Reduction?” (2015) 110 *Addiction* 1217。

与者发生了相当大的变化；加之直至 2012 年，英格兰才对国民医疗服务体系和地方政府的责任予以根本性的重新配置，我们当然不应该认为故事就已结束。因此，要准确阐述各机构或个人在公共卫生法律框架中所处的地位，这极富挑战性，但在此仍做简要记述，这有助于对本书第二部分将展开的分析加以阐发。

为深化对公共卫生相关参与主体的理解，在最基本的层面上，我们首先想厘清"公共卫生法"中"公共"一词的含义。戈斯汀和威利已注意到，在此语境下，"公共"一词"有着两重交迭的含义，一方面可将其解释为在公众健康方面承担主要责任的实体，另一方面可将其解释为对获得相关收益有正当期待的人"。[140] 后者是指在此领域，对法律和其他规制形式加以关注的人群，本书第一章对此方面有进一步探讨，在此不再进一步阐发。附带要指出的是，尽管可以简单假设，这部分人群只是公共卫生干预的消极"目标"，但规制干预成功与否，最终仍取决于公众对它的回应。因此，正如维多利亚时代的疫苗接种立法史所强调的，即便"命令–控制"型规制几乎没有为公众的自治行为留下什么空间，但仍会因大众的普遍抵制而弱化。

对于"公共"一词的第一层含义，戈斯汀和威利给出了如下明确的阐述：

> 政府对公众健康负有主要责任。政府是代表人民行事的公共实体，它通过政治过程获得合法性。民主选举产生的政府

140 Lawrence Gostin and Lindsay Wiley, *Public Health Law: Power, Duty, Restraint* (3rd edn., Berkeley: University of California Press 2016) 5–6.

行使权力或履行职责，来保护或改善人群健康，这时就呈现出“公共”形式或国家行为的特征。[141]

57 然而，以上简单化的记述掩盖了大量更为复杂的问题，本书作者之一约翰·科根在另一本书中对其中许多问题加以详细分析。[142]首先，我们也许希望指出，“政府”不一定只意味着行政分支，尽管在英国政治体系中，行政分支明显是最为主要的角色，但未经立法机关即议会的同意，任何立法都无法颁布。不过，尽管选举多数*和政党纪律通常导致的结果是议会最终认同政府的意愿，但辩论和修正的过程也可能使公共卫生法律的内容发生重要改变。或许更为显著的是，作为第三种政府分支，司法机关在公共卫生法舞台上构成了重要的行为主体。正如本书第二部分将论及的，在诸如与妨害行为侵权相关的特定领域，普通法的演进对英国公共卫生法律框架产生了显著影响。司法机关在行使其法律解释功能时，也有影响公共卫生图景的潜力。

其次，若将关注焦点放在行政分支，就有可能更精确地识别出在公共卫生领域中扮演特别显著角色的政府机构。有鉴于此，需要指出，一些评论者采用了相对狭义的“管辖权”进路，[143]这会将公共卫生领域的政府主体限定于有着特定权限、依授权就卫

141 见 Gostin and Wiley，前注 140，第 5—6 页。

142 见 John Coggon, *What Makes Health Public? A Critical Evaluation of Moral, Legal and Political Claims in Public Health* (Cambridge: Cambridge University Press 2012), 尤见第三章。

* 选举多数（electoral majorities）即由下院多数党组阁，且多数党领袖当选首相。

143 Coggon，前注 142，第 54 页。

生问题展开行动的主体，如卫生部或公共卫生官员。在英国，在国家层面，此进路将主要公共卫生职责配置给位于白厅的卫生部，以及苏格兰、威尔士和北爱尔兰能与之对等的机构，还将权力配置给英格兰公共卫生局、苏格兰国民医疗服务机构、威尔士公共卫生局及北爱尔兰公共卫生局等专门机构，所有这些机构都旨在改善人口健康，削减健康不平等。在地方层面，或可想见，主要的公共卫生行为主体是针对为已界定辖区人群来负责规划和开展卫生服务的组织，现有的如英格兰临床执业联盟、苏格兰国民医疗服务委员会、威尔士地方卫生委员会及北爱尔兰地方执业联盟。

或可宣称，上文勾勒的“图景”在描述性和规范性层面均有误导。就规范性而言，这并未呈现出与新公共卫生范式相契合的特质，新公共卫生强调人群健康与社会、环境等因素的相互关系，因此强调以“政府整体”（all of government）来处理公共卫生问题的进路。正如本书作者之一约翰·科根所论及的：

> 除了已宣称有与卫生相关管辖权限的部门，在其他部门的讨论中，“卫生”和“公共卫生”的出现日益增多，因此，当将公共卫生作为政府事务考虑时，最好不要限定所涉政府部门的范围。[144]

以上叙述不够准确，尽管在英国公共卫生法框架的建立和实施中，此前列举的中央政府机构的确发挥了非常重要的作用，但在过

---

144 见 Coggon，前注 142，第 8 页。

去两个世纪的大部分时间里，除了“二战”结束到2012年这段时
58 间之外，在地方层面，公共卫生行为主体主要是地方政府，而非国民医疗服务体系。[145] 历史上，许多地方当局根据《1848年公共卫生法》任命了卫生医务官，他们是核心人物；[146] 在当代地方公共卫生框架中，公共卫生局局长承担了领导角色。但如上文所述，与《2012年卫生与社会照护法》[147] 中显然以新公共卫生为基础的制度框架一致，已设想在地方公共卫生官员、直接从事卫生相关工作的人（如临床执业联盟代表）与提供服务可能给健康带来影响者（如住房或交通业）之间开展整合性工作。如果实施权力下放，为都市和大区配置更多权力，未来具有可比性的安排似乎有可能变得更加普遍。例如，作为“向曼彻斯特下放权力”协议的一个重要方面，英格兰国民医疗服务体系与大曼彻斯特当局联盟的所有地方当局成员、大曼彻斯特大区的所有临床执业联盟，共同签署了这份谅解备忘录，其最重要的目的在于：

> 确保最大限度、尽可能最快地提升大曼彻斯特280万公民的健康和福祉，要求以更为整合的进路，利用现有的卫生和保

---

145 在这方面，英国的各部分有差异。概言之，相较于英格兰，苏格兰和威尔士的国民医疗服务体系在提供公共卫生服务上发挥了更大的作用；举例而言，这两个地区的公共卫生局局长都在为国民医疗服务体系工作。北爱尔兰的模式则更加集中化，公共卫生机构是其中的关键主体。不过，在任一部分，都有诸多创议和机制，来协调地方政府和其他相关主体及利益相关方的工作。

146 例如，见 John Welshman, “The Medical Officer of Health in England and Wales, 1900–1974：Watchdog or Lapdog?” (1997) 19 *Journal of Public Health Medicine* 443 中的讨论。

147 见前注22及对应的正文。

> 健资源……还要求服务提供方式的转型变革。[148]

公共卫生的“公共性”不可避免地将关注点聚焦于政府，无论政府表现如何，政府都构成了关键主体。但前一节中关于联合政府“责任协议”的讨论也提醒我们，来自公民社会和私营部门中其他利益相关者的参与在日渐增加，相应地，正如本书所采用的立场，应对当代公共卫生法性质持更广义的理解。这关系到 20 世纪下半叶流行病学的转型，以及后续新公共卫生范式中对非传染性疾病的强调。即由于公共卫生领域的从业者和政策制定者关注的很多疾病被称为“生活方式诱发的疾病”，这类疾病与糖、食盐、烟草、肉制品、饱和脂肪、酒精等产品的消费有关，因此与产业界和 / 或第三方组织（如促进体育运动的组织或认知饮酒危害的组织）合作，似乎会带来最为成功的前景。例如，联合政府解决肥胖问题的策略，见诸如下文字：

> 我们相信，通过团结商界、慈善界及公共部门的主要伙伴，我们能够最大限度、最快地实现目标。食品行业的所有部门，包括零售商、生产商、行业协会、餐饮企业及其供货商，
> 可以帮助和支持人们做出更健康的选择。食品行业有着无与伦 59
> 比的能力，通过它提供的食品及推广、销售方式，来影响我们的饮食习惯。但迄今为止，我们还未能充分利用该行业的影响

148 Association of Greater Manchester Authorities/NHS England/Greater Manchester Association of Clinical Commissioning Groups, *Greater Manchester Health and Social Care Devolution: Memorandum of Understanding* (2015) 2. 对卫生及社会保健基金控制权的转移将于 2016 年 4 月 1 日生效。

> 范围，将其作为促进良好营养的力量。……食品和饮料行业在其影响范围内发挥着极其重要的作用，并影响了我们的日常饮食。……例如，食品行业能够做出的贡献可能包括：调整产品结构使其热量较低；控制食品的分量；通过对促销活动负责任的平衡，来鼓励消费者选择这些热量较低的食品。本创议吁请食品和饮料行业实现真正的跨越式改变，为公共卫生做出贡献，我们期待看到有重要意义的承诺，且会持续审视这方面的不断进步。我们将支持以消费者为中心的相关努力，……并力图让诸如第三方组织之类的其他伙伴也发挥至为重要的作用。[149]

因此，在公共卫生领域已出现了从政府向**治理**的转变——治理一词是指把握“各主体相互作用的总和，政府、其他公共机构、私营部门及公民社会都参与其中，以解决社会问题或创造社会机会为依归”（本书第九章将做进一步阐述）。[150] 正如本章前一节的讨论所提示的，这并非毫无问题，尤其对于业界而言，尽管“企业社会责任”已经兴起，也在持续接受对共同体的宽泛承诺，但与营利相比，这些都远非迫切的要求。此外，在更根本的层面上，在公共卫生服务中引入私营部门，显著偏离了对此事务的传统理解。在传统观念中，在作为公共物品的人群健康与作为私人利益的个人自治之间存在对立。然而，在此情境下，我们或可赞同考尔论文中的结论：

---

149 Department of Health, *Healthy Lives, Healthy People: A Call for Action on Obesity in England* (London: Department of Health 2011)［6.7］,［6.11］.

150 Louis Meuleman, *Public Management and the Metagovernance of Hierarchies, Networks and Markets* (Heidelberg: Physica-Verlag 2008) 11.

> 今天的“公共”已不仅仅指国家。更确切地说，它意味着将具有各种不同特征的公众聚在一起，来对各种关切加以共同探讨，确定共同偏好，面向所有人进行公平的谈判——显然不能将这项任务简单地交给民选代表或国内、国际官僚机构。[151]

3.3 规制进路与公共卫生

本章第一节的探讨聚焦于立法，这很大程度上是因为，立法作为最为深思熟虑、考量周全的国家干预方式，对一个历史阶段中公共卫生领域中政府目标、对象和策略的变化，能提供最为清晰的洞见。当然，立法并非唯一的法律干预形式。本书第二部分还将对普通法、国际法和“软法”等其他干预类型加以研讨。

在公共卫生情境下，戈斯汀和威利就作为规制形式的法定干预 60
给出了颇有影响力的分类，但这一分类导向以美国制度为基础。[152]虽然这一分类确有扩展，但仍聚焦于以立法或行政行为形式实施的权力。简言之，法定干预方式的类型包括：（1）征税和财政支出的权力。马格努森对财政支出给出了更为宽泛的解读，认为这包括“能力建设”活动，例如公共卫生机构的设立及授权。[153]（2）改变信息环境的权力。这涉及为马格努森所称的“公共卫生‘信息资产’”的发展提供便利，这些“信息资产”可用于监测、健康登记和健康

---

151 Inge Kaul, “Global Public Goods: What Role for Civil Society?” (2001) 30 *Nonprofit and Voluntary Sector Quarterly* 588, 594–595. 又见 Magnusson，前注 133，第 578 页。

152 Gostin and Wiley，前注 140，第 27—33 页。

153 Magnusson，前注 133，第 576 页。

影响评估的报告系统。[154]（3）改变建筑环境的权力。（4）改变社会经济环境的权力。（5）对个人、行业和产业界的直接规制。在此类型项下，戈斯汀和威利列举了要求使用安全带和摩托车头盔，并开展相应许可和检查的条文。马格努森还提出，表面上与公共卫生不相关的法律，例如关于消费者保护的法律，也可能对公共卫生产生影响。[155]（6）通过侵权法体系实现的间接规制。（7）放松规制。对有害人群健康的法律，加以废止或修正。

雷诺兹在分析澳大利亚的公共卫生法时，对规制进路采用了另一种分类，[156]他列出了“命令和控制”策略，这意味着某种形式的强制；他还列出了自我规制、信息策略、通过行政权的规制（如许可和行政处罚）、经济工具（如税或激励）及民事责任。不过，这位学者的后续著作更为关注规制目标，而非所使用的规制工具和规制机制。[157]因此，他将设定特定要求的规定性进路与基于结果的进路相区分，后一种进路仅确定了宽泛的目标，在实现该目标方式方面，则准许一定程度的裁量。在基于危害或风险的规制中，“聚焦规制努力，在某种程度上确保问题的受关注度与其呈现的危害风险相称”。[158]

戈斯汀和雷诺兹主要关注对**法律**干预形式的分类，但正如本书此前章节提及的，纳菲尔德生物伦理委员会采用了更为宽泛的进路。

---

154 同上注，第 577 页。

155 同上注。

156 Christopher Reynolds, *Public Health Law and Regulation* (Sydney: The Federation Press 2004) 100–130.

157 Christopher Reynolds, *Public and Environmental Health Law* (Sydney: The Federation Press 2011) 147–152.

158 同上注，第 148 页。

在公共卫生领域，该委员会的“干预阶梯”提供了进行政策选择的
方式，其中只有部分措施需要运用法律手段。[159]“干预阶梯”展现出
一系列干预措施，就对个人自由的侵犯程度而言，这些措施呈现有
序递增态势。相应地，为了让公众接受，也需为这些措施给出愈来
愈强的正当化根据。这些措施依次为：不进行任何干预；或仅开展
情况监测；通过提供信息，使其有能力选择；通过改变默示政策，
来导引选择；通过激励引导选择；通过负面激励来限制乃至最终排
除选择。需要指出，通过法律的规制不必然仅出现于“干预阶梯”
的最上层：例如，强制披露信息的法律手段，如要求企业在食品包 61
装上载明相关信息，这构成了对某些主体的强制，但这并未剥夺他
者的选择权，此处的他者是指消费者。

纳菲尔德模型受到了保守党-自由民主党联合政府的偏爱，联合政府在制定可持续交通白皮书[160]和公共卫生总体战略[161]时，都运用了纳菲尔德模型。在上述情境中，该模型似乎被用于支撑一种意识形态的承诺，即增强个人和企业的自治，并尽可能地限制规制干预。在此意义上，“助推”与此前讨论的责任协议相关。在上议院特别委员会关于“行为改变”的报告中，这有着更为明显的体现，这份报告提出了一种以纳菲尔德阶梯为基础的分类法，将干预措施分为：通过排除或限制选择，来对个人加以规制；对个人有经济影响的干预措施，如负面激励与激励；与个人相关的，并非规制手段，

159 Nuffield Council on Bioethics, *Public Health: Ethical Issues* (London: Nuffield Council on Bioethics 2007)[3.37]—[3.38] .

160 Department for Transport, *Creating Growth, Cutting Carbon: Making Sustainable Local Transport Happen*, Cm 7996 (2011)[1.10] .

161 HM Government，前注 79,[2.25]—[2.35]。

也不构成经济影响的干预措施，如劝告、信息提供、改变模式政策及运用社会规范，有些措施需对企业之类的其他主体施加规制，进而导引个人选择。[162] 然而，值得注意的是，特别委员会并未给予非规制干预措施以优先地位，而是敦促“大臣们确保政策制定者认识到如下事实：其一，单独使用非规制措施，常常不大可能发挥作用；其二，在致力于仅使用非规制措施之前，应对各种政策干预措施进行全方位考量”。[163]

我们将在本书下一章再次对纳菲尔德阶梯加以简要探讨，并在本书第九章中分析“硬”法之外的规制形式时，对其进行更为详细的讨论。在下一章中，我们将为我们所理解的“公共卫生法”概念给出界定，并解释在本书余下部分中，我们将如何对这一领域展开讨论。

本章小结

- 英国现代公共卫生法源起于维多利亚时代，当时制定了诸多法律，要求地方政府在人群健康方面承担主要责任。在公共卫生领域中，这一时期也首度见证了国家干预和私人自治之间的紧张关系，这种紧张关系延续至今。
- 在 20 世纪的大部分时期，国民医疗服务体系实际上发挥着“疾病诊疗服务”功能，相较于该体系提供的临床医学服务，公共卫

162 Science and Technology Select Committee, *Behaviour Change* (2010–12, HL 179) [2.3] .

163 同上注，[8.16]。

生发挥辅助作用。到了20世纪末，英国公共卫生法已明显与人群健康面临的主要威胁脱节。

• 近年来，政府表现出更大兴趣的是，运用法律手段应对非传染性疾病的风险因素，建设机构能力以应对影响公众健康的诸多问题，这些问题并非都在传统的卫生领域之内。同时，将公共卫生职责下放给英国下辖的组成部分，也为进一步反思国家角色提供了空间。 62

• 尽管公共卫生领域的关键行为主体是政府，而且在英格兰，这一关键主体一直是**地方政府**（英国其他地方与之程度不同），但私营部门也发挥了重要作用，英国政府、产业界与志愿组织在2010年签订的“责任协议”即为很好的佐证。

• 立法可能通过包括信息、财政及“命令和控制”等诸多进路，来推行公共卫生目标，但立法仅仅是国家实施的一种规制活动形式。还可能采用其他法律干预形式，比如法官造法；此外还有其他类型的干预形式，这些看上去完全不似传统意义上的“法”。本书将在后文中对这些问题加以分析。

3.4 扩展阅读

Niyi Awofeso, “What’s New about the ‘New Public Health’?” [2004] 94 *American Journal of Public Health* 705.

Walter Holland and Susie Stewart, *Public Health: The Vision and the Challenge* [London: Nuffield Trust 1998].

Roger Magnusson, “Mapping the Scope and Opportunities for Public Health Law in Liberal Democracies” [2007] 35 *Journal of Law, Medicine and Ethics* 571.

Nuffield Council on Bioethics, *Public Health: Ethical Issues* [London: Nuffield Council on Bio-ethics 2007] , especially chapter 3, available at www.nuffieldbioethics.org/project/public-health/.

Diana Porter, *Health, Civilization and the State* [London: Routledge 1999] , especially chapters 2, 3, 5, 7, and 8.

Michael Warren, *A Chronology of State Medicine, Public Health, Welfare and Related Services in Britain 1066–1999* [London: Faculty of Public Health Medicine 2000] , available at www.fph.org.uk/uploads/r_chronology_of_state_medicine.pdf.

第二部分

公共卫生法的领域

第四章　界定公共卫生法的范围

4.1　迈向公共卫生法的界定、进路和适用

本章勾勒并解释了我们对公共卫生法的实质性理解，并说明 65
了本书第二部分将如何展开。总的来说，本章有两个主要目的。首先是对第一部分加以回顾，我们更详细地给出了对公共卫生法的界定，包括为其构想了更为完整的基本原理。我们接下来将描述第五章至第九章的架构，法律以何种方式对公共卫生议程加以支持或限制，我们在此就相应的检视进路给出特别说明。本书的核心目标是为公共卫生法和公共卫生的法律进路提供一部一般性的参考书，作者们在撰写过程中铭记于心的理念是，要让本书有助于实践知识和基本技能的培育。本书第二部分解释了法律和规制的不同方式与进路。接下来的五章对私法、刑法、公法、欧盟法和国际法，对“更柔和”的规制模式加以介绍。除了解释不同法律分支学科的性质、影响和功能之外，我们还给出了实例，说明如何运用这些分支学科，为实际和潜在的公共卫生议程与实践提供服务，或施加限定。

我们展现公共卫生法的进路可能与纯粹**基于问题**的公共卫生法研究形成对照，后者通过审视如何将法律适用于特定的公共卫生问题，例如，以烟草控制、食品规制、环境规制等章节，来展开公共卫生法的主题。需要明确的是，我们认可纯粹基于问题进路的价值。然而，为了让本书得到最为深入、广泛的应用，我们认为，就对公共卫生法的概览和分析而言，以进路为导向而非以问题为导向，将具有更大的效用。正如我们在本书第一部分中展示的，当代公共卫生的“任务”所及范围非常广泛。实务人员与学者可能发现，就诸如烟草的伦理、政治或规制而言，相对容易找到权威文本论说。[1] 然而，本书旨在提供对公共卫生法的**一般**概述，并以发展可转移知识和理解的方式，对该领域加以解释。我们期望我们架构事物的方式对某些人有助益，例如有些人对烟草控制感兴趣，有些人关注流行病控制，或有人期望看到人们进行更多锻炼，有人支持我们将心理健康部分视为公共卫生问题的构想，或许还有人关
66 注食品规制或建筑环境规制。因此，本章首先介绍了为本书第二部分选择的进路，然后，在本章的最后部分中，简要说明如何将本书的内容和结构作为一个整体，用于针对不同特定问题的项目。我们在此强调，将不同法律进路相分离，如何有助于服务教育目标，但在公共卫生法的适用、研究与实务中，需要考虑“更为协调化的方法”，而这些方法可能源自我们确定的任何一种或各种不同的法律进路。

---

1 例如，见 Robert Goodin, *No Smoking: The Ethical Issues* (2nd edn., Chicago: University of Chicago Press 1990); Andrew Mitchell and Tania Vonn (eds), *The Global Tobacco Epidemic and the Law* (Cheltenham: Edward Elgar 2014)。

4.2 公共卫生法：我们的界定和对此领域的理解

在本书第一章中，我们解释了为什么当代理论与实践为公共卫生给出了非常宽泛的定义，以及由此引发的必要要求——至少在考虑 21 世纪的公共卫生议程和实践时，要对公共卫生领域影响范围的广泛性有所理解。鉴于本书第二章给出了公共卫生伦理的范围，以及世界卫生组织、英格兰公共卫生局与公共卫生学会等重要行为主体所主张的——对伦理和政治授权的探寻，都强化了上述理解。我们进而在本书第三章中说明了公共卫生立法的演进，并解释了在公共卫生本身理念和实践并行发展的背景下，这些法律发展方式的协同作用和缺陷。本书第一部分中的广阔基础展现出了基本的理路，并引导我们理解当下公共卫生法律与规制研究的发展方向。

公共卫生从业人员和政策制定者面临极为多元化的挑战。对这些挑战的可能应对也注定各有不同。当代公共卫生实践并不仅限于传染病控制，它实际上根本不局限于疾病控制。更确切地说，它也侧重于预防问题，包括对风险因素的预防，对健康的社会决定因素、人群层次研究和规制进路，给予情境化的理解。最后，我们指出，公共卫生议程的演进，如何不只是为了应对疾病等不良健康状态，还旨在促进积极的健康状态：例如，公共卫生学会宣称其根据授权以保护和促进福祉，如未对此进行特别解释，那么福祉是一个比健康宽泛得多的概念。这些授权的范围处于政府责任的三个领域之内，即医疗保健服务、公共卫生基础设施及健康的社会决定因素。

在不断演进的公共卫生议程中，我们发现公共卫生观念本身固有的“管辖权”主张也在不断扩张。虽然普遍认为医事法是将外部规范（即法律规则和规制）强加于受控制的实践（即医学），但对公共卫生的定义包括公共卫生中的法律和规制，而且它们关注社会协同的模式，对此还可参见本书第七章中关于公法控制和促进功能的讨论。例如，思考在本书第一章中展现的，在温斯洛对公共卫生的表述中，如何对法律和规制加以把握。[2] 从此领域的目的性定义及由此演化出的其他定义中，牵涉一系列微妙的规制措施。这些措施从诸如“治安权”这样的“最硬的”强制性法律，到其他法律和政策措施，例如，保持清洁的环境，确保建立良好的医疗保健系统，或
67 支持良好的个人健康教育，甚至包括“更软的”社会控制手段，如“社会装置的发展”。我们的观点是，公共卫生法的领域要胜任其任务，就必须能够涵盖这一系列截然不同的实践进路。[3] 而且，当我们论称公共卫生实践自然涵盖法律时，它也必然要受到法律的限制和约束。

4.2.1 领域的界定：以马丁、贝内特、马格努森、戈斯汀和威利的论述为依据

考虑到公共卫生和公共卫生议程的范围，我们如何处理勾勒公共卫生法特征的任务？在英国、美国和澳大利亚公共卫生法领军学者的著作中，作者们提出了三个相关的、有影响力的公共卫生法框架，这些构成了有益的参考，有助于推进我们的讨论。我们对其中每一个框架加以考量和批判性反思，并指出我们在选择界定公共卫

---

2 Charles-Edward Winslow, “The Untilled Fields of Public Health” (1920) 51 (1306) *Science* 23.

3 参较 Robyn Martin, “The Limits of Law in the Protection of Public Health and the Role of Public Health Ethics” (2006) 120 *Public Health* 71。

生法的进路时，在何处遵循了这些框架，又与之有怎样的不同。首先，我们要提到罗宾·马丁的学术成就，自公共卫生法靠自身力量在英国重新成为一个独立的研究和实践领域以来，她便是公共卫生法的领军人物。她在 2006 年与理查德·科克合著的文章中写道：

> 由于缺少对公共卫生法的研究，公共卫生法的聚焦点与边界还很不明确。在本科和研究生阶段开设“卫生法”课程的英国法学院几乎清一色地在研究与患者个体治疗相关的问题，这些也是易于识别和界定的问题。[4]

作者继续写道：“由于很难知道从何处开始，很少有卫生法项目愿意冒险进入公共卫生法这一模糊和无边无垠的领域。”[5] 马丁围绕公共卫生进行了法律分析，其涉及的共通主题，是我们可以预期法律和规制权力能发挥怎样的不同作用，施加怎样的影响。我们的这本教科书实际上遵循了她的进路，将法律作为公共卫生中更为广泛治理“工具”的一部分，并在公共卫生关切的情境下，去审视所有可利用的法律和规制措施。与马丁一样，我们坚决反对将公共卫生法局限于诸如行政法之类的某个既定单一法律学科。[6]

在马丁对公共卫生法领域的评述中，我们可以就所遵循的两组不同观念加以比较。第一，我们求诸目的论或实证主义，来探讨哪

---

4 Robyn Martin and Richard Coker, ‘Conclusion: Where Next?’ (2006) 120 *Public Health* 81, 81.

5 同上注。

6 还可以考虑 John Harrington, “Commentary on ‘Legal Foundations of Public Health Law and Its Role in Meeting Future Challenges’” (2006) 120 *Public Health* 14。

些可被视为公共卫生法：这些法律为公职人员课以公共卫生职责，例如，对法定需报告疾病加以报告；还有法律为了遏制疾病暴发，赋予公共当局限制个人自由的权力；还有法律创设了公共卫生违法行为，例如，对患法定报告疾病的患者个人行为的规范[7]（另见本书
68 第三章）。第二，在公共卫生法的研究和实务中，我们诉诸更为广泛的法律、伦理和政治情境；例如，出于对个人权利的关注，会关注对特定公共卫生活动的可能约束；[8]还会关注更广泛法律体系的相关性和适用性。[9]换言之，我们既关注以明示形式确定的公共卫生法，也关注与公共卫生实践相关的法律和规制，而无论其是否有意设定。总体而言，马丁给出了一个令人信服的例证，说明需要以最为宽泛的理解和进路，来审视公共卫生法的主题和实践。从她与科克合著的论文中可知：

> 正是由于可用工具的多样性，传统聚焦狭义界定法律领域研究的法律学者，会在公共卫生法面前止步不前。对公共卫生法的理解，需要了解税法，因为涉及国家对税收和支出的权力；需了解规范信息使用的法律，这涉及改变信息环境的权力；需了解职业健康、交通和环境法，这涉及改变建筑环境的权力；需了解法律的经济、政治和社会背景，这涉及改变社会经济环境的权力；需了解公共规制工具与行政法上的规制工具，这涉

7 Robyn Martin, "Law as a Tool in Promoting and Protecting Public Health: Always in Our Best Interests?" (2007) 121 *Public Health* 846, 847–848.

8 同上注。

9 见 Martin and Coker，前注 4；Richard Coker and Robyn Martin, "Introduction: The Importance of Law for Public Health Policy and Practice" (2006) 120 *Public Health* 2。

> 及对人、职业和商业的直接规制；需了解侵权法，这涉及通过侵权体系实现间接规制。[10]

我们完全认可这种观点，并努力得出我们对公共卫生法领域的界定，且界定本书其余部分的相应进路。但在做出界定之前，或有助益的是，审视马丁、贝琳达·贝内特、劳伦斯·戈斯汀和罗杰·马格努森在界定"公共卫生治理"时的定义，然后，要加以考虑的是，戈斯汀和威利的权威公共卫生法教科书中对公共卫生法给出的著名定义。

贝内特、戈斯汀、马格努森和马丁指出：

> 公共卫生治理是社会集体寻求确保某些条件的手段，由此，人们的生活有可能实现最高水平的健康和福祉。公众健康需广泛的先决条件，这跨越了多重领域，包括信息（健康交流、广告、标签）、环境（空气、水）、建筑（农村、城市和郊区）和社会经济（税收、支出、住房、贫困）。公共卫生治理包括对企业的直接规制，如检查、对环境公害的排除、职业健康与安全规制；包括对个人的直接规制，如关于系安全带、佩戴摩托车头盔、检疫隔离的要求。在烟草、枪支、有毒物质等领域，还包括通过侵权体系进行的间接规制。最后，考虑到公共卫生中许多威胁和挑战的复杂性，从全球变暖、肥胖到大流感，治理也具有"向内的维度"，它与组织结构、规制机构和法定授权有

10 Martin and Coker，前注 4，第 81 页。

关，政府通过这些来行使自己的公共卫生规制职能。[11]

我们再次认可并借鉴此处给出的进路。特别要注意的是，要对不同的社会协同模式，即对不同的治理方式给出解释，并说明将这些模式
69 包含在内的正当化根据。首先，我们认同贝内特及其同事的见解，即“在政府掌控领域内，治理是首要的，但并非排他的”。[12] 政府可能是关键的行为主体，但其他利益相关者也有自己的角色。贝内特等的文章列出的利益相关者包括企业、雇主、学术界、慈善基金会、媒体和公民社会。[13] 其次，驱使对公共卫生治理加以关注的并不单单是对某一种控制手段的关注：更确切地说，正如我们的进路所呼应，它还要求对与提供人们健康生活条件相关的所有措施加以考量。[14] 因此，贝内特等认为，公共卫生治理既涵盖了硬法和法定权力行使的“直接规制”，其目的在于管控公共卫生；又包括“间接规制”，它需要运用的法律手段，并非“公共卫生法”上典型的手段，例如，侵权法规定了归责于私人主体的标准，而这实际上有助于公共卫生。公共卫生治理还包括不同规制机构的规制，对伦理的关注也构成了这一领域的特征。

在下文中，作为我们开展工作的基础，仍然有必要涵盖这些各式各样的事物。与贝内特和他的同事类似，我们仍然关注围绕特定公共卫生权力、角色和责任展开的论题，关注如何架构那些有助于实现公

---

11 Belinda Bennett, Lawrence Gostin, Roger Magnusson and Robyn Martin, “Health Governance: Law, Regulation and Policy” (2009) 123 *Public Health* 207, 207 (略去了原文引注)。

12 同上注。

13 同上注。

14 见本书第一章第三节，以及世界卫生组织的声明，网址为 http: //www.who.int/trade/glossary/story076/en/，2016 年 4 月 5 日最后访问。

共卫生目的的措施，哪怕这些措施的目的并不清晰。在我们展示这些观念时，我们观察到不同的法律领域如何有助于公共卫生目标的实现，或构成了对其的限制（见本书第五章至第八章），继而考虑了更柔和的规制模式（见本书第九章）。尽管这包括我们强调的特定公共卫生法和政策，但我们并不关心，也认为无须在每种情形下，都区分什么是“真正的”公共卫生法。反之，我们认为，有必要对不同的、可能的法律和治理进路加以说明，并厘定其在公共卫生讨论中的“位置”。

尽管在严格意义上，“公共卫生治理”的标签可能更恰当地反映了我们在本书中展示出的研究领域，但我们将继续使用“**公共卫生法**”这一名称。对一些纯粹的法律主义者而言，这可能是有问题的（见本书第九章）。但“公共卫生法”表述与法律规范相契合，与此领域可能最有名的框架结构一致：这体现于劳伦斯·戈斯汀所写的聚焦美国、影响深远的杰作《公共卫生法：权力、责任与限制》，该书现在是与林赛·威利合著的，书中写道：

> 公共卫生法对法定权力和国家责任加以研究，通过与其伙伴（如医疗保健、商业、社区、媒体和学术界）的合作，确保人们保持健康的条件（以确定和预防健康风险，减弱给人群健康带来的风险），并基于包括个人自治、隐私、自由、所有权及其他受法律保护的个人利益在内的共同利益，对国家权力加以约束。公共卫生法的首要目标是，在符合社会正义价值观的情况下，力图让人群身心健康尽可能达到最高水平。[15]

---

15 Lawrence Gostin and Lindsay Wiley, *Public Health Law: Power, Duty, Restraint* (3rd edn., Berkeley: University of California Press 2016) 4.

之前公共卫生治理定义中表达出的关注，与戈斯汀和威利对公
70 共卫生法的界定存在明显的重叠。考虑到戈斯汀等人所著教科书的重要性和影响力，也考虑到公共卫生法在法律研究中所处的“局外人”地位，最后我们在此对戈斯汀定义的不同组成部分加以反思，[16] 并解释我们如何勾勒此领域的特色。

首先，与上述其他定义一样，我们注意到，戈斯汀和威利关注的是每一个可能影响健康的法律领域。在法律教育中，法律的“核心”领域相互分离，本质上求诸不同类型的法律治理体系。例如，公法模块探讨了宪法、公共行政规则和原则，以此约束和赋予国家及政府行为主体的权力；侵权法模块研究了我们对其他私人主体所怀有合理预期的可能标准；刑法模块解释了什么构成犯罪行为，以及刑事司法系统中承载的强制机制、道德机制，来如何定义社会标准，并考虑在违反这些标准时回应以相应的惩罚。戈斯汀和威利关于公共卫生法的观念并不限于任何一个这样的法律领域。他们的分析表明，法律如何从整体上赋予了公共卫生主体权力，又如何限制了他们行事的能力。因此，如果举例说明，他们感兴趣的是，侵权法进路如何通过针对烟草生产商的集体诉讼，来推进与吸烟有关的公共卫生议题。[17]

从我们这本书的勾勒方式中显然可以看出，我们同意戈斯汀和威利的见解，即公共卫生法需要纵观整个法律领域。考虑到公共卫

16 见上注，chapter 1, where Gostin and Wiley expand in depth on their definition, and further, John Coggon and Lawrence Gostin, ‘Beyond Medicine, Patients and the Law: Policy and Governance in 21st Century Health Law’ in Catherine Stanton, Sarah Devaney, Anne-Maree Farrell, and Alexandra Mullock (eds), *Pioneering Healthcare Law: Essays in Honour of Margaret Brazier* (Abingdon: Routledge 2015)。

17 见 Gostin and Wiley，前注 15，第 255—263 页。

生的广度，如果它影响到人群健康，就不应将其人为限定于某个特定的法律领域，或将某个特定的法律领域排除在外。简言之，我们认为，本书的读者将有兴趣去了解完整的法律“兵械库”，它们可能构成了公共卫生议程的助益或限制，或构成了与之明显冲突的替代议程。如果只考虑非常狭义的法定权力和职权范围，例如，在疾病大流行的紧急情形下干预个人自由的权力，那么这样的进路将太有局限性。从 21 世纪公共卫生的角度来看，例如，对于与食品及其他产品相关的消费者权利，我们应如何加以界定和保护，我们可能期望雇主提供怎样的健康和安全标准，或者是否有参与有风险或危险活动的自由等，这些问题都具有实际意义。

戈斯汀和威利定义的第二个特征聚焦于法律和其他规制形式，我们利用它导出了自己对公共卫生法的表述。戈斯汀和威利不仅在提及“国家的权力和义务”时，而且在探讨其“伙伴”为人们提供健康环境所发挥作用时，也暗示了这一特征。根据对贝内特等所做定义的讨论，我们从此视角出发，发展出了自己的见解，认识到活动的两个核心面向所在，本书第九章将对这两者展开详细探讨。

第一类这样的治理领域可见于正式规制模式，但严格意义上是一种“软”规制模式。在此权限范围内可以发现的“硬法”，体现于**基本立法**（primary legislation）即国会制定的法律之中，如《2006年卫生法》；或从构成普通法的判例法中，可能发现权威性的司法声明。例如，上诉法院在兰普顿吸烟者案中做出了具有拘束力的判决，该判决确认了英格兰和威尔士禁烟部分内容的合法性。[18] 本书 71

18 见 *R (on the application of G) v Nottinghamshire Healthcare NHS Trust* [2009] EWCA Civ 795。

第五章至第八章探讨并解释了如何将硬法进路应用于公共卫生法领域。但是，认识到来自公共机构的其他形式规制措施，也具有重要意义。在此我们可能会对**次级立法**（secondary legislation）加以考量，国务大臣会根据基本立法的授权颁布条例，例如，卫生大臣根据《2006 年卫生法》中第 3 条、第 5 条和第 79 条第 3 款的规定，颁布了《无烟（豁免和车辆）条例》，[19] 并详尽规定了在封闭的公共场所中，哪些地方允许吸烟。我们还会考虑政府部门及其他行政机构发布的政策及指导性文件，例如，去考虑卫生部就酒精消费发布的指南。[20]

第二个治理领域仍然秉承了“偏软”的模式，但它对人群健康也会产生极其重要的影响，我们将在第九章对其展开讨论。除了通过法律上、政治上的主体与行政机构来实施社会控制之外，还有诸多通过私人组织和主体的规范与活动来发挥功能的社会性规制，这被称为“社会机制”。例如，超市的政策和进路完全有可能影响人们消费或不消费特定商品的决定。同样地，“自愿”加入公众认可的机制，例如认可由保守党与自由民主党组成的联合政府设定的“责任协议”（又见本书第三章），这表明公共卫生治理的角色不仅可以由公共机构承担，还可以由私人行为主体承担。同样地，我们可能会考虑个体如何就健康承担个人责任。为了完成公共卫生法的蓝图，至关重要的是，要理解有些机构和行为主体并非“公共”机构，却能影响范围广袤的公众，或对公共卫生产生巨大影响，理解这些主

19 SI 2007/765.

20 见 Department of Health, *Alcohol Guidelines Review—Report from the Guidelines Development Group to the UK Chief Medical Officers*（London: Department of Health 2016）。

体如何被支配，如何自我管理，其权力行使如何影响人群健康，对它们的决策又能施加怎样的约束。

尽管我们的进路很大程度上要归功于戈斯汀和威利的著作，但需要强调，我们与他们的进路之间依然存在紧张关系。[21] 戈斯汀和威利将他们的定义总结为：“公共卫生法的首要目标是，在符合社会正义价值观的情况下，追求人群身心健康可能达到的最高水平。”正如我们在本书第二章中讨论公共卫生伦理时表明的，如果我们想对公共卫生活动合法性有全面的理解，就需要不同的正义理论。在公共卫生法研究中，政治道德和伦理实践构成了基础性问题。然而，可以说并没有哪种统一的正义理论构成了公共卫生活动的基础。每个人都认同，公共卫生法应符合合理的伦理原则，但这些原则究竟是什么，却引发了根本分歧。我们已展示了，参与者如何就公共卫生和公共卫生法的适当范围进行争论，例如，理查德·爱泼斯坦对政府致力改善人民健康和福祉的承诺予以否定；有些主要参与者甚至否认人群健康这一概念的一贯性。[22]

在戈斯汀的著作中，将他对公共卫生法的理解与对健康根本重要意义的特定规范论证相联系，由此将他对公共卫生法应做什么的建议与坚实的正义理论相联系。基于我们的目的，我们不倾向于为 72
公共卫生法提出“首要目标”。出于本书的目的，我们不去倡导特定的议程；相反，我们旨在呈现公共卫生法的基本原理，读者可能从中导出颇具冲突的政治见解。因此，我们现在阐述对公共卫生法领

---

21 还可见 Angus Dawson, “Commentary on ‘The Limits of Law in the Protection of Public Health and the Role of Public Health Ethics’” (2006) 120 *Public Health* 77。

22 参较 Richard Mohr, “AIDS, Gays, and State Coercion” (1987) 1 *Bioethics* 35, 47。

域的界定，并概括此界定对这一研究领域的影响。

4.2.2 对公共卫生法的界定

鉴于本书第一部分提及的不同考虑，以及本章所探讨的观点，我们提出并使用下述对公共卫生法的界定：

> 公共卫生法被界定为一个研究领域和实务领域，它涉及法律、政策和规制的一些方面，无论如何理解，它们或者推动了人群中、人群之间和跨人群的健康保护与促进，或者构成了相应的约束。[23]

正如我们所解释的，这一界定为公共卫生法的研究和实践提供了不同的必要条件。我们的界定如下：

> - 涵盖了当下公共卫生活动所主张的，非常广泛但也是必需的领域，包括提供医疗保健体系、公共卫生基础设施，以及应对疾病的社会决定因素的手段。
> - 提供了宽泛的法律概念：我们不仅聚焦于“硬法”手段，还关注社会政策，社会政策被公认为包含了公共、私人行为主体和机构在治理中的角色。
> - 包含了在法律和规制层面不同的措施和进路，并涵盖各

23 Contrast John Coggon, *What Makes Health Public? A Critical Evaluation of Moral, Legal, and Political Claims in Public Health* (Cambridge: Cambridge University Press 2012)，第五章，尤见第 86—91 页。

个部门。

● 强调法律和治理的作用，它们既是推进公共卫生议程的手段，也可对可能以公共卫生之名开展的某些工作加以限制。

● 允许对“健康”一词做开放解释，例如，可以分析的公共卫生措施不仅针对疾病，还可针对诸如福祉等更广泛的积极状态。

● 除了法学研究之外，也对其他学科的介入和研究持开放姿态：例如，如上文强调的，我们主张该领域应秉承公共卫生伦理。我们对公共卫生法的定义也应与——举例来说——人类学、社会学、心理学、历史学和经济学等学科的研究一致。

尽管对公共卫生法领域的任何定义，都可能遭受质疑或修正，但我们的观点是，此处对公共卫生法的简明描述避免了对内容的过度规定，同时也展示了我们列出的特征。我们认为，无论作为研究领域还是实践领域，上述每一项都是公共卫生法必不可少的组成部分。在解释了我们的立场和达成该立场的原因之后，我们现在转而将公共卫生法研究中问题导向的研究与进路导向的研究相比较，并解释我们基于进路的工作将如何满足本书读者的希冀。 73

4.3 公共卫生法研究：是进路导向还是问题聚焦式的分析

本书的第一部分给出了公共卫生法研究的背景，介绍了公共卫生领域及其主要行为主体，解释了伦理如何与公共卫生相关联，并阐述了英国公共卫生法的历史。本章中讨论的法律学者，例如罗宾·马丁和劳伦斯·戈斯汀，以及我们上文提及的哲学家，例如安格斯·道森和马塞尔·韦尔维，在推进公共卫生伦理和法律领域研究方面都贡献良多，使这个主题现在在学术文献中享有更重要的地位。在过去十五年间，公共卫生伦理和法律研究蓬勃发展，为以不同方式审视伦理理论同公共卫生法律及实务的关系，[24] 也为拓宽对健康和法律的分析提供了机遇，也许尤为明显的，要对欧盟法律和卫生条例加以研究。[25] 在其他国别和地区，研究也聚焦于对公共卫生法自身的界定，其研究与我们当前的成果产出并没有什么太多不同。[26] 由于公共卫生法相对较新，问题在于如何最好地将研究体系化。

考虑到本书与同类著作的不同之处和交叠之处，我们认为，对本书的架构加以解释，具有重要意义，这本质上是在解释我们的方法。公共卫生法涉及治理进路、政府部门、学术学科界别，涵盖公共和私人行为主体。并非诉诸统一的“哲学”或法律进路，来发现这一研究领域的融贯性，而是要诉诸公共卫生这一主题，来确定公共卫生法的边界。[27] 然而，通过这类推理，我们可以发现，事实上，如果我们把公共卫生关注的不同领域分割成需要各自独立研究的更小领域，公共卫生就会有更多融贯性。例如，我们可以确定特定领域，并就每一领域撰写一章，这可能包括烟草控制、酒精规制、肥胖和法律、防止流行病的规划、疫苗接种政策等等。这样做可以很

---

24 例如，见 Sridhar Venkatapuram, *Health Justice: An Argument from the Capabilities Approach* (Cambridge: Polity Press 2011)；Coggon，同上注。

25 例如，见 Tamara Hervey and Jean McHale, *European Union Health Law: Themes and Implications* (Cambridge: Cambridge University Press 2015)；Mark Flear, *Governing Public Health: EU Law, Regulation and Biopolitics* (Oxford: Hart Publishing (2015)。

26 例如，见 Gostin and Wiley，前注 15；*Wendy Parmet, Populations, Public Health, and the Law* (Washington: Georgetown University Press 2009)。

27 参较 Theodore Ruger, “Health Law’s Coherence Anxiety” (2008) 96 *Georgetown Law Journal* 625。

好地解释公共卫生法如何在不同领域发挥作用，对其进行合法的“剖析”，并确证替代性规制进路的作用。

尽管我们看到，上述构架事务的方式具有明显的优点，但我们在接下来五章中，仍选择五个宽泛的主题，来对此加以体系化。这些题目并未穷尽法学研究的“核心”领域，但之所以选择它们，是因为我们发现，它们代表了在公共卫生语境下相关法律进路的基础。本书第二部分其余各章涵盖了以下法律。首先，在“私法”的标题下，我们考虑了调整公民之间私人义务的法律，包括合同和侵权法；还考虑了与我们家庭、家人和个人生活相关的法律，包括家庭法和隐私法。我们继而研究了刑法的性质和范围，以及刑法与公共卫生措施的关系。在本书第七章中，我们提出了“公法”的观念，作为管理公共机构决策和活动的法律，它涉及行政法，还涉及宪法和人权法。本书第八章转而解释欧盟法、国际法对英国公共卫生法的影响。最后，我们在本书第九章中介绍的观点包括更软 74
的公共决策模式、私人主体的治理功能及公民个人的健康责任。

我们采用这种进路的根本原因在于，它使我们能够在每章中系统地实现三个关键目标。每章都针对与不同公共卫生问题相关的实体性规则、原则和规范，展示实例；每章都勾勒了不同法律进路自我呈现的方式；每章都讨论了它们与公共卫生实践和议程的关系。这种架构方式旨在让读者，特别是让那些没有或只有有限法学背景的读者，能对不同法律进路的基础、影响范围和局限性形成更为直接的一般化理解。

这种进路的优势在于，对法律和规制形成了更为清晰的理解。此外，它解释如何为公共卫生目的的实现提供助益或施加限制，以及这些助益或限制的合法性，这让我们将法律架构与公共卫生伦理学中的问题相联系。这种进路可能存在的主要弱点是，通过围绕不同进路建立框架，读者可能会忽略这一重要观点：**通常可以通过多层次治理进路，令公共卫生问题得到最好的解决**。对大规模的公共卫生问题而言，则尤其如此。以烟草控制为例，从公共卫生实践的角度，有必要考虑如何组合使用一系列的法律进路：有可能以私法进路，或通过私法的威慑作用，来保护被迫吸二手烟的人（例如，有可能就因如此吸食二手烟所致损害提起诉讼）；还可以思考强制性措施的作用（例如，规定在封闭公共场所吸烟构成刑事犯罪）；我们将关注公共机构的规制权（例如，国民医疗服务体系颁布控烟政策的权力）；我们将关注欧盟和国际情境（例如，针对烟草控制和商业自由，履行一切相关的国际法义务）；我们将关注更软治理措施的范围与应用（例如，开展宣传运动以提高公众意识，并为人们远离吸烟提供“助推”）。

本书展示了公共卫生法的基础，但面对特定问题时，不能不经探索就认为某一种进路是合适的。读者必须考虑对不同法律领域的工具加以**组合使用**的可能性，也可以考虑，一个法律领域如何构成了对另一领域中可能措施的限制：例如，作为一种有可能推进公共卫生目标的规制进路，是否会与欧盟法或国际法规定的贸易权利相冲突。以下各章选择的示例是为了能得出我们的核心观点。当然，面对公共卫生法如此广泛的领域，我们无法展示一幅完整的图景。因此，作为替代，我们旨在培育对不同进路的功用和效果加以思考的能力，继而让读者探寻运用来自不同领域的观念的方式。

本章小结

- 由于公共卫生活动的广度，公共卫生法的研究和实践不能局限于单一的法律领域或法律分析。

- 在对法律和公共卫生加以审视时，可能有必要对各个法律领域都加以考虑，并对法律之外的规制模式加以考量。
- 公共卫生法涉及支持和促进公共卫生活动的措施，以及可能限制公共卫生议程的措施。

> 公共卫生法被界定为一个研究领域和实务领域，它涉及法 75
> 律、政策和规制的一些方面，无论如何理解，它们或者推动了人群中、人群之间和跨人群的健康保护与促进，或者构成了相应的约束。

4.4 扩展阅读

Lawrence Gostin and Lindsay Wiley, *Public Health Law: Power, Duty, Restraint* [3rd edn., Berkeley: University of California Press 2016] .

Linda Johnson and Robyn Martin (eds), *Law and the Public Dimension of Health* [London: Cavendish 2001] .

Wendy Parmet, *Populations, Public Health, and the Law* [Washington: Georgetown University Press 2009] .

Keith Syrett and Oliver Quick, "Pedagogical Promise and Problems: Teaching Public Health Law" (2009) 123 *Public Health* 222.

The special issue of *Public Health* [2006] Volume 120, Supplement 1, edited by Richard Coker and Robyn Martin.

第五章　私法和公共卫生

5.1　私人领域中的法律

77　在本章中，我们将对私法与公共卫生加以探研。此处我们使用“私法”这一术语，来指代各种独特的法律关系、机制和目标。人们可能认为，被描述为**私**的法律领域无法服务于典型的**公共**卫生目的——我们最多能看到私人权利对公共卫生活动的**约束**。[1]然而，本章旨在表明，私法目标和私法实践如何可能构成人群健康进路的一部分，并基于保护个人私权利的考虑，如何对带来收益的集体性公共卫生活动加以限制。[2]为了展示这一范围的广度，或有助益的是，回顾一下劳伦斯·戈斯汀确定的公共卫生责任领域，我们在第一章中也对此有所介绍，即有义务确保公众获得医疗体系，提供运作良

1　参较 Roger Brownsword, “Public Health, Private Right, and the Common Law” (2006) 120 *Public Health* 42。

2　见 Keith Syrett and Oliver Quick, “Pedagogical Promise and Problems: Teaching Public Health Law” (2009) 123 *Public Health* 222。

好的公共卫生基础设施，并回应健康的社会决定性因素。[3] 就上述每一项内容而言，调整私人领域的法律事实上都贡献良多。此外，上述内容的实现，一方面是通过法律本身与公共卫生议程的互动；同时，在推进或限制公共卫生目的的过程中，私法行为和演进中的普通法规则也可能发挥作用。[4] 因此，在本章中，我们强调了法律的影响，以及（威胁）诉诸诉讼带来的影响。[5]

本章实体性内容有四节，分别对私法和公共卫生框架中诸多概念性和实践性问题加以解释，并勾勒了这些法律领域与公共卫生法研究、实务之间的关联性。当然，我们的阐述不可能面面俱到，但根据我们在本书第四章中勾勒的总体目标和路径，法律概览和案例实务的研究显示出，法律通过一系列方式来触及我们的私人生活， 78
并有可能影响了公共卫生。在本章第 5.2 节和第 5.3 节中，我们聚焦于受法律保护的私人义务，也是我们作为普通公民彼此间应尽的义务。我们既检视了人们因私人协定所要承担的义务，又检视了根据法律本身设定的标准，我们彼此之间要承担的义务。在本章第 5.3 节和第 5.4 节中，我们将转而考虑，在个体、家庭以及家庭生活的

---

3 见 Gostin's Foreword, xi–xii, in John Coggon, *What Makes Health Public? A Critical Evaluation of Moral, Legal, and Political Claims in Public Health* (Cambridge: Cambridge University Press 2012)。

4 还可见 Robyn Martin, "Public Health and the Scope of the Potential Liability in Tort" (2005) 21 *Professional Negligence* 39。马丁着重论述了以下四个方面的法律责任：因健康状况不佳或不良生活方式造成的危害，因实施公共卫生干预中疏忽造成的危害，因未能进行公共卫生干预而造成的危害，以及机构进行公共卫生干预时对个人的权利侵犯。

5 见 Lawrence Gostin and Lindsay Wiley, *Public Health Law: Power, Duty, Restraint* (3rd edn., Berkeley: University of California Press 2016), 其中有美国私法与公共卫生相互作用方式的概述。

情境下，法律如何为公共卫生活动提供助益或约束。

5.2　作为民事义务的私法

通常情况下，当法律从业者和学者提及私法时，这是指支配那些可能被我们称为“民事义务”的法律规则：我们作为公民个人对彼此负有的权利和义务。在英国法中，我们认为这些主要受**合同**法和**侵权**法保护。我们首先来考虑合同法。[6]虽然它与公共卫生的联系相对而言不那么明显，但理解合同法的运作，仍具有很重要的意义。合同法对私人间自愿达成的协议加以规制，合同当事人同意特定的条款，接受这些条款的基础是各方都提供了某种有价值的东西，即某种形式的交换条件。如果当事人订立的合同具有法律效力，他们所承担的权利和义务也受法律的支配。这意味着，不履行合同会导致法院判决违约方向因违约遭受损失的一方提供赔偿，判决违约方履行合同，甚或在某些情况下，根据违约方所获得的附随收益，判令其向对方支付额外的赔付款。此时，明确的公共利益构成了法律所承担角色的基础。法律有可能对需自愿承担的义务做出强制性规定，从而准许社会成员根据清楚的预期来签订合同、开展工作，而非让当事人无法确定所处的法律地位，或在签订协议后担心受骗。这些都是法律在**制定标准**和**确保正义**方面所发挥的部分作用，旨在确保我们履行彼此之间的义务。

就创建合法合同的复杂性或制定有效合同条款而言，本书并未

6　Roger Brownsword, *Contract Law: Themes for the Twenty-First Century* (Oxford: Oxford University Press 2006).

加以具体阐述。虽然如此，应该注意的是，存在一些重要的制定法和习惯法规则，意在确保合同法上的**公平**，例如，通过限定有可能纳入法律保护的合同条款类别来确保公平。同样地，显然也存在这样的合同约定，虽为交换价值而自愿达成的协议，但法律不会承认这些合同的有效性。它们与公共卫生可能有关联，例如，卖淫合同作为一方同意为性交付费的协议，在法律上不被认可，用专门术语表述，它**因有违道德而无效**（void for immorality）。[7] 在此意义上，公共利益限制了缔结私人协议的自由，可以论称，这样做是出于公共卫生目的。而且，在此更具一般意义的是，我们可以参照《1977年不公平合同条款法》和《2015年消费者权利法》第二部分。这些法律规定非常具有相关性，因为它们限制了缔约方免除过失责任的自由，并将保护范围延展到诸如消费者权利等情境下。虽然在私法中，以合同义务为公共卫生议程提供助益或施加限制的范围本身相当有限，但在我们此处使用的“民事义务”标题下，合同是私法义务的一个重要组成部分。它有助于我们理解公共卫生法，认识存在 79
限制的意义，这不仅在于理解哪些内容可以构成正式缔结的合同，还在于明了缔约方可以同意哪些条款。

然而，正如我们所指出的，“私法”这一术语涉及的民事义务不限于合同达成的合意，它还包括**侵权**法中规定的权利和义务。[8] “侵权”的字面意思是“错误”，在侵权法设定的标准下，对于任何私人约定，我们都可以预设各方都是私人主体。刑法处理的是“公共违

7 见 *Pearce and Another v Brooks* [1866] LR 1 Ex 213，其中一辆马车的主人无法起诉一名妓女，即使他知道她租用马车来吸引男人。

8 Paula Giliker, *Tort* (5th edn., London: Sweet and Maxwell 2014).

法行为”，即针对国家的违法行为（进一步论述见第六章），而侵权法处理的是“私人违法行为”，即法律中确立的违法行为，但针对的当事人是私人个人。通过了解我们在侵权法中的义务，我们可以理解预期的行为标准，例如，驾驶时采取合理注意，保证消费品的质量，或确保来居所做客的人不会面临遭受伤害的不合理风险。

除了设定标准的功能，侵权法的另一个功能是，允许个人在私权利受到侵犯时，通过法律诉讼来达致正义：侵权法旨在以这种方式为个人“纠正违法行为”，并对违法行为构成威慑。此外，人们可以认为，侵权中的义务提供了公共治理的作用，它在此意义上形成了一种社会保障形式——但也许不会将其严格地贴上“**公共**安全网”的标签。特别是，我们如果将因侵权行为所致伤害的法律责任，同为防范散在风险、回应伤害的保险方案相结合，就形成了以公共利益为依归的机制。例如，在我们驾驶机动车时，法律要求我们在此事项范围内购买保险，以涵盖可能产生的第三方责任。[9] 虽然通过保险公司与被保险人之间的私人协议，根据市场原则展开后续制度的运作，但这有明显的社会收益；风险在人群中分散，从而，在发生损害时，可以为保险所吸收，并让赔付有所保障。[10]

侵权法中的权利和义务有着多方面的基础。因此，有可能将侵权诉讼归入不同的主题，并导致一系列不同的救济措施。或许，非专业人士最熟悉的是过失侵权，我们将在下文中就此进行探讨。但正如我们要强调的，侵权法律还有着重要的功能，例如，保障工

9 Road Traffic Act 1988, s.143.

10 有关批评和主张废除侵权法中无过错赔偿制度的论点，见 Peter Cane, *Atiyah's Accidents, Compensation and the Law* (8th edn., Cambridge: Cambridge University Press 2013)。

作场所的安全标准，控制私人财产权的安全，以及保护人们免受非自愿的人身侵犯。对侵权行为的救济包括损害赔偿和禁令，即法院以令状的形式要求过错方以特定的方式采取某种行为，或停止某种行为。

如本书第三章所述，理查德·科克和罗宾·马丁在描述英国和威尔士公共卫生法的历史发展时，发现了侵权法的基础，尤其是妨害（nuisance）法的基础。作为一种预防或应对环境损害的手段，妨害法有助于确保人们在健康的条件下生活。回顾上文，科克尔和马丁也曾证实，作为公共卫生治理的整体基础，妨害法是如何受到限制的。[11] 鉴于“土地法”这一术语以及相关的衡平法和信托法领域中，一般指的是人民在财产上的合法利益与受益权（并不是我们在本书中考虑问题的基础），作为侵权法的分支，妨害法调整的是， 80
我们在不受污染造成的不合理干扰的情况下，有使用或享有土地的权利。英国普通法有公共妨害和私人妨害原则。与此相关的是私人妨害侵权行为以及它与不同形式法定妨害的关系。公共妨害是一种犯罪，表现为针对社会的违法行为，而不是针对个人的违法行为，不过，如果公共妨害对个人造成了“特殊损害”，个人可以主张侵权损害赔偿。[12]

在法律和公共卫生方面，《1990 年环境保护法》就法定妨害做出了重要规定，该法赋予地方当局检查场所、应对妨害的责任与权力。该法第 79 条第（1）款列举了法定妨害类型，包括：

11 见 Richard Coker and Robyn Martin, “Introduction: The Importance of Law for Public Health Policy and Practice” (2006) 120 *Public Health* 2。

12 进一步见 Giliker，前注 8，第十章。

[a]任何有损健康或带来妨害的状态；

[b]从场所排放的烟雾有损健康或构成妨害；

[c]从场所排放的烟或气体有损健康或构成妨害；

[d]从工业、贸易或业务场所排放的任何粉尘、蒸汽、气味或其他废气有损健康，或构成妨害。

关于上述条文中使用“或”一词（“有损健康**或**带来妨害”）的解释是，“妨害”一词是指普通法上的妨害。[13] 在有限的相关判例法中，已经确认，对此类妨害的理解，必须符合历史上公共卫生法的语境（见本书第三章的讨论）。因此，《1990 年环境保护法》旨在预防疾病，而非防止损害。[14] 但如果妨害确实发生了，那么，根据该法第 80 条的规定，地方当局可以发出通知，下令减少妨害，或者禁止或限制妨害的出现或再现。

科克尔和马丁说明，对“公共卫生法”在抵御妨害中的作用加以限定，认为其仅具有限的效果，从而以英国公共卫生法的历史为基础，对此提出了有价值的批判。更广泛的侵权诉讼可能对公共卫生的目的有助益，当然也对本书别处讨论的其他公共卫生治理领域有助益。[15] 例如，就关于土地的其他类型主张而言，土地占用人有义务防止进入该土地的受邀人受伤害，[16] 受邀人也包括侵入人。[17] 虽

13 见 Neil Parpworth, “Public Nuisance in the Environmental Context” (2008) *Journal of Planning and Environment Law* 1526。

14 *R v Bristol City Council, ex parte Everett*[1999]1 WLR 1170.

15 还可参较 Gostin and Wiley，前注 5，第七章。

16 Occupiers' Liability Act 1957.

17 Occupiers' Liability Act 1984.

然此类义务不被认为是典型的“公共卫生职责”，但就保障健康和促进安全环境而言，其无疑在发挥作用。

在介绍侵权法的概念及其与公共卫生的关系时，除了这些关于土地侵权的讨论之外，举例说明侵权法如何在截然不同的公共卫生背景下运作是有助益的，尤其是涉及决定医疗保健系统中患者权利的两类普通法侵权行为时。如果公共卫生能确保医疗保健体系发挥作用，仅有提供医疗服务的公法义务，还是不完备的；我们还需要以法律为基础，保护人们免受医疗保健从业人员的不当干预，还要为我们可能获得的医疗保健质量提供法律保障。侵权法的两个领域 81
与这些要求的实现密切相关。

首先，针对人身的暴力侵犯构成侵权，这让我们免于对身体完整性的非法侵犯。在提供医疗的语境下，这种制度使患者有权具有决策能力，如果患者未表示同意，就不得对患者进行治疗。虽然存在各种例外，[18] 但一般而言，侵权法认为，未经患者同意，即便治疗有助于患者的最大利益，或者可以带来更宽泛的利益，也不得强迫其接受治疗。应当指出，未经同意的治疗不仅构成违反私法的行为，同时还可能表现为违反刑法的行为：如果医生未经同意治疗病人，医生则可能会被病人提起侵权法之诉，还可能面临非法侵犯他人身体罪的刑事公诉。侵权法对医疗保健的规制，部分在于保障病人的

18　可以考虑 1983 年《精神卫生法》第 63 条（经修正）;《1984 年公共卫生（疾病控制）法》第 45 条（经修正）；还要指出，针对不符合 2005 年《心智能力法》第 2 节和第 3 节中能力标准的成年人，高等法院正发展出针对“弱势成年人”的权限，来授权他们做出福利决策：Michael Dunn, Isabel Clare, and Anthony Holland, “To Empower or Protect? Constructing the ‘Vulnerable Adult’ in English Law and Public Policy” (2008) 28 *Legal Studies* 234。

自治，通常限制个人或总体层面对福利的关注，以倾向于让个人选择具有优先地位。[19]

这里要考虑的第二个侵权领域出现在临床过失法中。当然，医生必须遵守法定规制者即英国医学总会制定的标准。[20]但是，他们的活动也受法律的支配。过失法规定了谁对谁负有注意义务，负有注意义务时预期的注意标准如何，以及违反注意义务导致不同形式的损害时，应给予怎样的赔偿。在医疗保健体系内，过失法为病人获得合理照顾的标准奠定了基础。如果一个医生的执业活动方式不符合医疗从业者责任主体的预期，且过失对患者造成了伤害，那么医生将面临诉讼。[21]

因此，我们可以看到，侵权法体系，特别是它的标准设定功能，如何有助于改善人们健康生活的条件。我们已经勾勒出，侵权法在环境保护和医疗保健情境下的适用。但需要明确的是，私法义务还是适用于指向广泛的私人主体，而他们的活动可能影响人群健康，例如，餐馆要确保消费者的安全。它们也适用于诸如议会和国民医疗保健服务体系之类的公共当局。本书第七章将对公法责任加以考量，这使我们能检视对公共决策权力的限制。但我们发现，公共组织的行动也受其私法义务的制约。

---

19 Margaret Brazier, “Do No Harm—Do Patients Have Responsibilities Too?” (2006) 65 *Cambridge Law Journal* 397.

20 见 General Medical Council, <www.gmc-uk.org/guidance/index.asp>，2016 年 4 月 5 日最后访问。

21 *Bolam v Friern Hospital Management Committee*[1957]1 WLR 582; *Bolitho v City and Hackney Health Authority*[1997]3 WLR 1151.

5.3 案例 1 与案例 2：公共卫生和民事义务——过失规则的普通法发展

在本节中，我们将基于上述讨论框架，对侵权法的两个案例展开研究。这些案例说明，法官有可能非常激进地发展出普通法规则来推进健康保护。首先，我们介绍多诺霍诉史蒂文森案，[22] 该案奠定 82
了现代过失法的基础，并通过强化消费者保护来推进公共卫生目标；随后，我们审视费尔柴尔德诉格伦哈文丧葬公司案，[23] 在该案中，上议院修正了已获普遍理解的因果关系规则，使因工作暴露于石棉粉尘而患间皮瘤的员工享有更多的法定权利。

5.3.1 公共卫生和消费者保护

在本小节中，我们将阐明与侵权法有关的司法能动主义如何致力于推进公共卫生目标。我们主要关注为现代过失法奠基的案例，这一案例通过过失法为消费者保护提供了坚实的基础。首先应指出，过失原则不再适用于此领域。[24] 如上所述，过失责任以过错为基础：通过对被告行为的检视，如果被告未能履行合理的注意，并因此造成人身伤害，被告就可能承担责任。《1987 年消费者保护法》（Consumer Protection Act 1987）第一部分确立了当下的产品责任法，该法根据**严格责任**制度来架构。这意味着，如果产品有缺陷，

---

22 *Donoghue v Stevenson*[1932]AC 562.

23 *Fairchild v Glenhaven Funeral Services Ltd*[2002]UKHL 22.

24 有关过失法和公共卫生法更广泛的分析，见 Martin，前注 4。

消费者无须为了获得救济，来证明制造商有**过错**：法律现在关注产品本身的质量，而非被告如何合理，或与之相反。

为简要说明这一点，可以以A诉国家血液管理局（No.1）案为例展开思考。[25] 在该案中，原告不幸被输注了受污染的血液，感染了丙型肝炎。因此，原告起诉了国家血液管理局，血液在此案中构成了受污染的产品，原告请求赔偿血液造成的损害。被告接受1987年法律施加的严格责任，但被告特别论称，血液无可避免地有被污染的风险，不应将受污染的血液视为"有缺陷的"。法院做出了有利于原告的判决。《消费者保护法》的颁布是为了实施欧盟《产品责任指令》（85/374），而该指令旨在加强对消费者的保护。法院判定，当缺陷产品给受害者带来损害时，如果法律解释方式未能让受害者得到赔偿，那么这种解释就有违法律。在当前的情况下，被感染的血液被恰当地认为是"非标准的"，因此，国家血液管理局没有抗辩理由。

但是，为了表明私法服务于公共卫生目标的根本能力，让我们对多诺霍诉史蒂文森案加以回顾，这可能是侵权法中最著名的案件。该案于1932年做出判决，它确立了当代与过失相关原则和规则的基础。该案涉及制造商如果对产品最终消费者承担注意义务的话，那么承担何种注意义务的问题。简言之，事实是多诺霍女士买了一瓶姜汁啤酒，啤酒瓶中有一只蜗牛腐烂的残骸。直到多诺霍喝了一些啤酒以后，才发现这一点，她也因此生病。多诺霍与购买姜汁啤酒的咖啡馆，与生产商史蒂文森都没有合同关系。由此产生的问题
83 是：她是否与史蒂文森有某种形式的法律关系，使她有权请求赔偿。

25 ［2001］3 All ER 289.

该案被提交到上议院，上议院认为，生产者和消费者之间足够接近，因此存在注意义务，应当做到合理注意，避免对消费者造成伤害。阿特金勋爵的言论被认为是此案中最有影响力的陈述。他试图通过对此前确立或否认注意义务的案件予以广泛概览，抽取出侵权法的一般原则。鉴于本书的目的，了解阿特金勋爵最初架构自己见解的方式，将会带来启发：

> 法官们，本案中唯一需要确定的问题是法律问题：如果原告在诉状中所做的断言属实，其是否已经揭示了诉讼理由？我无须重复那些具体的事实。问题是，在经销商、最终购买者或消费者无法通过检查发现任何缺陷的情况下，生产商向经销商出售饮料后，是否对最终购买者或者消费者负有任何法定义务，是否应做到合理注意，确保这瓶饮料不存在可能有损健康的缺陷。尊贵的法官，我认为在您的司法能力范围内，没有比这更重要的问题了：它之所以重要，不仅在于它影响了公共卫生，也因为它源于这一体系，又适用于这一体系，来对实践进行检验。[26]

阿特金勋爵继而阐述了他著名的“邻人原则”：

> 如果“要爱你的邻人”这一规则成为法律，那么你不可以伤害邻人；法律人的问题“谁是邻人？”收到了限定性的答复。如果可以预见某种作为或不作为很可能伤害你的邻人，你就必须做到合理注意，避免这样的作为或不作为。那么，谁在法律

26 Donoghue，前注 22，第 578—579 页。

> 上是我的邻人？答案似乎是——我的行为会如此密切和直接地影响那些人，我在考虑讨论到的作为或者不作为时，应当对他们将受到的影响加以合理考虑。[27]

如我们指出的，阿特金勋爵通过参照这一司法管辖区内的先例，推进了他的主张，以支持这一宽泛的注意义务。他还对在美国可资比较的法律境况加以反思。但我们不应认为他的立场不具有革命性。司法规制可用以支持公共卫生目的，阿特金的立场为此主张提供了安身立命的基础。如我们从本书第二章中所熟知的术语表述，可想而知，上议院原本可以在此案中采取更为放任自由主义的思路，来表明史蒂文森和多诺霍女士之间不够接近，甚至认为，无论如何，多诺霍应该接受的是，在自由市场上购买产品的消费者应承担该产品带来的伤害风险。然而，实际上我们在侵权法中形成的立场是（如上文表明的，这现在已经为制定法所取代）：

> 作为产品制造商，其销售产品的形式表明，他打算让最终消费者获得此形式的产品，在这个过程中不要再有什么可能的、合理的中间检视。并且知晓，在产品的制造或放置过程中，如
> 84 果缺乏合理注意，将导致对消费者生命或财产的损害，那么该产品制造商对消费者负有合理注意的义务。[28]

在该案中提及以上立场，认为这“符合合理常识”，而且“在非

27 同上注，第580页。

28 同上注，第599页。

法律人士中，任何人不会怀疑”此立场。[29]源自多诺霍诉史蒂文森案的法律发展迈向了现行的过失法：通过侵权法上的注意义务，在“私人”生活的诸多方面我们都应当遵守标准，以致力于确保我们能健康生活的条件。在多诺霍诉史蒂文森案之后的几十年里，支配过失的详尽规则已经浮现，规则的可适用性也得以改进。[30]简言之，当确立了一方当事人对另一方当事人的注意义务，且当事人违反了注意义务，如此违反义务的行为导致另一方受到可赔偿的损害，那么有可能支持过失侵权的主张。

尽管我们观察到，上议院对普通法的发展给公共卫生法提供了重要支撑，应该强调，为有效的过失索赔主张给出标准，会给健康和福祉的保护带来重要的法律阻碍。在此对面临的挑战加以提示，出现的问题涉及的事项范围，包括诸如确定注意义务的存在，[31]证实案件当事人是否具有充分的邻近性，[32]确定合理的可预见性，[33]证明因果关系，[34]以及确定应对哪些种类的损害加以赔偿。[35]在下一节中，我们将对一个更近期的案例加以考量，该案例在否则就要适用的关于因果关系的其他禁止性规则的情况下，还是捍卫了公共卫生目标。同时，该案还为司法能动主义在这一领域的适用提供了例证，诉讼当事人希望通过私法诉讼或威胁诉诸司法，来推进公共卫生任务，

29 同上注。

30 见 Giliker，前注 8，第二至六章。

31 *Anns v London Borough of Merton* [1978] 1 AC 728; *Caparo v Dickman* [1990] 2 AC 605.

32 Caparo，同上注。

33 *Bourhill v Young* [1943] AC 92.

34 见 Fairchild，前注 23 的讨论。

35 见 Giliker，前注 8，第十七章。

他们面对现实和理论的挑战，应在此背景下解读案例。简言之，私法可能为公共卫生提供助益，有启发意义的是观察它如何提供助益，但从学理上看，侵权法只能为公共卫生提供有限的助益，而且就真实世界而言，法律规则也只能施加有限的影响。

5.3.2 公共卫生和工作安全

费尔柴尔德案涉及在工作期间患间质瘤的工人们。从法律角度看，无人主张他们的雇主有义务防范与石棉暴露有关的风险。然而，间质瘤这种疾病与单一暴露于石棉粉尘中相关：此疾病不以持续暴露为基础，当然一个人暴露的时间越长，得病的可能性一定越高；同时，一旦疾病发生，也不会因持续暴露而使病情恶化。因此，在上议院受理费尔柴尔德案中原告的上诉之前，已证实原告面临一个至关重要的法律问题：[36] 雇员各自为多个雇主工作和服务，这些雇主未能履行自己应尽的义务；从而，无法以对盖然性的衡量为基础，
85 来判定每个有过错的雇主与每个雇员的损害之间的因果关系。因此，在费尔柴尔德案中，我们发现，过失法中因果关系的标准规则阻碍了侵权损害赔偿的获得。[37] 为了获得私法上的保护，根据普遍理解的法律原则，没有哪个原告能够针对某一雇主声称，如果不是他的不当行为，受害者就不会患这种疾病。

然而，上议院的法官认为，法律有时允许不适用关于因果关系

36 Fairchild，前注 23。

37 正如托尼 · 威尔在对上议院的裁决进行更广泛批判性分析时指出的那样，法院忽视了索赔人获得工业残废福利的权利：未能在侵权行为中获得赔偿不会让他们一无所获。见 Tony Weir, “Making It More Likely v Making It Happen” (2002) 61 *Cambridge Law Journal* 519。

的一般过失规则。他们认为，费尔柴尔德案就是这样的案子。按宾厄姆勋爵的说法，法院可以决定，“在诸如此类案件的特殊情况下，是否应该改变或放宽”关于因果关系的其他禁止性规则。[38] 法官们通过考虑原则、法定权力和政策等问题，来处理此问题。就原则而言，人们关注的是，法律规则不应导致不公平的结果，需要有公正的规则。就权力而言，有必要考虑该案件的判决方式是否符合英国法，在这一推理方式中，还需辅以对其他司法管辖区域中法律的考量。就政策而言，有两种相互竞争的考虑：一方面，让被告为其没有造成的损害承担责任，是不公正的；另一方面，原告因对方未履行义务而受到损害，却无法得到赔偿，这也是不公正的。尼科尔斯勋爵清楚地表明，可以改变阈值，但法院应当明确指出，这种“衡量的实践关乎价值判断”。[39] 在确定有可能改变一般规则之后，他主张：

> 只要不是非显著的，每个雇主不当地将雇员暴露于石棉粉尘中，使其面临患间质瘤的风险，应在法律上认为这构成了充分的因果关系水平。[40]

霍夫曼勋爵给出了类似的主张：

> 法官们，依我所见，就法律对此类案件的要求而言，上诉法院所适用的规则并非对违反义务与损害之间因果关系的正确

38 Fairchild，前注 23，[9]。

39 同上注，[40]。

40 同上注，[42]。

> 陈述。我认为，无论从原则还是权力的角度，都有充分理由认为，未履行义务实质上增加了原告患病的风险。[41]

从公共卫生法的角度评价费尔柴尔德案判决时，重要的是谨记，该判决不只是为患有间质瘤的受害者提供赔偿。正如霍夫曼勋爵表明的，一系列因素都在发挥作用：本案的特别意义在于，它表明可将侵权法作为公共卫生法武器库中的重要组成部分：

> 当前案件有哪些显著的特征？第一，我们处理的是一项特别
> 的义务，旨在保护雇员免于因不必要暴露而患某种特定疾病的风
> 86 险，而非抵御其他风险。第二，这项义务旨在创设与违反义务有
> 关的民事损害赔偿请求权。第三，已经确定，接触石棉越多，患
> 这种疾病的风险就越高。第四，除了只有一次严重暴露于石棉的
> 情况外，医学无法证明谁的石棉更有可能引发导致这种疾病的细
> 胞突变。第五，雇员已患有他本应得到预防的疾病。[42]

而且，在这种情况下，霍夫曼勋爵认为，“规则要求证明被告的石棉与原告的疾病之间存在因果关系，就某个雇主的案件而言，又可以恣意地确定例外适用，这将架空该义务的内容”。[43]

自费尔柴尔德案以来，议会颁布了《2006 年赔偿法》，就石棉暴露而言，当无法确定哪种特定的侵权性暴露确实导致此疾病时，

---

41 同上注，[47]。

42 同上注，[61]。

43 同上注，[62]。

该法第 3 条规定了对因石棉暴露导致间质瘤的直接赔偿，而这也仅限于间质瘤。正如我们在本节和上一节中强调的，不应因此处的讨论就认为，可以直接通过私法义务来实现公共卫生目标。然而，如费尔柴尔德案这样的案例及后续的议会活动，确实表明了通过侵权法解决公共卫生问题的意愿和能力。在公共卫生法研究的语境下，对于公共卫生策略的分析与实务而言，这都有着值得思考的意涵。

5.4　作为家庭法的私法，以及法律在我们家庭和私人生活中的地位

除了作为民事义务的私法概念之外，我们还需针对法律和隐私这样一个在概念和实务上独具特色的领域，展开进一步勾勒：这是支配我们家庭和私人生活的法律。这些法律是一种相当独立的“私法”类型，往往倾向于归在“家庭法”的主题下，[44] 但也会延伸到对个人自由权利的保护，包括让我们在家庭环境之外自行选择生活方式。例如，这一广泛的私法概念包括保护宗教自由的基础和限制，在尊崇这些自由可能损害部分权利持有者的健康和福利时，或者个人基于个人偏好等并不深刻的理由，主张有从事不健康活动的权利时，对此需做必要的限制。当然，在我们的家庭和个人生活中，将不受干预的自由赋予重要价值：国家对我们私人和家庭生活所做的过度干预，将违反自由民主的基本原则。然而，事实上，法律也必须以各种方式延伸到家庭中。我们将在本节和本章第 5.5 节中解释并举例说明，公共卫生活动如何推进或限制了做出个人决定的自由

44　Jonathan Herring, *Family Law* (7th edn., Harlow: Pearson 2015).

（无论是个人做决定还是在家庭生活情境下），其范围和限度为何。在本章的这一部分中，我们将对法律、隐私和公共卫生之间的联系给出更为一般性的概览。

首先要强调的重要一点是，法律对成人和儿童个人的决定加以
87 区别。如重新审视医疗服务选择的示例，成人决定受演进中的普通法规则和《2005 年心智能力法》的支配。这些规则至少在原则上，为同意权、治疗措施选择权或拒绝治疗的权利提供了强有力的保护，[45] 哪怕拒绝治疗可能导致严重的伤害或死亡。[46] 在经典的医事法案例中，这些规则意味着，即便没有其他替代的拯救生命途径，身为患者的成年耶和华见证人信徒仍可拒绝接受用于拯救生命的输血。这项权利的行使并不考虑相应的隐喻，这不仅涉及患者自身的健康和福祉，还涉及后续决定的影响，例如，将使患者的孩子失去母亲。[47]

相较而言，关于针对儿童的决定或由儿童做出的决定，调整这一领域的重要立法是《1989 年儿童法》，[48] 但需在更为宽泛的普通法发展背景下对此加以重新理解。虽然在普通法上，可能认为儿童作为“成熟的未成年人”，具有必要的能力就自己的健康与福利做出决

---

45 见 John Coggon, “Varied and Principled Understandings of Autonomy in English Law: Justifiable Inconsistency or Blinkered Moralism?” (2007) 15 *Health Care Analysis* 235。

46 见 Mental Capacity Act 2005, s. 1(4); In *Re T* (*Adult: Refusal of Treatment*) [1993] Fam 95; In *Re MB* (*Medical treatment*) [1997] 2 FLR 426. cf *R* (*Nicklinson*) *v Ministry of Justice*; *R* (*AM*) *v Director of Public Prosecutions* [2014] UKSC 38。

47 关于这些问题的批判性讨论，见 Brazier，前注 19。

48 Family Law Reform Act 1969，第 8 条，并指出，《2005 年心智能力法》适用于 16 岁、17 岁的人（有限定不适用于成年人）；更为具体地可见 Department for Constitutional Affairs, *Mental Capacity Act Code of Practice* (London: HMSO 2007)，第十二章。

定，[49] 但国家通过立法，对将被尊重的此类决定施加了很多限定。继续以医疗保健为例，一个成年的耶和华见证人信徒可能拒绝接受用于救命的输血，但如果一名十几岁的儿童在其父母的全力支持下拒绝输血，那么，法院判决会以所认定儿童的最佳利益为重，而推翻儿童基于宗教做出的决定。[50] 换言之，法律允许对儿童的个人价值观念予以相对来说较少的尊重，并允许对其施以源自外部的价值观，法官可能认为这是"客观的"价值。

在接下来的章节中，我们会将此讨论与疫苗接种政策的案例研究相关联，疫苗接种也是一个与公共卫生相关的重要领域。但作为一部关于公共卫生与法的著作，重要的是，在一般意义上强调，关于儿童（虽然有父母的观点）与成人分别做出的个人决定，法律应对这两者加以区别。从前两段中得出的区别也反映出，公众可接受的正当化根据各有不同：在同样情况下，政府和公共卫生从业人员更容易证明，对儿童个体做出的有害决定加以干预，具有正当性；要想推翻成年人做出的类似决定，则较为困难。[51] 例如，完全禁止向未成年人出售香烟 [52] 和酒精 [53]，相对来说争议较少，以上就是原因所在，但至少在撰写本书时，还无法想象能对成年人做这样的限

---

49 *Gillick v West Norfolk and Wisbech AHA*［1986］AC 112.

50 见 *Re E* (*A minor*) (*Wardship: Medical treatment*)［1993］1 FLR 386. See also Margaret Brazier and Caroline Bridge, "Coercion or Caring: Analyzing Adolescent Autonomy" (1996) 16 *Legal Studies* 84。

51 见本书第二章，并考虑 Nuffield Council on Bioethics, *Public Health: Ethical Issues* (London: Nuffield 2007)。

52 根据《2006 年健康法》第 13 条，国务大臣有裁量权，去改变购买香烟的合法年龄，但该年龄不得低于 16 岁或超过 18 岁。目前这个年龄为 18 岁。见经修正的 1933 年《儿童和青少年法案》第 7 条。

53 Licensing Act 2003, s.146.

制。[54] 这一原则与公共卫生活动的很多潜在领域都相关。我们能认识到无须顾及儿童及其父母决定的可能范围，例如，儿童饮食领域
88 即是如此。[55] 进而言之，明显聚焦儿童的政策历经拓展，可对公共卫生产生更为广泛、积极的影响。例如，有政策限制在学校的一定范围内销售快餐，这实际上给儿童和成人都带来普遍的公共卫生收益，但因其正当化根据着重围绕儿童展开，该政策不会被视为“保姆式国家下父爱主义”的例证。[56] 因此，在公共卫生法的情境下，重要的是，考虑政策的主题针对儿童还是成年人，并考虑就尊重或推翻个人选择的合法性与否而言，后续会有怎样的变化。显而易见的是，这种区别可能延伸适用于其他潜在的易受伤害的群体，或适用于社会上处于不利地位的群体。

家庭法涵盖的问题不限于医疗保健和儿童福利，还包括诸如离婚、结婚之类的事务。但上文表明，家庭法的核心关切与本书

---

54 这并不意味着没有逐步消除吸烟，见下文第 5.5.1 节关于“烟草终局”（end game）的讨论。

55 为了分析儿童肥胖和父母的责任缺失，见 Russell Viner, Edna Roche, Sabine Maguire, and Dasha Nicholls, “Childhood Protection and Obesity: Framework for Practice” (2010) 341 *British Medical Journal* c3074。从澳大利亚的角度，见 Shirley Alexander, Louise Baur, Roger Magnusson, and Bernadette Tobin, “When Does Severe Childhood Obesity Become a Child Protection Issue?” (2009) 190 *Medical Journal of Australia* 136。

56 见 London Food Board and Chartered Institute of Environmental Health, *Takeaways Toolkit* (London: London Food Board 2012), 其中建议地方当局抵制在学校、以青年为中心的设施和公园边界 400 米范围内规划快餐店的申请；在伦敦卫生委员会报告《为了伦敦更好的健康》（*Better Health for London*）中也提出了这一政策（London: London Health Commission 2014）。参见 Public Health England, *Obesity and the Environment: Regulating the Growth of Fast Food Outlets* (London: Public Health England 2014)。

目标相关。在当下的讨论中，我们不仅要探讨关于儿童和家庭的法律，还要在更宽泛意义上对个体化的个人决定加以考虑。在检视对个人决定的法律保护时，考虑法律如何为个人决定附上更少或更多价值是有帮助的。除了考虑决定人的状态（例如询问她是成年人还是儿童），做出这样的决定还受到两个方面的重要影响。首先法律关注**场所**（place）。相较于我们可以公开做的事，我们在家里私下做的事情明显受到独特的保护。其次，支配我们个人选择的法律会对具有**特定性**、**自治性决定的价值**加以检视。相较于被认为涉及琐碎事务的决定而言，我们选择从事作为人而言具有根本性的或不可或缺的活动，其自由会受到更多的法律保护。下文中关于被收容精神病患者选择吸烟的案例研究，可构成这些观点的例证，但我们在此处将简要勾勒概念上的区别。

第一，将在家中做出可能影响其他家人健康决定的权利，与在公开场合做出这种决定的权利相比较。[57] 法律中确立的区别是，相对于公共场所控烟而言，将人们决定吸烟的权利限制在自己的私人住宅。[58] 究竟什么构成"公共场所"，作为适于构成规制对象的场所，"公共场所"这个概念也在不断演进。因此，已经证实，当小汽车内载有未成年人时，限制成年人在车内吸烟的权利，这在政治上可能具有正当性。[59] 尽管就此发展的可接受性仍存在不同意见，但

57 见 *R* (*Countryside Alliance*) *v AG*［2007］UKHL 52 案中的推理（与公共卫生问题无关）。

58 见《2006 年健康法》和下文第 5.5 节的进一步讨论。

59 Health Act 2006, s.5 (as amended); Smoke-Free (Exemptions and Vehicles) Regulations 2007, SI 2007/765, regulation 11(1A). 还可见 Children and Families Act 2014, s. 95；The Smoke-Free (Private Vehicles) Regulations 2015, SI 2015/286。

相对于当家里有儿童在场时，限制吸烟者在家吸烟而言，这更容易在政治上得到辩护。

第二，将琐碎事务和更深层次上对个人选择的保护相比较。英国法将消极意义上对个人选择的尊重和对特定积极选择的保护相区别，前者只是意味着，法律保护人们“不受干涉”，后者即积极做出特定类别选择的法定权利。就前者而言，法律长期秉承的原则是，
89 在不检视成年人决定明智与否的情况下，如果没有某种强有力的正当化根据（例如，保护他人免受侵害），就不应当违背他们的意愿，来干涉他们的决定。[60] 这既未表明法律认可他们自己做出了明智的选择，也未暗示，法律就认为所选中的事务本身有什么特别的重要意义。相较而言，涉及对积极选择予以更有力的法律保障时，法律将关注什么构成某一决定的基础，例如，此决定是否构成个人身份不可或缺的一部分。如果认为选择的对象具有特别的价值，则会对其予以更有力的保护，因此，如果一项活动被禁止，而诉讼当事人宣称他有开展此项活动的权利时，那么，应关注该活动实际上有怎样的价值（详见本书第 5.5.1 部分的论述）。

在“私密性”方面，存在空间隐私和决策隐私两种不同的理解方式，这两者之间的相互作用会影响法律对个人决定的回应。在同等情况下，如果一个决定是私下做出的，那么当事人在请求法律保护时，法律上不会要求他对选择本身的重要性做太多说明。如果一个决定是公开做出的，那么此决定更适于成为被干预的对象，干预程度如何，要部分取决于该决定本身的重要性。我们可

---

60 John Stuart Mill, *On Liberty* (Edward Alexander (ed), first published 1859, Peterborough, Ontario: Broadview 1999).

以援引道路安全相关法律中体现的公共卫生措施，作为这项原则的例证。《1988 年道路交通法》第 16 条第 1 款授权环境、运输和地区事务大臣制定《1998 年摩托车（防护头盔）条例》。[61] 该条例第 4 条规定，“在道路上驾驶或乘坐摩托车（除三轮摩托外）的人，应当戴防护头盔”。因此，即使是一个粗暴的自由论者、反父爱主义的骑行者，也无法提出足够有力的理由，来规避骑车时戴头盔的义务：此时，与强制佩戴头盔所服务的公共利益相比，个人选择微不足道。然而，《1988 年道路交通法》第 16 条第 2 款规定：“当锡克教信徒佩戴头巾时，不适用依据本条制定条例中设定的要求。”由此，法律认可了一种特定类别的原因，认为这比强调道路安全的公共卫生目标还重要。就此示例而言，我们可以认为，这表明基于特定的原因，可以认为积极选择权利比公共卫生更重要，但一般而言，在为了公共利益而展开的健康保障立法中，还是支持了对个人选择的尊重。[62]

作为法律学理问题，在《欧洲人权公约》第 8 条中，也可以为这些原则要点找到至为重要的框架。如本书第七章所述，根据《1998 年人权法》的规定，《欧洲人权公约》的权利可针对公共机构实施，也拘束公共机构，法院在对我们人权的实体内容进行判定时，也受《欧洲人权公约》拘束。《欧洲人权公约》第 8 条对尊重私人和家庭生活的权利加以限定。在此以法律术语充分再现了要举例说明的问题，即在保护个人权利与捍卫个人和集体利益之间，存在怎样的紧张关系：

61 SI 1998/1807.

62 Coggon，前注 3，第二章。

第 8 条：尊重私人和家庭生活的权利

1. 每个人都享有使自己的私人和家庭生活、住宅和通信获得尊重的权利。

90 2. 公共机构不得干涉这项权利的行使，但是依据法律规定的干预，以及基于民主社会中，为了国家安全、公共安全或国家经济福祉方面的利益，为了防止混乱或犯罪，为了保护健康或道德，或为了保护他人的权利和自由，而有必要进行干预的，不受此限。

总体而言，在考虑有关家居、家庭、私人生活的法律状况，以及它与公共卫生活动有着怎样的关联性时，公共卫生法研究者需要考虑，本节所评介的法律如何对个人决策施加限制，以推进公共卫生目标的实现；鉴于公众的个人自由和自治权利，又应对公共卫生主体施加怎样的限制，以改善人群健康。可以证实，有关个人、家庭和家事决策的法律，在整体上为公共卫生活动和责任提供了广泛的法律基础。保护私人生活的法律，既保障我们的福利和健康权利，又提供卫护，防止国家不正当地侵入私人领域。

本章的下一部分将为这些要点给出例证，并就此加以拓展。我们聚焦于公共卫生活动的两个主要领域：控烟立法和疫苗接种政策。这些案例研究令我们理解，在更为一般意义上，公共卫生议程如何与法律以及私人决策相联系。

5.5 个案 3 与个案 4：家庭和私人生活中的公共卫生

在本章第 5.1 节中，我们回顾了戈斯汀基于国家的三项公共卫生责任：卫生保健体系、公共卫生基础设施及健康的社会决定因素。

本章的这一部分将对支配家庭、家事和私人生活的私法予以介绍，并将其作为讨论的基础。我们首先要审视，当以公共卫生措施对家庭中（明显）个体化的决定加以干预时，如何产生法律上的紧张关系。这样我们能展示家庭本身的法律框架，并从司法的角度分析某个决定是否足够重要，以至于达到了需要法律保护的程度。我们继而审视，在儿童和家庭的健康相关决定与公共卫生措施之间，存在怎样的紧张关系。此处我们将审视，就深植的价值观、如何满足儿童最大利益的职业视角及授予参与公共卫生实务的法定权力而言，法律如何处理这三者之间的紧张关系。最后，我们就公共卫生规制在私人领域的作用和局限性，给出了简短的结论。

5.5.1 家庭中的私人权利：公共卫生和个人选择

历史上，在法律、道德和政治的框架中，吸烟被视为典型的私人选择。尽管在理查德·多尔著名的研究中，已明确了烟草的危害，[63] 但仍认为吸烟行为是利己主义的活动，因此成年人可以就吸烟做出自由选择。[64] 最近，随着“去正常化”[*] 计划的推进，这一范式受到了挑战：在公共卫生层面，反烟草倡议现在的目标是“烟草终 91
局”（end game）。[65] 就其要义而言，考察更为晚近的历史，我们可以规划出一种渐进的、多重维度的治理进路，通过结合诸多硬性的

---

63 Richard Doll and A. Bradford Hill, “The Mortality of Doctors in Relation to Their Smoking Habits” (1954) 1 (4877) *British Medical Journal* 1451.

64 Robert Goodin, “The Ethics of Smoking” (1989) 99 *Ethics* 574.

* 去正常化策略主要是通过广泛的二手烟危害宣传活动，立法限制在公共场所吸烟，将吸烟塑造为非正常的社会行为。

65 Ruth Malone, Patricia McDaniel and Elizabeth Smith, “It Is Time to Plan the Tobacco Endgame” (2014) 348 *British Medical Journal* g1453.

法律手段和较软的规制措施、社会措施，旨在将这个原本私人性的控烟问题转变为日趋公共性的问题。[66]（关于更软的措施，还可参见本书第九章。）因此，“吸烟权利”是否受法律保护？何时受法律保护？在本章中检视这些问题，可谓最适当不过：实质上，我们可能会询问，在长期将吸烟视为个人选择，而不曾顾及吸烟对健康的负面影响的情况下，在法律体系中，通过限制烟草使用促进公共卫生，究竟“付出”了多少？

在英国管辖区域内，就烟草使用而言，最为实质性的法律变化体现于《2006 年卫生法》中。该法第 2 条规定，禁止在封闭和实质上封闭的公共场所和工作场所吸烟。与历史的框架相一致，至少就公开的表述而言，控烟的合法性很大程度上更多依赖对他人的伤害程度，而非依赖父爱主义式的正当化根据，如“吸烟对你有害，所以我们将让你很难吸烟”。这部法律的出发点在于保护第三方免受“二手烟”危害。在此意义上，法律明确干预了成年人消费香烟这种合法产品的自由，同时，作为对此种干预的支持，也引证了与政治自由主义相关联的正当化根据。[67]

鉴于围绕《卫生法》展开的自由主义关切，该立法的起草反映了这样的认识，即在某些情况下，禁令会对个人决定施加过多干预。因此，该法还允许对于一般性的禁止，在特定情况下可以豁免适用。该法第 3 条创设了制定条例的权力，“条例可以规定在特定类型的场

---

66 John Coggon, “Morality and Strategy in Politicising Tobacco Use: Criminal Law, Public Health, and Philosophy” in A.M. Viens, John Coggon and Anthony Kessel (eds), *Criminal Law, Philosophy and Public Health Practice* (Cambridge: Cambridge University Press 2013) 79–101.

67 Mill，前注 60。

所，或特定类型场所的特定区域内，不受（该法）第 2 条的约束，无须禁止吸烟”。

卫生大臣根据《卫生法》第 3 条授予的权力，制定了《2007 年无烟（豁免及车辆）条例》。[68] 根据《卫生法》第 3 条隐含的精神，条例规定，可以对“任何人居住的家庭场所，其长期或暂时生活的场所（包括旅馆、养老院、监狱以及某人可能被扣押的其他地方）”，来豁免适用禁烟的规定，这些豁免的场所包括条例第 3 条规定的，私人住宅的私人非公共区域；包括条例第 5 条规定的其他居所，如养老院、临终安养院和监狱；包括条例第 8 条规定的海上设施。因此，我们看到，条例致力于允许人们在自己居住的地方吸烟，哪怕这些地方可能是公共场所，或是他人的工作场所，如监狱。[69]

条例第 10 条规定了对精神病院的豁免。该生效条例允许，“当 18 岁或 18 岁以上的患者被收治于精神卫生病房时，安置他的指定房间无须是无烟环境”。然而，拟定此规定时，即规定该规定自 2008 年 7 月 1 日起失效，[70] 因此，要重新让精神病院豁免适用控烟规定，就需要卫生大臣修订条例。出乎意料的是，在原规定失效之后，并没有再对此规定豁免适用。因此，自 2008 年 7 月起，《卫生法》的控烟禁令就开始适用于精神卫生病房。这一结果带来 92
了我们将用于本章例证的诉讼：阻止住院精神病患者在医院吸烟，是否合法？可以从不同角度来审视相应的法律立场。在此我们聚焦以下两个方面。

---

68 见前注 59。

69 见 *Secretary of State for Justice v Paul Black*［2016］EWCA Civ 125。

70 见 Regulation 10(3)。

首先，我们可以将精神病院内的禁烟，视为渐进式反烟草战略的积极推进：作为公共卫生议程中的“下一步”计划，这将有助于公益，并最终导致彻底根除烟草的使用。[71] 此外，公共卫生的倡导者也会指出这样的事实，相较于未被诊断为精神失常的人群中吸烟者与不吸烟者的比例而言，精神疾病患者中的吸烟者所占比例过高。在强调这一区别时，他们会论称，法律恰当地让社会地位低下的群体遭受健康不平等的待遇。[72] 因此，我们的立场是，鉴于要实现的公共卫生目标，干预精神病患者的吸烟自由，甚至干预其住所内的吸烟自由，有着正当化根据。

或者，我们可以将此种禁止视为一种惩罚性的、偏狭的、不公平的歧视性措施，它针对的精神病患者是已处于弱势地位的人群，并在他们居住的场所，进一步限制他们已经受到严重限制的自由。这样的论证思路并非让我们否认吸烟带来的身体伤害。它只是主张，对成年精神病患者而言，就如同对其他成年人一样，吸烟是一种个人选择，因此也应受到保护，他们在自己的住处吸烟时则尤其如此。不对精神病患者豁免控烟要求，意味着将其视为幼稚的孩童，有失公平地把他们看作一个应该加以区别对待、违反意志的群体。[73]

如以伦理角度表达（详见本书第二章），此处支持禁烟的论说基于改善人群健康结果的功利主义主张，并辅以植根于优先主义的社

71 见 Malone et al，前注 65。

72 参较 Deborah Arnott and Simon Wessely, “Should Psychiatric Hospitals Completely Ban Smoking?—Yes” (2015) 351 *British Medical Journal* h5654。

73 参较 Michael Fitzpatrick, “Should Psychiatric Hospitals Completely Ban Smoking?—No” (2015) 351 *British Medical Journal* h5654。

会正义理论主张。国家获授权在精神病院推进禁止吸烟的法律：首先，因为国家应在公共卫生的保护和促进中发挥作用；其次，它有义务关注那些若非如此就会被忽视的弱势群体的利益或权利。相反，就反对禁止吸烟的论说而言，其可能基于经由自由主义关切展开的成年人选择权，认为即便在可以确证公共收益的情况下，也不应干涉个人的决定，哪怕这是有害的决定。当涉及对住所内所做决定的干预时，则尤其如此。

鉴于这样的法律背景，以及在禁令涉及精神病院时，禁令的支持者和反对者分别选择了怎样的伦理-政治论说框架，让我们更深入地考虑，当隐私法与反烟草公共卫生议程相关时，其如何实际发挥作用。《卫生法》可能会受到某些自由论者的批评，[74] 但**议会主权**原则意味着，法律本身的有效性不可能受到直接的法律挑战。然而，根据《1998 年人权法》第 6 条的规定（详见本书第七章），有可能质疑公共当局在制定**次级立法**时决定的合法性，次级立法即根据授权创设的诸如条例等手段。所以，我们在此探讨的问题是，国务大 93
臣是否未能提供豁免，因此将禁止吸烟扩展适用于精神病院，这表现为一项不可接受的公共卫生政策，应对此政策加以限制，以保护个人做出自我决定的权利。在 R（G）诉诺丁汉健康护理国民医疗服务信托案中，条例和这家国民医疗服务信托机构独立拟定的禁止吸烟政策，都受到了兰普顿安全精神病院中患者的质疑。由于兰普顿安全精神病院是一个工作场所，且患者无法出去，因此患者在病院吸烟会构成违法，这意味着，在病院里根本不允许患者吸烟。患

74 见迈克尔·菲茨帕特里克对二手烟危害的批评，Michael Fitzpatrick, *The Tyranny of Health—Doctors and the Regulation of Lifestyle* (Abingdon: Routledge 2001)。

者首先向高等法院的分属法庭提起诉讼，法院判决患者败诉，[75]患者继而向上诉法院起诉。[76]

兰普顿病院中的精神病患者平均每位要在这里住八年之久，兰普顿安全精神病院的吸烟者主要围绕他们的自主权展开论争，即吸烟是每个患者重要的、应受法律保护的个人选择，而且不应干预他们居家行使的权利。他们的主张基于《欧洲人权公约》第8条的规定，我们在本书第5.4节中已看到，该条规定，对私人和家庭生活、住所和通信权利予以尊重。此外，基于《欧洲人权公约》第14条提出的主张，也构成了对患者提起法律质疑的补充。这要求群体的成员在享有《欧洲人权公约》规定的权利时，不得遭到不适当的歧视。吸烟者论称，作为可资比较的群体，条例允许囚犯吸烟，却不允许被限制自由的精神病患者群体吸烟，这是不公平的。

上诉法院以二比一的多数表决维持了一审判决。基恩勋爵撰写了判决的不同意见书，[77]他解释说，他应该会允许对卫生大臣提起上诉。他说理的有趣之处包括，他声明自己不吸烟，他立论的基础是，父爱主义的理由不足以证明禁令的正当性：二手烟会对他人造成伤害，这是不对精神病院豁免吸烟禁令的唯一合法基础。同时，考虑到实际上有可能做出安全的安排以使兰普顿精神病院内患者能够吸烟，基恩勋爵判定，此禁令是不合比例的。根据他的推理，依据《欧洲人权公约》第8条，将个人的自主和隐私置

75 [2008] EWHC 1096 (Admin).

76 [2009] EWCA Civ 795.

77 同上注，[92]—[112]。

于重要、首要的地位，这也延伸至选择吸烟的权利。这位法官注意到，有些人如何将吸烟视为一项重要、极其有价值的活动。鉴于可能为吸烟权利赋予重要意义，基恩勋爵断定，吸烟权利应落在《欧洲人权公约》第 8 条下保护的权利范围之内。作为对以上结论的强调，他认为应认同有关歧视的论说，即根据《欧洲人权公约》第 14 条的判定，被收治的精神病患者是有可能遭到歧视的群体。

在案卷主事官克拉克勋爵和摩西勋爵共同做出的判决中，多数意见将患者自主权利问题与兰普顿精神病院是否为患者居所的问题作为一个问题来加以讨论：

> 我们并不认为……只考虑以下某一方面，如吸烟是否构成个人身份不可或缺的一项活动，或者是社会互动的一个方面，或是否可将兰普顿精神病院视为第 8 条意义上的患者居所，便可回答或应能回答第 8 条调整范围的问题。更确切地说，只有考虑所有这些因素，才能得出结论。[78] 94

在处理这个问题的不同部分时，法官们认为，尽管患者居住在兰普顿精神病院，但这是一个**公共**机构。因此，鉴于这类住所私密性较低，对此类居所中个人决定的保护程度也较低。法官们指出：

> 患者不能自由选择自己的饮食。这不仅因为限制具有正当化

78 ［2009］EWCA Civ 795,［37］。

根据，更根本的原因在于他饮食时所处机构的性质。即便一个人在自己的家里可以随心所欲（然而在法律上一定并非如此），但如果他被精神病医院收治，他就无法预期有这样的自由。[79]

就评估吸烟选择的过程而言，法官们指出，“任何结论，如果其有赖于法院对某一特定活动的重要性评判，那么都有可能引发实质性争论”。[80] 然而，他们接下来指出，“上诉人越不看重其从事活动场所的性质，就越倚重该活动与其个人身份、身心健康的密切联系”。[81] 法官承认，在判决过程中法官之间存在争议，而判决主张吸烟不具有足够的重要意义，它并非受《欧洲人权公约》第 8 条保护的活动。[82]

尽管这种推理足以使得不对其提起上诉，但发人深省的是，要特别关注司法判决中的附随意见，如果《欧洲人权公约》第 8 条与之有关的话，附随意见讨论了依据《欧洲人权公约》第 8 条第 2 款规定制定条例的正当化根据。如果有必要考虑正当化根据，法官们很清楚，禁令的总体目标符合法律。而且，涉及具体案件，所关注的上诉人是被收治的**精神病**患者：这就施加了保护这些患者健康的特别义务，这并非源自医疗保健语境之外。法官们还指出，公约第 8 条第 2 款允许为“保护健康”而对自主决定加以干预，他们认为，这隐含着接受父爱主义式的干预，毕竟该条款说的是“健康”，而非“**他人的**健康”。进而，法官们还考虑了禁令的其他可能理由，例如，

---

79 [2009] EWCA Civ 795, [44]。

80 同上注，[45]。

81 同上注，[49]。

82 同上注。

将吸烟视为自我伤害的想法、条例的民主合法性，以及相较于监狱而言，在医院禁烟的可行性等。

总之，兰普顿吸烟者案让我们看到，《欧洲人权公约》中的权利及对权利的限定如何为公共卫生议程提供了助益而非限制（详见本书第七章）。然而，此处也揭示了负载价值的决策会有怎样的争议，这或许会使我们质疑法官做出这类决定的适当性。当然，法官的角色要求他们必须做出决定。但这必然是有着印象主义色彩的过程。要理解公约第 8 条的适用范围和疆域，需要检视法律原则，并对价值进行归因分析和权衡，而非依赖明确的规则或显然可适用的先例。批评者可能会质问，针对就事务内涵有如此争议的问题，让法院来判断健康和隐私的实体内容和相对价值，能在多大程度上令人满意。不过，在兰普顿吸烟者案示例中，将隐私法解释为对公共卫生议程的保护。但通过审视上诉法院三位法官的说理，我们可以设想，至少作为由法律来决断的事务，在其他案件判决中也容易得出这一结果。

5.5.2 家庭生活中的权利：人群健康和个人选择

疫苗接种是公共卫生实践的重要胜利之一。从爱德华·詹纳在 95
预防天花方面取得的卓著成就开始，到当代彻底根除脊髓灰质炎的努力，疫苗通过保护接种者免受伤害，来达到保障个人健康的目的；并通过实现**群体免疫**，来抵御疾病威胁，达到助益人群健康的目的。作为预防措施，疫苗能先期阻止疾病的发生，这呈现出明显的公共卫生优势：我们有能力在一开始就阻止疾病的发生，而非罹患疾病后再试图去应对疾病。从人群角度来看，疫苗接种计划看来微不足道，却很有意义。

疫苗接种计划引发了相当多的关注和争议（又见第三章）。[83] 这些关注和争议被归于不同的主题项下。我们需要特别注意以下三点：首先，回顾我们在第一章讨论的，杰弗里·罗斯提及的“预防悖论”。[84] 在可能达到群体免疫的情况下，即人群整体可能得到保护时，对于参与其中的任何个人而言，受益并不大。如果你生活在一个这样的社会中，因为你的公民同胞获得了免疫，导致疾病被根除，那么，虽然你通过接种疫苗对群体免疫做出了贡献，但是你通过参与接种所获的个人收益甚微。其次，有时，作为人群悖论的一部分，不仅获得个人收益的可能性很小，还可能有个人伤害。例如，我们可能知道，如果有足够多的人参与疫苗接种计划，将会根除某种特定疾病。但我们可能也知道，每个人都有千分之一的概率因接种疫苗而遭受严重伤害。从人群角度看，我们可能会说，这种风险显然是值得承担的：接种带来的伤害要低于因未接种疫苗引发的伤害。但是，个人不愿为了一般利益而非个人利益，将自己置于面临风险的境地。最后，如此前已指出的，我们生活在这样的政治体制之下，它承认观点和价值的多样性，并对此予以尊重。出于诸多原因，人们可以基于原则化的理由，决定不想参加疫苗接种计划。例

---

83 Angus Dawson, “Vaccination Ethics” in Angus Dawson (ed), *Public Health Ethics—Key Concepts and Issues in Policy and Practice* (Cambridge: Cambridge University Press 2011) 143–153. 关于本节讨论的疫苗哲学和伦理问题，又见 Tom Sorell, “Parental Choice and Expert Knowledge in the Debate about MMR and Autism” in Angus Dawson and Marcel Verweij (eds), *Ethics, Prevention, and Public Health* (Oxford: Oxford University Press 2007) 95–110；Stephen John, “Expert Testimony and Epistemological Free-Riding: The MMR Controversy” (2011) 61 *The Philosophical Quarterly* 496。

84 Geoffrey Rose, “Sick Individuals and Sick Populations” (1985) 14 *International Journal of Epidemiology* 32.

如，他们的决定可能是基于对这些问题的科学理解：如果围绕疫苗的收益和伤害存在相互矛盾的专家意见，为什么可以预期人们会参与这个计划？或者，即使构成疫苗基础的科学是可接受的，人们也可能提出其他原则性的反对意见：例如，一个人可能因疫苗生产侵犯了“动物权利”，而反对使用该疫苗。

因此，作为一个公共卫生伦理问题，我们发现，一种见解认为，以充分证据为支撑的疫苗接种计划是普遍的善，应将其作为政策事务来实行；另一种见解认为，如将各种争议汇总起来，这意味着疫苗接种框架的参与构成一项个人选择事务，这两者之间存在着紧张关系。与其他某些管辖区域的法律不同，在英国公共卫生法中，[85] 没 96
有为参与疫苗接种计划设定法定义务。仅存在政策而远非“硬法”，来鼓励参与疫苗接种（关于更软规制模式的进一步讨论，参见本书第九章），但立法并未通过施加法律义务层面的权重，来强迫人们接种疫苗、抵御疾病，以有助于个人和人群的健康（参见本书第三章）。更确切地说，这只是由未成年人父母或个人来选择的事务。

考虑到个人决策如何可能受到保护或不受保护，并注意到儿童和成年人在公共卫生法中的不同地位，我们在此考虑的第二个案例研究，是涉及可否让儿童强制接种麻疹、腮腺炎和风疹疫苗（下称麻风腮疫苗）的司法判决。这种联合疫苗旨在提供对三种疾病的个体免疫，而且在足够多儿童接种疫苗后，会带来人群层面的收益，这引发了相当多的争议。安德鲁·韦克菲尔德的研究将麻风腮疫苗

85 Daniel Salmon, Stephen Teret, Raina MacIntyre, David Salisbury, Margaret Burgess, and Neal Halsey, “Compulsory Vaccination and Conscientious or Philosophical Exemptions: Past, Present, and Future” (2006) 367 (9508) *The Lancet* 436.

与自闭症相联系，虽然此研究不可信，后来也被正式撤稿，但当时此研究曝光程度很高，导致很多家长认为，即使后续可能容易感染麻疹、腮腺炎和风疹，他们也不应将孩子暴露于如此严重损害的风险之下。

在官方建议中，麻风腮疫苗是安全的。[86] 但由于韦克菲尔德事件之后持续存在的潜在的不信任，仍有人对自己的孩子应接种麻风腮疫苗的建议抱有怀疑。作为一项一般政策，在政治层面，它不可能实际构建强制接种麻风腮疫苗的制度；在议会可能采取行动之前，在法律上也不能如此行事。然而，围绕韦克菲尔德研究的争议已导致发病率增加。[87] 如上所述，儿童的决定受《1989 年儿童法》支配。该法第 1 条规定，在针对儿童做出决定时，儿童福利是“法院最主要的考虑”。在英国法中，对于什么能最好地满足个人利益，存在多元的不同见解，对这些见解都要予以相当程度的尊重。而普遍的理解是，父母会理解并最好地满足子女的利益。然而，即使这名儿童是“成熟的未成年人”，而且她的见解与法院相反，并得到父母支持，法院判决有时也仍会以最好满足儿童利益为依归。此处我们看到的具体法律问题是，法院是否会强制儿童在非自愿的情况下接种麻风腮疫苗。

重要的是要强调，就任何特定的家庭法案件而言，因为涉及特定儿童的最佳利益，有必要根据案件本身的是非曲直做出判决。因此，作为法律建议，我们不能主张，“让孩子种麻风腮疫苗，**始终**符合……”或“**绝非**孩子的最佳利益”。但一系列为数不多的已决案件

---

86 见 NHS, <www.nhs.uk/conditions/vaccinations/pages/mmr-vaccine.aspx> accessed 5 April 2016。

87 Fiona Godlee, Jane Smith and Harvey Marcovitch, “Wakefield’s Article Linking MMR Vaccine and Autism Was Fraudulent” (2011) 342 *British Medical Journal* c7452.

表明，法院愿意做出个案判决，至少暗示就此问题存在可加以一般化的法律立场。目前如若主张人们普遍认为存在强制接种的法定义务，还言之过早，但此处对判例法的考虑提示了公共卫生法中的一些有趣之处。我们将以晚近的 F 诉 F 案为例证，对这个麻风腮三联疫苗案例展开略加深入的探讨。[88]

在 F 案中，一位父亲提起诉讼，请求判决让他的两个女儿接种
麻风腮疫苗，在此将他 15 岁的女儿称为 L，将他 11 岁的女儿称为
M。这两个女孩和母亲同住，她们都反对接种疫苗。在这个案件的
判决书中，泰斯法官称 L 和 M “迷人、聪明、口才好且有着深刻思
考”，称她们提出的问题“有洞察力、目标明确”。[89] 法官注意到母 97
亲首要的考虑一定是女孩的福祉，而在此前的两个案例中，法院做
出了应当接种疫苗的判决。[90] 法官说道：

> 就母亲反对 L 和 M 接种疫苗的理由，可以概括如下：
>
> （1）她质疑疫苗能带来的收益，并仍担心任何可能的副作用；
>
> （2）她对父亲立场的变化提出质疑，在记忆中，她考虑的是，夫妻双方的共识是同意女孩不接种疫苗［当夫妻在一起时，他们依据韦克菲尔德的研究，都同意在该阶段不接种疫苗］；
>
> （3）她担心违背女孩意愿接种疫苗造成的影响，尤其是 L 曾有过心理问题，曾因焦虑去接受心理咨询；
>
> （4）L 是一个素食主义者，她之所以反对，部分是因为疫

88 ［2013］EWHC 2683 (Fam).

89 同上注，［6］。

90 B (*Child*)［2003］EWCA Civ 1148; *LCC v A, B, C & D* (*Minors by Their Children's Guardian*), *K, and S*［2011］EWHC 4033 (Fam).

苗的构成，疫苗中含有基于动物的成分（如明胶）。[91]

在评估证据时，泰斯法官反复提及的要点是，可能涉及作为拒绝接种疫苗行为支撑的决定能力的质量。特别是，提出的问题不仅涉及拒绝接种行为最基本的合理性，还涉及女孩究竟有多少知识，以及她们对相关要点的理解程度。还有些问题源自证据，证据表明两个女孩的决定受到母亲的影响。[92]

在做出应当接种疫苗的法律判决之前，法官强调必须“对L和M表达的意愿进行认真考虑和权衡”。[93] 泰斯法官解释称她的理由仅适用于当前案件，她的考虑基于她已审查的证据和特定事实，她在第22段中指出：

> （1）当我敏锐地意识到L和M对这个问题的意愿和感受，正如在薇薇安女士［即专家］的报告中详细描述的那样，我考虑到，她们的观点已不可避免地受到了一些因素的影响，这会影响应当对这些意愿和感受附加的权重……
>
> （2）必须对每个孩子的福祉因素加以分别考虑，但薇薇安女士并不认为法院应区别对待她们。由于L年龄相对较长，她可能知晓更通达的信息，更好地理解疫苗接种，但薇薇安女士认为L的想法是幼稚的；她认为L和M都不能给出均衡的见解，她感觉她们过于关注疫苗的成分，而未能对其他因素加以

---

91 F，前注88，［10］。

92 同上注，［11］—［15］。

93 同上注，［18］。

均衡考虑。

（3）[尽管本判决会影响女孩们的情绪，但是，如果接种疫苗符合她们的最佳利益，那么这不构成不提供疫苗的充分理由。]

（4）[判决违背了女孩们的意愿，这是]一个很重要的因
素，尤其要考虑到她们的年龄，但法院也必须考虑她们对所涉
及问题的理解程度，以及哪些因素影响着女孩们的见解。在本 98
案中，我不认为她们对所涉问题的理解达到了均衡的水平，某
种意义上，她们在以漫无边际的方式聚焦消极因素。

（5）尽管公认疫苗有导致副作用的风险，但医学建议仍让孩子们接种疫苗。为了预防某种疾病而接种疫苗，其健康风险是明晰的。所预防的这些严重疾病则可能给健康带来长期损害。

（6）尽管我仔细考虑了做出不符合她们意愿和感受的判决可能对她们产生怎样的影响，而我很清楚，孩子与父母之间存在稳固的关系，父母有责任根据法院判决，履行家长责任，二者结合起来，将确保以负责任的方式，让法院判决结果发挥功用。正如薇薇安女士所言，这就是养育涉及的内容。

在本节最后，我们可以提及F案引发的另外两种观点。尽管F案以不同的法律制度为基础，但其中关切与兰普顿吸烟者案引出的关切有可比性。我们再次看到，首先，在个人健康收益和公共健康收益可能并存的情形下，为了公共卫生议程，如何显然有可能置隐私权利于不顾。附带的比较是，从法律规则和普通法判例来看，这一领域的法律具有复杂性。虽然存在法律制度框架，但显而易见，各类个人权利发挥作用，并很可能将自身导向截然不同的法律决定。

因此，我们强调了那些与家庭、家人和个人生活相关的案例，使我们能看到私人选择与公共卫生之间的紧张关系，以及这一领域的法律在怎样的范围内，对公共卫生议程加以推进。当存在这样的范围时，应当强调，上述判决之间的争议为何，又如何展开争论，围绕其展开的开放法律学说又如何导向不同的解释。

本章小结

- “私法”术语可能是指：
    - 规定民事义务的法律，特别是与合同法和侵权法有关的法律，以及
    - 调整家庭、居家生活和个人生活的法律。
- 与民事义务有关的法律权利设定了标准，并有助于推进公共卫生议程，例如，通过
    - 确保环境保护，以及
    - 界定我们相互照护的标准。
- 这些权利不仅可用以对抗私人和私营企业，也可以用于对抗公共机构。
- 有关家庭、居家生活和个人生活的法定权利有助于推进公共卫生议程，例如，通过
    - 明确准许对健康加以关注，这可能为干涉个人和家庭生活提供正当性，
    - 99 确保以最好地实现孩子利益为依归。
- 然而，不同领域的私法同时也对公共卫生议程施加了约束，例如，保护个人做出不利于健康的决定的自由。

5.6 扩展阅读

Roger Brownsword, “Public Health, Private Right, and the Common Law” (2006) 120 *Public Health* 42.

Paula Giliker, *Tort* (5th edn., London: Sweet and Maxwell 2014).

Lawrence Gostin and Lindsay Wiley, *Public Health Law: Power, Duty, Restraint* (3rd edn., University of California Press 2016), chapter 7.

Jonathan Herring, *Family Law* (7th edn., Harlow: Pearson 15).

Robyn Martin, “Public Health and the Scope of the Potential Liability in Tort” (2005) 21 *Professional Negligence* 39.

第六章　刑法与公共卫生

6.1　刑法规制与公共卫生：是竞争的还是共享的议程?

101　对于我们力图缓解或解决的不同社会问题，存在多种可以选择的进路。对于未经法律训练或不具法律经验的人而言，在所有的不同法律领域中，刑法可能是最为熟知的问题解决进路。从日常的犯罪新闻报道，到流行的犯罪影视剧情，再到遇见街头执勤的警察，我们常常接触到刑法和刑事司法在社会中发挥作用的不同实例。就缓解或解决社会问题而言，刑法规制和公共卫生政策各有自己的任务、目标和方式，应将它们都视为解决社会问题的特定进路。在许多领域，刑法规制与公共卫生活动相互交叠、相互影响，最为典型地体现于性、酒精及与非法精神活性物质相关联的高风险行为，也日渐显现于生物恐怖主义[1]、职业卫生与安全[2]及环境公共卫生问

---

1 Biological Weapons Act 1974, ss.1(1), 2; Anti-Terrorism Crime and Security Act 2001, Part 6.

2 Health and Safety at Work Act 1974; Health and Safety (Offences) Act 2008. 还可见 Diana Kloss, *Occupational Health Law* (5th edn., Oxford: Wiley 2010), section 2.2 and chapter 5。

题之中。[3]

考虑到刑法规制和公共卫生政策各有自己的任务、目标和方式，有必要对这两种进路加以比较，包括二者可能存在哪些共通的议程，以及二者应对社会问题所给出的角度为何经常存在内在冲突。例如，如以规制的视角审视，当应对毒品使用问题时，从刑法角度出发与从公共卫生角度出发，看上去将有截然不同的结果。[4] 采用公共卫生进路应对毒品问题，比如“四个支柱”模式聚焦预防、治疗、执行和减少伤害的策略，其主导价值将聚焦于健康、安全和赋权；而刑 102
法进路传统的聚焦点在于，将毒品消费视为意志薄弱或存在道德缺陷者实施的有害行为，认为应对他们加以惩罚。有时，我们的确观察到刑法和公共卫生进路相结合的处理模式，例如，设置毒品法庭来替代传统刑事司法模式，以及对成功完成戒毒治疗和康复计划的

---

3 Environmental Protection Act 1990, ss.33, 79 (1); Water Resources Act 1991, s.85. 还可见，例如 Elizabeth Fisher, Bettina Lange and Eloise Scotford, *Environmental Law: Text, Cases & Materials* (Oxford: Oxford University Press 2013), chapter 8; Robert Lee and Mark Stallworthy, “From the Criminal to the Consensual: The shifting Mechanisms of Environmental Regulation” in A. M. Viens, John Coggon and Anthony Kessel (eds), *Criminal Law, Philosophy and Public Health Practice* (Cambridge: Cambridge University Press 2013) 214–236。

4 例如，见 Donald Macpherson, *A Framework for Action—A Four-Pillar Approach to Drug Problems in Vancouver* (Vancouver: City of Vancouver 2001); Alex Stevens, *Drugs, Crime and Public Health: The Political Economy of Drug Policy* (London: Routledge-Cavendish 2011); Doug Husak, “Drugs, Crime and Public Health: A Lesson from Criminology”, in Viens, Coggon, and Kessel (eds), 42–61；Tom Walker, “Criminal Law, Drugs and Harm Reduction”, in Viens, Coggon, and Kessel (eds) 62–78，前注 3。

人暂缓执行刑事制裁。[5]

构成正当公共卫生议程的特定范围和基础为何，对此可能存在争议，但这些议程的设计和约束方式取决于对何为正当的理解，即公共卫生行为主体和行政机构可以做什么、必须做什么、应当做什么。刑事司法制度可能还有着更为明显的道德目标：如安德鲁·阿什沃思和杰里米·霍德所言，“刑事责任是社会可以施加的最为强烈的正式谴责，也会导致刑事判决，近乎严重剥夺罪犯的一般自由”。[6]进而，在抽象层面上，据称公共卫生政策和刑法可能有着保护公共物品或公共价值的共同目标。不过，可能有人论称，即便刑法和公共卫生政策都是道德议程的代表，这些议程也并非总是兼容。基于原则化的理由，这种论说可能进一步主张，作为公共卫生议程的工具，刑法过于道德化、过于严苛，已超出刑事司法所关注的范围。然而，至少直观看来，有些人拒绝接受将刑法称为公共卫生工具的观点，认为以刑法来控制严重传染病，可能超出了被严格限制的“治安权”的范围。[7]

---

5 Peggy Fulton Hora, William Schma and John Rosenthal, “Therapeutic Jurisprudence and the Drug Treatment Court Movement: Revolutionizing the Criminal Justice System’s Response to Drug Abuse and Crime in America” (1999) 74 *Notre Dame Law Review* 439; Gill Mclvor, “Drug Court: Lessons from the UK and Beyond” and Alex Stevens, “Treatment Sentences for Drug Users: Mechanisms and Outcomes” in Anthea Hucklesby and Emma Wincup (eds), *Drug Interventions in Criminal Justice* (Maidenhead: Open University Press 2010) 135–160.

6 Andrew Ashworth and Jeremy Horder, *Principles of Criminal Law* (7th edn., Oxford: Oxford University Press 2013) 1.

7 例如，见 Mark Rothstein, “Rethinking the Meaning of Public Health” (2002) 30 *Journal of Law, Medicine & Ethics* 144; Richard Epstein, “In Defense of the ‘Old’ Public Health: The Legal Framework for the Regulation of Public Health” (2004) 69 *Brooklyn Law Review* 1421。进一步讨论可见第七章。

尽管本书的根本主题是讨论法律用以成功地促进或限制公共卫生措施的各种方式，但刑法规制和公共卫生政策的关系，可谓法律和公共卫生之间关系最为紧张的领域之一。通过检视二者各自的目标和正当化根据，以及刑法的运用如何与公共卫生政策相关联，显然可以知道为什么会产生如下疑问：刑法规制与公共卫生政策是否存在相竞的或共通的议程，将对公共卫生构成负面影响的行为犯罪化是否总是明智的路径。因此，就公共卫生政策及实务而言，刑法能在多大程度上构成适当的治理形式对这一点做出评判很重要。在本章中，我们将探究和拓展这些议题，并通过不同方式展示，刑法在公共卫生规制中给出了怎样的进路，有着怎样的特定优势和不足。我们还会考虑公共卫生政策如何有可能服务于刑事司法体系。

本章接下来的内容分为三节。首先，在第 6.2 节中，我们将从概念和实践层面解释刑法的内涵。这一节会对这一领域本身进行介绍，还会对刑事司法和公共卫生议程之间的协同效应与紧张关系进
行批判性思考。以此为因循，本章将分析具体示例，概述刑事措施 103
如何保护个人免受第三方的侵害，并在讨论与疾病传播相关的公共卫生案例时，以例示的方式说明其重要意义。其次，在本章第 6.3 节中，将转向更具争议性的领域，即适用刑法强制措施强迫个人保护自身的健康。最后，在第 6.4 节中，本章将由思考刑法如何可能成为公共卫生实务的一种工具，转向解释公共卫生如何也可能服务于刑事司法目标，此讨论主要聚焦于法医流行病学。

6.2 刑法：目标、议程及其与公共卫生的关系

相较于某些法律领域，人们可能认为他们总体上非常熟悉刑法

的理念、功能与目的。但实际上，将某些行为犯罪化是否适当、何时适当、为何适当，在哲学和政治层面对此都存在重大分歧。[8]尽管刑法措施的一些独特理念可以相互兼容，但有时仍存在差异。理解刑法本身力图促进的基本目标、范畴和价值，是有助益的，同时还可将这些理解用于同公共卫生的比较，将其作为评估两种进路之间关系的工具。

6.2.1 针对违法行为与危害行为的责任

犯罪是刑法定义为违法的行为类别。强调违法行为（wrongful conduct）并不意味着刑法与危害行为（harmful conduct）无关。恰恰相反，刑法的很多内容都与危害有关，尤其与危害行为的违法性（wrongfulness）相关。[9]尽管在许多领域，刑法的道德底蕴都显而易见，但并不意味着刑法规制只关心道德上必然错误的行为：刑法规制既禁止本身错误的行为（本质上违法的行为），也禁止因法律如此规定而错误的行为（法律禁止的违法行为）。

在范式上，犯罪属于**公共违法行为**（有别于本书第五章所讨论的侵权法和私人过错）。如迪夫所言：

---

8 例如，见 Patrick Devlin, *The Enforcement of Morals* (Oxford: Oxford University Press 1965)；Joel Feinberg, *Harm to Others: The Moral Limits of the Criminal Law, Volume 1* (Oxford: Oxford University Press 1984)；Grant Lamond, 'What Is a Crime?' (2007) 27 *Oxford Journal of Legal Studies* 609；Douglas Husak, *Overcriminalization: The Limits of the Criminal Law* (Oxford: Oxford University Press 2008)；Andrew Simester and Andreas von Hirsch, *Crimes, Harms, and Wrongs: On the Principles of Criminalisation* (Oxford: Hart Publishing 2011)。

9 虽然刑法主要涉及有害的不法行为，但在某些领域也涉及无害的不法行为。关于后一类行为的更多信息，见 Joel Feinberg, *Harmless Wrongdoing: The Moral Limits of the Criminal Law, Volume 4* (Oxford: Oxford University Press 1990)。

> 我们对“公共的”违法行为的解释，不应是伤害公众的违法行为，而是适当涉及公众——整个政治共同体（polity）——的违法行为。……因而，公共违法行为是针对整个政治共同体的违法行为，而非仅针对个别受害者的违法行为：鉴于我们认同受害者的同胞身份，而且［罪犯］违反了我们一致认同的价值观，我们必须认识到，针对受害者的违法行为，也是针对我们的违法行为。[10] 104

此处，我们可以将刑法与公共卫生做一些比较。尽管公共卫生并不涉及公共违法行为，但这里的“公共”概念与公共卫生事业（enterprise）的面向存在一定共性。刑法和公共卫生都关注损害个人利益和集体利益的行为或现象，也力图维护能改进个人和集体境况的共同价值。进而，鉴于刑法和公共卫生都关注违法行为或危害行为的公共性特质，它们都承担着与这些行为相关的职责。然而，刑法规制的职责在于惩罚公共的违法行为，公共卫生政策的职责则在于防止危害公众健康的行为。[11] 在此还可进一步比较的是，刑法

---

10 Antony Duff, *Answering for Crime: Responsibility and Liability in the Criminal Law* (Oxford: Hart Publishing 2007), 141–142.

11 与公共卫生政策不同的是，违法行为在刑法规制中具有核心作用。公共卫生政策主要关注危害（这一点已广为人知），但我们注意到公共卫生政策涵盖的内容越来越丰富，尤其是健康促进面向，侧重于关注个人责任并责难健康状况不佳的主体。例如，见 Daniel Wikler, “Personal and Social Responsibility for Health” (2002) 16 *Ethics and International Affairs* 47; M. Marchman Andersen, S. Oksbjerg Dalton, J. Lynch, C. Johansen, and N. Holtug, “Social Inequality in Health, Responsibility and Egalitarian Justice” (2013) 35 *Journal of Public Health* 4; Eli Feiring, “Lifestyle, Responsibility and Justice” (2008) 34 *Journal of Medical Ethics* 33; Rebecca Brown, “Moral Responsibility for (Un)healthy Behaviour” (2013) 38 *Journal of Medical Ethics* 695。

趋于被动地采取措施，聚焦于对违法行为的惩罚性制裁，而公共卫生主要采取预防性进路。[12]

刑法规制不仅要确定哪类形式的行为构成公共违法行为，并通过规则的实施来禁止这些行为，还要惩罚不遵守这些规则的个人。相较于第五章所讨论的私人违法行为的救济方式，正是由于犯罪行为违背了重要的集体价值观，这些公共违法行为应受国家的谴责和惩罚。应受刑事制裁的最主要两个原因可能在于：首先是对违法行为的**威慑**，其次是对所犯违法行为的**报应**。此外，许多学者还将刑法理念和**刑事司法制度**的功能相比较，刑法规定了不同的罪行，而刑事司法制度可能以进一步的目标为依归，如鼓励罪犯改过自新，并允许罪犯惩罚刑期届满后重返社会。因此，相较于其他内容，有关刑事制裁合法性的不同正当化根据，可能更贴近公共卫生的目标和作用。

刑法涉及的违法行为既包括**基于过错**（fault-based）的犯罪，也包括**严格责任**犯罪。基于过错的犯罪涉及应受谴责的作为或不作为，如疏忽大意（recklessness）或重大过失（gross negligence），正是这种应受谴责行为的存在，使个人要受到惩罚性制裁。对于基于过错的犯罪而言，犯罪意图是犯罪构成的一部分。这意味着，刑事指控不仅要审视犯罪行为，还要证明被告的行为有犯罪意图：例如，要将某人定为普通法上的谋杀罪，必须证明被告具有杀人的动

12 尽管随着刑法中的“预防性转向”（preventative turn），这种情况开始有所改变。例如，见 Andrew Ashworth, Lucia Zedner and Patrick Tomlin (eds), *Prevention and the Limits of Criminal Law* (Oxford: Oxford University Press 2013); Andrew Ashworth and Lucia Zedner, *Preventative Justice* (Oxford: Oxford University Press 2014)。

机。[13] 然而，严格责任犯罪的可惩罚性仅仅是因为从事了应受惩罚
的罪行。[14] 也就是说，无论犯罪人对这些行为的理解或意图如何， 105
都应对某些造成损害的（或具有足够高的预期损害风险）犯罪行为科处惩罚。诸多严格责任刑事犯罪与公共卫生相关，涉及食品[15]、合法及非法药品[16]、武器[17]、饮用水与卫生设施[18]、空气质量[19]、废弃物管理[20]及污染[21]等方面。[22]

在总体水平上重新审视，我们倾向于将刑法规制视为必要的

---

13 “动机”（intention）的含义在法律上存在诸多细微差别，例如，在谋杀行为中，犯罪动机就包括作为虚拟确定性的预见性（foresight）。同样，其他诸如疏忽大意和重大过失的概念也会构成犯罪的精神要素，例如，过失杀人中的重大过失。

14 迪普洛克勋爵在著名的 *Sweet v Parsley* 案（[1970]AC 132）意见书第 163 页阐述道：“法律的任务是对公共卫生、安全、道德构成潜在威胁的特定行为进行规制，在这一过程中，公民可以选择参与与否，法院可能感到被驱使，推断出议会有意通过刑事制裁，对选择参与的人强加更多的照顾责任，并在不考虑成本和业务实用性因素的情况下，强加义务要求他们采取任何必要措施，以防止被禁止的行为。”

15 *Callow v Tillstone* [1900] 64 JP 823; Food Safety and Hygiene (England) Regulations 2013, SI 2013/2996, reg. 19 and Schedule 2.

16 Medicines Act 1968; Misuse of Drugs Act 1971; Misuse of Drugs Regulations 1985, SI 1985/2066; *PSGB v Storkwain Ltd*[1986]2 All ER 635.

17 Firearms Act 1967, s.5; *R v Howells* [1977] 3 All ER 417; *R v Deyemi* [2007] EWCA Crim 2060.

18 Water Industry Act 1991, s.70.

19 Clean Air Act 1991, ss.1, 2.

20 Environmental Protection Act 1990, s.33; *Ezeemo&Ors v R* [2012] EWCA Crim 2064.

21 *Alphacell Ltd v Woodward* [1972] AC 824; Water Resources Act 1991, section 85; Environmental Permitting (England and Wales) Regulations 2010, SI 2010/675, regs. 12, 38.

22 由于法律的修改，过去一些涉及公共卫生的严格责任犯罪已不复存在。例如，向不满 16 岁的人出售烟草（Children and Young Persons (Protection from Tobacco) Act 1991, s.1 [3]），以及向不满 18 岁的人出售刀具（Criminal Justice Act 1988, s.141A [4]）。

"繁重"（heavy）规制模式。通过将某些行为犯罪化，我们给予道德上的声讨，而刑事制裁会导致明显且公开的污名化，想想看，比如严重的暴力和性犯罪。然而，重要的是，不要将刑法或规制理念过于简单化。实际上，有些刑事制裁无论正确与否，都不会引发严重的污名化，例如，"较轻"的驾驶犯罪就是如此。同样，有些法律和规制干预措施虽非刑事制裁，却可能造成严重的污名化效果，"反社会行为令"即为例证。为促使公共卫生选择将某一行为予以犯罪化，将涉及对所涉关键价值观的评判，也要考虑这些价值观能否构成使用此类刑事强制措施的正当化根据。[23]

6.2.2 犯罪化、价值观和危害

刑法和公共卫生政策之间另一个比较点在于，哪些价值为这两种进路提供了引导。刑法和公共卫生政策究竟力图调整哪些社会问题，这些价值为之提供了指引，它们还有助于说明，国家为保护和促进这些价值观而干预我们生活的正当性何在。尽管方式不同，但刑法和公共卫生政策都旨在保护人们享有美好生活。公共卫生议程基于的理念是，健康是美好生活的一部分，而刑法还会为其他价值所导引。然而还是可能看到，导引刑法的价值包括和平、秩序和安全，这些有助于促进健康。如上一节所述，刑法和公共卫生政策本

---

23 例如，见 Ronald Bayer and Jennifer Stuber, "Tobacco Control, Stigma, and Public Health: Rethinking the Relations" (2006) 96 *American Journal of Public Health* 47; Ronald Bayer, 'Stigma and the Ethics of Public Health: Not Can We but Should We' (2008) 67 *Social Science & Medicine* 463; Laura Williamson, Betsy Thom, Gerry Stimson, and Alfred Uhl, "Stigma as a Public Health Tool: Implications for Health Promotion and Citizen Involvement" (2014) 25 *International Journal of Drug Policy* 333。

身都力图保护公民免受伤害。虽然可将预防和/或减少伤害视为二者共同的目标，但支撑这一议程的价值可能存在差异，因而，平衡这些价值也会引发冲突。此外，也有较少存在价值重叠现象的其他领域。例如，公共卫生行为主体越来越重视平等和公平的价值（参见本书第一章关于公共卫生学会的讨论），而在刑法规制中这并未受到足够的关注。

享有美好生活的必备条件之一是，需要达到充分的自治或自由 106
程度。可以从消极角度理解这种自由：美好生活是指人们可以免受造成伤害和疾病的身体攻击；也可以从积极角度理解自由：美好生活可以为人们追求重要目标和任务提供机会。从这两层意义而言，尽管刑事禁令限制了某些人（即罪犯）的自由，但这些限制实际上促进了他人的自由和权利，因此，这些干预措施就具备了正当性。享有美好生活的另一个条件是，要拥有充分的福祉水平。对于个人和集体而言，健康均是福祉的核心要素之一，而且对于允许个人追求能实现生活价值的目标、任务和人际关系而言，健康也具有至为重要的意义。同样，刑法规制的运用不仅涉及以禁令创设对个人的保护范围，还涉及通过法律创设出让人们能保持良好健康状况的条件；实际上，对于其他非刑法规制方式而言，也是如此。因此，刑事禁令不仅可以成为减少伤害的实用手段，它还有助于实现诸如自治和幸福等其他价值目的，或构成允许人们实现这些目标的必要条件。基于此观点，我们认为，当刑法提供了合理且适当的手段来保护社会中有价值的东西时，使用刑法这一侵入性方式具有正当性。

作为例证，约翰·斯图尔特·密尔提出了著名的伤害原则，该原则支配着国家运用强制干预措施的正当化根据。密尔认为：“针对文明社会中的任一成员，可以违背其意愿正当行使权力的唯一目的是防止伤害他人。”[24] 根据这一见解，需要将自治等价值与个人和社群的福祉相平衡，而且在行为给他人造成伤害的情况下，国家行使权力去减缓或阻止这些行为，是合法的。国家有正当理由来限制构成公共违法行为的选择，以使人们可以自由生活，不会因涉及他人的行为而处于损害风险之下。我们在随后的案例分析中可以看到，在对自治和幸福等价值加以权衡时，不仅刑法和公共卫生政策之间存在差异，而且这些进路自身内部也有所不同。例如，相对于健康促进活动而言，在传染病传播的情况下，国家限制公民自治以保护公民福祉的行为，往往更易获得正当性。在每种情况下，在我们的规制政策中，都需对相互竞争的价值取向加以协调。在下文中，我们将谈及强调不同价值的各种刑法规制方式，同样值得铭记的是，要将此价值与选择其他规制模式所承载的价值相比较，来比较其异同（例可参见本书第二、三、九章关于干预阶梯的讨论）。

6.2.3 为什么将危害公共卫生的行为犯罪化？

通过对刑法观念的总体思考，我们发现它是比最初看上去还要微妙的概念。它试图平衡不同的价值，以采取不同的手段，来对不同的行为模式加以控制和回应。因此，我们形成的立场提示，在有关公共
107 卫生的问题中，很可能存在需要刑法规制之处。与之前的讨论类似，这可能涉及对个人、团体和机构的控制。例如，我们可以采取刑罚措

24 John Stuart Mill, *On Liberty* (Edward Alexander (ed), first published 1859, Peterborough, Ontario: Broadview 1999). 将密尔提出的伤害原则适用于公共卫生的更多讨论，见 Madison Powers, Ruth Faden, and Yashar Saghai, “Liberty, Mill and the Framework of Public Health Ethics” (2012) 5 *Public Health Ethics* 6; Lawrence Gostin and Kieran Gostin, “A Broader Liberty: J.S. Mill, Paternalism, and the Public’s Health” (2009) 123 *Public Health* 214。

施来防御人与人之间的暴力。同样，采取刑事措施来规范药品等产品的生产商，以确保其尽充分注意义务，来确保规制合规，可能也是适当的。我们可能会观察到服务于公共卫生议程的刑罚措施（诸如上述示例），但也注意到刑罚措施可能会限制公共卫生目标：例如，设定抵御第三方干预的刑事责任，其基础在于个人身体的完整权，哪怕干预者是为了自身的（健康）利益来干预，也在防御的范围内。

英国公共卫生法的许多方面仍植根于维多利亚时代的哲学（参见本书第三章）。[25] 相当一部分刑法规定现在仍受《1861 年侵犯人身罪法》的调整。这是一部有着多重面向的古老法律，其最初条款规定了重婚、鸡奸、妨碍神职人员履行职责等刑事犯罪。尽管有学者和其他人批评该法已经过时且不适宜，但这部法律的条款仍被用于界定违法行为，并通过诉诸严厉制裁的威胁，来规定可接受行为的标准。[26] 尽管多年来对该法做了大量修改，但现代刑事司法实践主要集中于这部 1861 年立法的一部分内容以及围绕该法形成的诸多判例法。尤其是该法第 18 条（故意造成严重身体伤害）、第 20 条（在使用或不使用武器的情况下，造成身体伤害）和第 47 条（造成实际身体伤害的袭击），将可能造成不同程

25 维多利亚时期的社会政策，尤其是公共卫生政策，特别强调社会控制和道德性，以维护公共秩序，确保清洁，改正不道德的品格特征。例如，见 Martin Wiener, *Reconstructing the Criminal: Culture, Law, and Policy in England, 1830–1914* (Cambridge: Cambridge University Press 1994); David Taylor, Crime, *Policing and Punishment in England, 1750–1914* (Basingstoke: Macmillan 1998); John Carter Wood, *Violence and Crime in Nineteenth Century England: The Shadow of Our Refinement* (London: Routledge 2004)。

26 John Cyril Smith, "Case Commentary on Parmenter" (1991) *Criminal Law Review* 43. 作者称该法为"一揽子犯罪立法，囊括了各式各样的犯罪形式，起草人坦率地承认，没有试图在实质或形式上保持一致性"。还可见 Law Commission, *Reform of Offences against the Person* (Law Com No 361, 2015)。

度伤害的行为定为犯罪。通过这些规定以及司法对这些规定的解释，就哪些危害行为应被定为刑事犯罪，哪些行为又构成刑事禁令的例外，已经形成共识。例如，对身体造成严重伤害的行为构成犯罪，但在适当的医疗和手术治疗中，出于公共利益，此类行为是被允许的。[27] 类似地，正如下文案例研究所探讨的，法官已发展出一些规则和原则，来确定该法究竟涵盖了哪些包括健康危害在内的危害行为。

然而，在考察公共卫生领域刑法规制的某些特定实例之前，重要的在于对规制理论中的一种理念加以考量。[28] 传统上认为，不同的规制手段有可能会“渐次升级”（escalated）。这意味着，如果“较软”的控制手段不起作用，就可能会采取“较硬”的控制手段。刑事司法系统中的定罪和对行为者的规制，通常被视为这一框架中最高程度的控制手段。作为国家可使用的最具强制性的规制形式之一，通常将刑法的运用视为终极手段。这一点需要特别强调，就刑法与公共卫生而言，刑法作为保障法律实施的最终威胁，实际上范围非常广阔，它有
108 助于确保人们拥有健康生活的条件。如不遵守上一章中讨论的法律，例如，涉及法定妨害（statutory nuisance）、道路交通安全或在禁烟区域吸烟的行为，都可能招致刑事制裁。就更为核心的公共卫生法实例而言，例如，当违反《1984 年公共卫生（疾病控制）法》（已修订）

---

27 例如，见 Andrew Ashworth, “Criminal Liability in a Medical Context: The Treatment of Good Intentions”, in Andrew Simester and Tony Smith (eds), *Harm and Culpability* (Oxford: Oxford University Press 1996)，173–193; Margaret Brazier and Sara Fovargue, “Transforming Wrong into Right: What Is ‘Proper Medical Treatment’?” in Sara Fovargue and Alexandra Mullock (eds), *The Legitimacy of Medical Treatment: What Role for the Medical Exception?* (London: Routledge 2016)，12–31。

28 Ian Ayres and John Braithwaite, *Responsive Regulation: Transcending the Deregulation Debate* (Oxford: Oxford University Press 1995). 关于规制的一般性讨论见本书第九章。

和《2004年国内紧急状态法》（在第6.3.3节中已有讨论，另可参见本书第三章和第七章）中的措施时，也同样可能导致刑事制裁。

就其本身而言，尽管人们本能地拒绝刑法规制在公共卫生法中占有一席之地的观念，但实际上，只要法律的特定目标是有效的，大多数人将会认为，将刑法作为最终威胁手段是切实可行的，且在政治上是可接受的。[29] 更具争议却仍被大多数人普遍接受的是，在关于座椅安全带和摩托车头盔的法律中，作为保护个人健康和安全的支撑，规定相应的刑事责任，具有正当性（参见第6.3.2节）。从中不难发现，刑事司法和公共卫生之间存在重叠的议程与互补性。但问题的关键在于，要能识别就哪些问题而言，这些互补的目标和议程起到了相互支持的作用；还要确证哪些特定的刑法规制干预措施总体上是有益的。

6.2.4 案例研究1：传染病犯罪化——风险、危害和性传播感染

对于在不披露、暴露和传播疾病的情况下适用刑法规制方式的正当性，尤其是针对诸如艾滋病之类的性传播疾病，[30] 以及针对法定

---

29 例如，见 Grant Lamond, "Coercion and the Nature of Law" (2001) 7 *Legal Theory* 35。同样重要的是，要认识到，书本上的刑法规制与实践中法律的执行有差异。公共卫生方面的刑法也普遍存在选择性执法现象，选择性执法会使社会中更多的弱势群体和边缘群体不成比例地处于不利地位，进而导致密集的、系统的不利模式。

30 例如，见 UNAIDS, *Criminal Law, Public Health and HIV Transmission: A Policy Options Paper* (Geneva: Joint United Nations Programme on HIV/AIDS 2002); Robert Klitzman, Sheri Kirshenbaum, Lauren Kittel, Stephen Morin, Shaira Daya, Maddalena Mastrogiacomo, and Mary Jane Rotheram-Borus, "Naming Names: Perceptions of Name-Based Reporting, Partner Notification and Criminalisation of Non-Disclosure among Persons Living with HIV" (2004) 1 *Sexuality Research and Social Policy* 38; Matthew Weait, *Intimacy and Responsibility: The Criminalisation of HIV Transmission* (Abingdon: Routledge Cavendish 2007); James Chalmers, *Legal Responses to HIV and AIDS* (Oxford: Hart Publishing 2008)。

报告的传染病（notifiable diseases），已经存在相当多的学术讨论和政策研究。[31] 这类刑事犯罪的规定反映了人们在道义上的责任，我们必须披露自己的感染状况，而非传染给他人。[32] 一个多世纪以来，人们一直认可以下法律原则：如果一个人同意发生性行为，那么其伴侣通过性交传播感染，则没有任何过错。[33] 然而，近年来，开始以《1861 年侵犯人身罪法》第 20 条来起诉不计后果传播艾滋病病毒的行为，因为这种感染对健康造成了负面后果，相当于构成严重
109 的身体伤害。[34] 有必要对两起因传播艾滋病病毒被定罪的重要案件加以简要探讨，根据 1861 年法律的规定，犯罪人对这两起案件都提出了上诉，但上诉最终均告失败，两人都被判监禁。[35]

在 R 诉迪卡案中，[36] 上诉法院裁定，如果一个人明知自己艾滋病

31 例如，见 Public Health (Control of Disease) Act 1984, s.11(4)。

32 例如，见 John Harris and Soren Holm, "Is There a Moral Obligation Not to Infect Others?" (1995) 311 *British Medical Journal* 1215; Margaret Brazier and John Harris, "Public Health and Private Lives" (1996) 4 *Medical Law Review* 171; Rebecca Bennett, Heather Draper and Lucy Frith, "Ignorance Is Bliss? HIV and Moral Duties and Legal Duties to Forewarn" (2000) 26 *Journal of Medical Ethics* 9; Marcel Verweij, "Obligatory Precautions against Infection" (2005) 19 *Bioethics* 323; Margaret Battin, Leslie Francis, Jay Jacobson, and Charles Smith, *The Patient as Victim and Vector: Ethics and Infectious Disease* (Oxford: Oxford University Press 2009) part IV。

33 *R v Clarence*［1886–1890］16 Cox CC 511.

34 其他性传播传染病的传播，如肝炎和疱疹，也已根据 1861 年的法案被起诉。

35 迄今为止，已有 29 起诉讼，其中男性 27 人，女性 2 人，大部分案件以有罪判决告终，上诉被驳回：见 National AIDS Trust, *Table of Cases of People Charged with Grievous Bodily Harm Under Section 20 of the Offences against the Person Act 1861, for Reckless Sexual Transmission of Serious Infections in England and Wales* (London: NAT 2016)。根据 1861 年法律第 18 条（故意传播）的规定，没有人因传播艾滋病病毒而被定罪，最初根据该条款对个人提出指控的少数案件最后被撤销。

36 ［2004］EWCA Crim 1103.

病毒抗体呈阳性，还通过性交将病毒传染给另一个人，且没有将自身的艾滋病病毒感染状况告诉性伴侣，他就犯有不计后果传播艾滋病病毒的罪行。正因为被告没有披露自己感染艾滋病病毒的情况以及随后传播艾滋病病毒的行为，才构成了应定为犯罪的危害行为。[37] 在 R 诉康扎尼案中，[38] 主审法官向陪审团说明的问题是，如果被告已事先披露已知的艾滋病感染状况，是否可以用对方同意为由，来为传播艾滋病病毒的罪行辩护。上诉法院裁定，在有人被指控不计后果传播艾滋病病毒的案件中，只有在“自愿”或“有意识”同意的情况下，才能提出抗辩。在区分“自愿承担传播风险”和“自愿同意承担传播风险”时，法院论称，由于被告没有披露其感染艾滋病病毒的状况，他的伴侣也就无法同意这种风险。[39] 在这两个案件中，我们再次看到了诸如意思自治和幸福等价值之间的相互作用——披露和自愿同意艾滋病病毒传播的风险，具有重要的意义；以及对不计后果等概念的解释，如何有可能修正我们对伤害他人的理解，并让此理解趋于复杂化。

如前所述，刑法的特征之一在于，它趋于成为一种生硬且带有压制性的规制工具。这在将传播艾滋病病毒定为犯罪的案例中得到了充分证实。考虑到刑法的普遍性且很少修订，许多刑事禁令并未能反映出当前关于艾滋病病毒预防、传播和治疗的科学证据和知识。[40] 这些

---

37 这个判例受到了众多批评。例如，见 Matthew Weait, “Criminal Law and the Sexual Transmission of HIV: *R v Dica*” (2005) 68 *Modern Law Review* 121。

38 [2005] EWCA Crim 706.

39 这个案件也受到许多批评。例如，见 Matthew Weait, “Knowledge, Autonomy and Consent: *R v Konzani*” (2005) *Criminal Law Review* 763。

40 Harlon Dalton, “Shaping Responsible Behavior: Lesson from the AIDS Front” (1999) 56 *Washington and Lee Law Review* 931; Scott Burris, Leo Beletsky, Joseph Burleson, Patricia Case, and Zita Lazzarini, “Do Criminal Laws Influence HIV Risk Behaviour? An Empirical Trial” (2007) 39 *Arizona State Law Journal* 467.

禁令引发了关于恐惧、污名和歧视的诸多问题。[41] 这种污名使人们害怕因贴上艾滋病病毒抗体阳性者的标签而带来的后果，所以自始就不愿接受艾滋病病毒检测。因此，这种犯罪化未能成功维持持续治疗，还减少了接受检测的人数，这实际上削弱了艾滋病病毒预防和治疗工
110 作。[42] 当就这些罪行起诉时，还需面对公正的问题。特定的边缘群体或弱势群体更容易受到不相称的不利对待（例如，在艾滋病病毒阳性的状态下，女性与性工作者更多面临基于性别的暴力风险），在有的案件中，围绕人们如何感染（例如静脉注射吸毒者）或高感染率群体（例如将艾滋病定义为“同性恋”或“非洲”疾病）的道德观念，可能会影响罪责判断，这会带来选择性起诉的风险。[43]

回想一下，之前所讨论刑事制裁的正当化根据有二：报应和威慑。根据报应主义者对惩罚的解释，我们有正当理由将传播艾滋病病毒定

---

41 Norbert Gilmore and Margaret Somerville, “Stigmatization, Scapegoating and Discrimination in Sexually Transmitted Diseases: Overcoming ‘Them’ and ‘Us’” (1994) 39 *Social Science & Medicine* 1339; Peter Aggleton, Kate Wood, Anne Malcolm, and Richard Parker, *HIV-Related Stigma, Discrimination and Human Rights Violations: Case Studies of Successful Programmes* (Geneva: UNAIDS 2005); Anish Mahajan, Jennifer Sayles, Vishal Patel, Robert Remien, Daniel Ortiz, Greg Szekeres, and Thomas Coates, “Stigma in the HIV/AIDS Epidemic: A Review of the Literature and Recommendations for the Way Forward” (2008) 22 *AIDS* S67.

42 例如，见 Carol Galletly and Steven Pinkerton, “Conflicting Messages: How Criminal HIV Disclosure Laws Undermine Public Health Efforts to Control the Spread of HIV” (2006) 10 *AIDS and Behavior* 451; Ingrid Katz, Annemarie Ryu, AfiachukwuOnuegbu, Christina Psaros, Sheri Weiser, David Bangsberg, and Alexander Tsai, “Impact of HIV-Related Stigma on Treatment Adherence: Systematic Review and Meta-Synthesis” (2013) 16 *Journal of the International AIDS Society* 18640.

43 参见 Jonathan Montgomery, “Medicalizing Crime-Criminalizing Health?” in Charles Erin and Suzanne Ost (eds), *The Criminal Justice System and Health Care* (Oxford: Oxford University Press 2007) 257−272。

为犯罪，因为那些故意或不计后果地感染他人的人**应该**受到惩罚。如我们在迪卡案和康扎尼案中看到的，应受惩罚很大程度上基于对自治的考量，以及在导致发生违法损害的过程中，不披露艾滋病病毒感染状况如何发挥了核心作用。这种报应观念的着眼点与公共卫生的运作范式并不近一致。根据威慑主义对惩罚的解释，我们有将传播艾滋病病毒定为犯罪的正当化根据，因为这会让其他人因担心受到刑事制裁，来防止其做出类似的行为。然而，可获得的证据表明，犯罪化未能成功改变性行为或减少艾滋病病毒传播。[44] 在这两种情况下，我们都有充分的理由质疑，将传播艾滋病病毒犯罪化，本身是否具有正当化根据，而且这是否构成一项有效且合乎伦理的公共卫生措施。[45]

6.2.5 案例研究 2：以刑事制裁支持疾病控制措施

刑法和公共卫生都会采用社会控制方式。公共卫生从业者基于疾病控制的目的，可以运用诸多强制性预防和限制措施，如检验、治疗、接种疫苗、检疫、隔离和扩大社交距离等，这涉及对人体进行干预，有时甚至是植入体内。这些公共卫生措施有时可能类似于刑法上的方式，例如，在检疫和隔离时，通过临时拘留限制人员流

44 例如，见 Burris et al，前注 40。

45 考虑到立法状况，如《1861 年侵犯人身罪法》，以及有关艾滋病病毒科学依据的迅速发展，我们也有充分的理由质疑，刑事法院是否是最适合提出这些要求的主体。从公共卫生的角度来看，可以采取其他适当的规制策略，将艾滋病病毒的教育、预防、治疗、护理和支持作为主要目标，已经证明这些策略是成功的。例如，见 Wayne Johnson, David Robert Holtgrave, William McClellan, and Michael Goodman, “HIV Intervention Research for Men Who Have Sex with Men: A 7-Year Update” (2005) 17 AIDS *Education and Prevention* 568; Edward Green, Daniel Halperin, VinandNantulya, and Janice Hogle, “Uganda’s HIV Prevention Success: The Role of Sexual Behaviour Change in the National Response” (2006) 10 *AIDS and Behavior* 335。

动；有时需在刑事司法官员的协助下执行，例如，向治安法官申请强制隔离令，或通过警察执行保持社交距离令。由此，人们常常将这些疾病控制手段与刑法规制相关联。

然而，严格来说，这些控制措施本身并非刑法的一部分，而是源于“治安权”，这是指以促进或保护公众健康、安全和道德为目标，来规制非犯罪行为的国家民事权力。这涉及在宪法和法律的约束边界
111 下，为了共同体利益而限制私人利益。尽管用了“治安”（police）这一术语，但不能将治安权的概念等同于刑法规制。在预防传染病蔓延的背景下，许多时候已运用治安权来授权国家使用其强制力，通过检查权、强制治疗及采取限制性措施，来保护公众健康。虽然从历史上看，公共卫生治安权的使用得到了强有力的支持和法院的认可，但近年来，一些学者对这类权力提出了质疑，乃至试图限制其使用，以避免侵犯诸如获得正当程序权利之类的个人权利，并在出现流行病或疾病大流行的情境下，减少滥用此类权力的可能性。[46]

1896 年颁布的《公共卫生法》废除了非自愿、未经正当程序隔离个人的明示权力。然而，就法定报告传染病而言，[47] 当局确实有权

---

46 例如，见 Michelle Daubert, “Pandemic Fears and Contemporary Quarantine: Protecting Liberty through a Continuum of Due Process Rights” (2007) 54 *Buffalo Law Review* 1299; Wendy Parmet, “J.S. Mill and the American Law of Quarantine” (2008) 1 *Public Health Ethics* 210。限制性措施也提出了重要的伦理问题，例如，见 Daniel Markovits, “Quarantines and Distributive Justice” (2005) 33 *Journal of Law, Medicine & Ethics* 323; A.M. Viens, Cécile Bensimon and Ross Upshur, “Your Liberty or Your Life: Reciprocity in the Use of Restrictive Measures in Contexts of Contagion” (2009) 6 *Journal of Bioethical Inquiry* 207。

47 Public Health (Control of Disease) Act 1984 s.10; Health Protection (Notification) Regulations 2010, SI 2010/659, Schedule 1; Health Protection (Part 2A Orders) Regulations 2010, SI 2010/658.

取得检疫和隔离令，[48] 还有权获得进行身体检查、限制行动和配备防护衣物或设备的命令。[49] 在疾病控制措施的情境下，极为强调保护人民免受可能的伤害，因此对诸如自由和自治之类的价值加以限制。

如本章第 6.2.4 节所述，不仅以刑法应对疾病传播，还将刑法作为试图预防疾病传播的手段。在恩霍尔诉瑞典案中，[50] 为了限制疾病传播，利用国家强制力拘留艾滋病病毒检测阳性者的合法性受到质疑，理由是这侵犯了当事人根据《欧洲人权公约》第 5 条享有的权利，即人身自由和安全权。瑞典公共卫生部门试图利用其法定权力，强制执行一项为期七年的隔离令，这被认定侵犯了恩霍恩根据《欧洲人权公约》第 5 条享有的权利，因为"该机关未能在确保艾滋病病毒不扩散的必要性和请求人的自由权之间取得适当平衡"。[51] 对恩霍恩的拘留决定因侵犯人权而被认定为非法，但重要的是，注意到拘留带来了不合比例的负担，这才是问题所在。与所有人权文件一样，《欧洲人权公约》允许出于合法目的（如疾病控制）而限制个人自由，但实施限制的方式必须力求实现收益与负担的公允平衡。[52] 我们将在本书下一章中，对这个案例展开更为详细的讨论，特别是其"合比例性"维度。 112

48 Public Health (Control of Disease) Act 1984, ss.35 –37; Public Health (Infectious Disease) Regulations 1988, SI 1998/1546; Civil Contingencies Act 2004, s. 21(3); Health and Social Care Act 2008, ss.45, 129; Health Protection (Part 2A Orders) Regulations 2010, reg. 9.

49 Health and Social Care Act 2008, s.129, inserting s.45G into Public Health (Control of Disease) Act 1984. 还可参较 1971 年移民法对身体检查的规定。

50 [2005] 41 EHRR 633.

51 同上注，第 55 页。

52 有关此案的评论，见 Robyn Martin, "The Exercise of Public Health Powers in Cases of Infectious Disease: Human Rights Implications" (2006) 14 *Medical Law Review* 132。

6.3　确保个人对自身健康负责

刑法规制很大程度上聚焦一般性问题，当将它应用于公共卫生时，关注如何通过刑法上的禁止来减少对他人的伤害。我们能证明利用刑法来推进公共卫生目标的正当性，对此缘由的理解很大程度上在于，这是为了限制损害个人和群体的涉他行为（other-regarding behaviour）的影响。那么，涉己行为（self-regarding behaviour）又如何呢？使用刑法来限制主要造成自我伤害的行为，是否具有正当化根据？是否应以刑法规制来促进刑法本身针对人群的健康和福祉，这种将福祉优于自治的做法，是否会引发有关此类措施合法性的伦理和法律问题？正如本书第九章所述，在讨论英国《国民医疗服务体系章程》时，英国的法律和政策制定者通常不去强加“硬性”责任令人们去维护自身福祉。然而重要的是，要探究有时如何通过设定刑法义务的权重，来迫使人们保护自身健康。

6.3.1　硬父爱主义与公共卫生

我们每个人都有充分的理由来促进和保护自己的健康，这些理由让我们对自己的健康状况负责，甚至承认影响我们健康状况的社会和结构性决定因素。我们也都意识到，在履行个人健康责任的过程中会遇到各种干扰和障碍。在这些情景下，如果人们不能利用自治和自由来促进自身健康，是否就有正当理由采取父爱式管理，以确保他们对自身健康负责呢？

父爱主义涉及干预或限制个人自治，以增进个人的福祉。卡

伦·格里尔对界定父爱主义时通常包含的条件给出了有用的总结：[53]

> （1）以干预为条件（interference condition），限定了可能归为父爱主义式行为的类型，通常会排除非侵入式的行为；
>
> （2）以同意为条件（consent condition），将父爱主义行为限定为未经同意的行为——行为若是对明示同意的回应，或是对默示同意、推定同意的回应，则被排除在父爱主义行为之外；
>
> （3）以善意为条件（benevolence condition），将父爱主义行为限定为受被干预对象的利益所驱动，以及可能因被干预对象的利益而获得正当性的行为。

很多时候，还有：

> （4）以优势为条件（superiority condition），将父爱主义行为限定为由代理人实施的行为，该代理人认为自己在某种程度上优于被干预对象。

因此，公共卫生措施为促进个人的健康或福祉而以某种方式干预
个人的选择或行为，这便是父爱主义行为，这种干预或者未经被干预
对象的同意，或者有时甚至违背其意愿。鉴于公共卫生官员具备专业 113
知识，还能获取专业数据，他们在认知层面几乎总是处于优势地位，
相较于干预对象而言，他们对什么更有利于健康有着更充分的理解和

53 Kalle Grill, “Paternalism” in Ruth Chadwick (ed), *Encyclopedia of Applied Ethics* (2nd edn., San Diego: Academic Press 2012) 359–369.

认知。[54] 有许多公共卫生措施符合这些父爱主义行为的条件。我们经常担忧，父爱主义是一种有害他人的独特方式，这也为我们规避这种行为提供了初步的理由，但重要的是，认识到父爱主义的存在并不能终结关于某种干预措施正当与否的争论。在某些情境下，即使公共卫生干预是父爱主义式作风，最终也可能证明其正当性。[55]

我们可以将父爱主义分为硬父爱主义和软父爱主义两类，这种分类的基础是，为了增进人们的福祉，是否以一种自愿和信息通达的方式来限制其自主权。正如范伯格所言：

> 硬父爱主义会构成刑事立法的一个理由，即有必要不顾成年人的意愿而保护他们免受危害后果，哪怕这是他们完全自愿的选择和行为。……软父爱主义认为，国家有权防止涉己的有害行为，……但当且仅当该行为实质上并非自愿，或有必要实施临时干预以确定是否属于自愿行为时。[56]

国家行使权力强制限制个人自由以促进社群健康，对此有必要给出正当化根据，我们还需要证明，利用限制自由的干预措施促进

---

54 然而，对于健康究竟是什么，以及是否应始终认为，相对那些健康状况有问题的人而言，专家有更好的认知能力，一直存在争议。例如，见 John Coggon, *What Makes Health Public? A Critical Evaluation of Moral, Legal, and Political Claims in Public Health* (Cambridge: Cambridge University Press 2012)，第一章。

55 有关父爱主义和公共卫生的更多信息，例如，见 Thomas Nys, "Paternalism in Public Health Care" (2008) 1 *Public Health Ethics* 64; James Wilson, "Why It's Time to Stop Worrying about Paternalism in Health Policy" (2011) 4 *Public Health Ethics* 269; Tom Walker, "Paternalism and Populations" (2016) 9 *Public Health Ethics* 46。

56 Joel Feinberg, *Harm to Self: The Moral Limits of the Criminal Law* (Oxford: Oxford University Press, 1986) 12.

个人自身健康，在道德和法律层面具有正当性。基于硬父爱主义证明刑法规制的正当性更加困难，因为这类规制涉及对个人福祉的保护或增进，却忽视了人们基于自治或自由所表达的个人偏好或意愿。

此外，在某些情境下，不易区分一项公共卫生措施哪些方面涉己，哪些方面涉他。以关于酒类消费的公共卫生政策为例，一些公共卫生措施旨在减少酒精对人们自身造成的伤害，并减少滥用酒精对他人造成的伤害——如道路交通事故、酒后驾驶给行人带来的事故、人际暴力和胎儿酒精综合征。在这些情景下，很难将某项措施的父爱主义部分与非父爱主义部分相区分，进而会引发的问题是：如果一项措施仅部分带有父爱主义色彩，是否就足以使整项措施在道德或法律上成问题。

6.3.2 案例研究 3：道路安全法

道路交通事故造成司机、乘客和行人伤亡，这是一个重要的公共卫生问题。[57] 国家就如何规制交通工具制定规则，以保护我们不因自身选择与行为导致死亡和伤残。道路安全法的规定如限速[58]、安 114
全带和儿童乘车安全要求[59]、佩戴摩托车头盔要求[60]、禁止手持手机和

57 World Health Organization, *Global Status Report on Road Safety* (Geneva: WHO 2015); Public Health England, *Reducing Unintentional Injuries on the Roads among Children and Young People under 25 Years* (London: Public Health England 2014).

58 Road Traffic Regulation Act 1984, ss.17, 86, 89.

59 Road Traffic Act 1988, ss.14, 15; Motor Vehicles (Wearing of Seat Belts) Regulations 1993, SI 1993/176; Motor Vehicles (Wearing of Seat Belts by Children in Front Seats) Regulations 1993, SI 1993/31; Motor Vehicles (Wearing of Seat Belts) (Amendment) Regulations 2006, SI 2006/1892.

60 Road Traffic Act 1988, ss.16, 17; Motor Cycles (Protective Helmets) Regulations 1998, SI 1998/1807, reg. 4.

分散注意力的科技产品使用[61]等，以及与未遵从规定相关联的刑事制裁，都提供了诸多意在削减健康负担的父爱主义式刑法规制例证。可以肯定的是，这些自己造成的伤害也会对其他人产生重大影响，例如，在公共出资的卫生服务机构内治疗这些受害者，会产生医疗费用，这会给事故受害者的朋友和家人带来影响。与许多其他领域的公共卫生政策一样，很难将一项活动的个人成本和社会成本相区别，这使得规制此类活动的正当化根据变得更为复杂。不过，从出发点来看，道路安全法聚焦于防止对驾驶员自身的伤害，这是此类道路安全法的主要正当化根据。[62]

正如前述密尔提出的伤害原则，在刑法规制能减轻对他人伤害的情况下，使用刑法规制方式具备正当性。然而，密尔似乎是坚定的反父爱主义者，在他看来，当涉及知情和自愿行为时，并不能因个体的自身利益来证明国家干预的正当性。这是否意味着，只有保护他人免受伤害，才能成为利用刑法规制来促进公共卫生目标的正当化根据呢？或者是否会出现这样的情形，即“软”和“硬”的父爱主义式刑事禁令都有正当化根据？最近有许多将伤害原则应用于公共卫生领域的研究，结合道路安全等例证，表明出于最低限制程度的考虑，对于更广泛的目标和项目以及由此产生的个人利益、集体利益而言，这些限制措施是多么无足轻重，可将其中许多措施调整为一种具有普遍性但非绝对化的，且为反父爱主义式的公共卫

---

61 Road Traffic Act 1988, ss.2, 3; Road Vehicles (Construction and Use) Regulations 1986, SI 1986/1078, reg.110, inserted by Road Vehicles (Construction and Use) (Amendment) (No. 4) Regulations 2003, SI 2003/2695 reg. 2.

62 Jessica Nihlén Fahlquist, “Saving Lives in Road Traffic—Ethical Aspects” (2009) 17 *Journal of Public Health* 385.

生进路。[63]

尽管父爱主义式的刑事禁令强烈鼓励甚至迫使人们以有助于促进自身健康和福祉的方式行事，且这些方式有时不太可能出自人们的自愿选择，但我们也不应忽视，就改变与规制活动相关的文化心态而言，这些方式做出了更为广泛的长期贡献。例如，最初引入强制系安全带的法律，被视为对我们私生活的不必要、粗暴的侵入，但现在很少有人反对此项措施，大多数人都会不假思索地自觉系安全带。[64] 当考虑父爱主义在道德或法律层面存在多大程度的问题时，我们应将刑法规制的意图和效果作为公共卫生政策的一个方面来考虑。 115

6.4 作为刑事司法工具的公共卫生

我们往往认为，警务人员、狱警、刑事法庭法官和皇家检控署工作人员即已穷尽了刑事司法官员的类型清单，但还有若干不同的规制机构也负有监督和调查之责，在某些情况下还会与皇家检察署

63 关于密尔的伤害原则在多大程度上可以接受父爱主义式干预，例如，见 Joel Feinberg, “Legal Paternalism” (1971) 1 *Canadian Journal of Philosophy* 105；Richard Arneson, “Mill versus Paternalism” (1980) 90 *Ethics* 470；Sven Hansson, “Extended Antipaternalism” (2005) 31 *Journal of Medical Ethics* 970；Raphael Cohen-Almagor, “Between Autonomy and State Regulation: J.S. Mill’s Elastic Paternalism” (2012) 87 *Philosophy* 557；Ben Saunders, “Reformulating Mill’s Harm Principle” (2016) 125 *Mind* 1005。

64 例如，见 Jerome Legge, *Traffic Safety Reform in the United States and Great Britain* (Pittsburgh: University of Pittsburgh Press 1991), 第二章、第四章；Department of Transport, *Seat Belt and Mobile Phone Use Surveys: England and Scotland*, 2014 (London: Department of Transport 2015)。

联合提起诉讼。较为显著的例证包括卫生和安全执行局，还包括环境、食品和农村事务部及其附属机构（如动植物卫生局、环境局、饮用水监察局）。

公共卫生从业人员凭借收集和调查方法，凭借流行病学专业知识，得以更多介入刑事司法程序，这成为发展趋势。虽然本章主要关注作为公共卫生工具的刑法，但也有必要简要探讨，如何将公共卫生用作刑事司法的工具。法律执行和公共卫生的这一整合被称为法医流行病学。法医流行病学承载了宽泛的观念，学者和公共卫生从业人员认为，从在民事诉讼中将流行病学证据和流行病学家作为专家证人，到调查疾病暴发的可能罪行来源等方方面面，均属于法医流行病学涵盖的范围。[65] 随着这一领域的发展，可以看到，它涵盖了搜查、检查和禁运、精神健康、恐怖主义、食源性疾病、暴力和环境关切等诸多领域。[66]

刑法和公共卫生工具的交互作用，虽然可进一步说明这两种进路的相容性，或说明两者承载了共通的议程和价值，但仍有必要考虑进路整合所带来的更广泛意义。应当铭记，利用公共卫生专业知识促进刑事司法目标，涉及更广泛的社会和政治考虑。尤为重要的

---

65 Sana Loue, *Forensic Epidemiology: A Comprehensive Guide for Legal and Epidemiology Professionals* (Carbondale, IL: Southern Illinois University Press 1999); Ken Alibek and Stephen Hadelman, *Biohazard* (New York: Random House 1999); Richard Goodman, Judith Munson, Kim Dammers, Zita Lazzarini, and John Barkley, "Forensic Epidemiology: Law at the Intersection of Public Health and Criminal Investigations" (2003) 31 *Journal of Law, Medicine and Ethics* 684.

66 例如，见 Sana Loue, *Case Studies in Forensic Epidemiology* (New York: Kluwer 2002); Sana Loue, *Forensic Epidemiology: Integrating Public Health and Law Enforcement* (London: Jones and Bartlett 2010); Sana Loue (ed), *Forensic Epidemiology in the Global Context* (New York: Springer 2013)。

是，要考虑这种合作有可能让公众对公共卫生事业产生负面认知，并损害公众对官员的信任。[67]

6.4.1 案例研究 4：生物恐怖主义与法医流行病学

将生物因子作为武器的恐怖主义行为必然属于刑事犯罪，[68]它通过使人与病原体直接接触或污染供应的食品和水，对公众健康造成负面影响。正是因为 2001 年美国炭疽病毒攻击事件的发生，我们开始逐渐意识到，有可能利用公共卫生来支持那些应对生物恐怖主义的刑事司法努力。进行流行病学调查尤其可帮助我们监测疾病的暴发，发现暴发的源头，并确定疾病暴发是否有可能源自犯罪行为。[69]通过使用监测和监视系统，并绘制与疫情暴发有关的流行病学曲线，可能发现并应对严重生物恐怖主义给公共卫生的威胁，还 116
可用这样的基础设施来应对非恐怖主义疫情，例如，应对食品供应链中意外的细菌污染。这种流行病学知识也能让政府官员了解，在暴露于可疑的生物恐怖主义病原体之下时，是否应采取检疫或隔离等限制措施。[70]这些方法和专业知识对调查和预防可能的生物恐怖

---

67 特别可见 Zita Lazzarini, “Forensic Epidemiology: Strange Bedfellows or the Perfect Match? Can Public Health and Criminal Law Work Together without Losing Their Souls?” in Viens, Coggon and Kessel (eds)，前注 3。

68 例如，见 Biological Weapons Act 1974。

69 Daniel Jernigan et al, “Investigation of Bioterrorism-Related Anthrax, United States, 2001: Epidemiologic Findings” (2002) 8 *Emerging Infectious Disease* 1019.

70 Joseph Barbera, Anthony Macintyre, Lawrence Gostin, Tom Inglesby, Tara O’Toole, Craig DeAtley, Kevin Tonat, and Marci Layton, “Large-Scale Quarantine Following Biological Terrorism in the United States: Scientific Examination, Logistic and Legal Limits, and Possible Consequences” (2001) 286 *Journal of the American Medical Association* 2711.

主义袭击做出了巨大贡献，但通常刑事司法系统内的官员并不掌握这些。

本章小结

- 刑法规制与公共卫生政策有时有着共通的目标和正当化根据，有时却存在紧张关系。
- 刑法规制涉及对公共违法行为的禁止，它既禁止本身违法的行为（本质上即违法的行为），也禁止由法律宣告违法的行为（法律禁止的违法行为）。
- 刑法规制还涉及，当刑法规则禁止特定违法行为时，对不遵守规则的个人予以惩罚。刑法既包括**基于过错**的犯罪（因应受谴责行为而加以惩罚的行为），也包括**严格责任**的犯罪（对因犯下被禁止行为而加以惩罚的行为）。
- 刑法规制主要关注的是构成危害行为的公共违法行为，既有伤害自己的行为，也有伤害他人的行为。
- 虽然传统上将刑法规制用作公共卫生领域的工具，但公共卫生方法也越来越多地被运用于刑事司法领域。
- 刑法规制承载着道德主义遗产，它趋于成为一种生硬且具有压制性的规制工具，这可能会给公共卫生带来问题。

6.5 扩展阅读

Timothy Akers, Roberto Potter, and Carl Hill, *Epidemiological Criminology: A Public Health Approach to Crime and Violence*

(Oxford: Wiley 2012).

Jonathan Herring, *Criminal Law: The Basics* (London: Routledge 2009).

Douglas Husak, *Overcriminalization: The Limits of the Criminal Law* (Oxford: Oxford University Press 2008).

Zita Lazzarini, Richard Goodman, and Kim Dammers, "Criminal Law and Public Health Practice" in Richard Goodman, Richard Hoffman, Wilfredo Lopez, Gene Matthews, Mark Rothstein, and Karen Foster (eds), *Law in Public Health Practice* (Oxford: Oxford University Press 2007) 136–167.

Sana Loue, *Forensic Epidemiology: Integrating Public Health and Law Enforcement* (London: Jones and Bartlett 2010).

Catherine Stanton and Hannah Quirk (eds), *Criminalising Contagion: Legal and Ethical Challenges of Disease Transmission and the Criminal Law* (Cambridge: Cambridge University Press 2016).

A.M. Viens, John Coggon, and Anthony Kessel (eds), *Criminal Law, Philosophy and Public Health Practice* (Cambridge: Cambridge University Press 2013).

第七章　公法与公共卫生

7.1　公法导论

117　在本书第五章中，我们指出了这样的明显悖论：我们作为公民**私人**，相互负有权利和义务，与之相关的法律形式可能也有助于对**公共**卫生目标的探寻。相较而言，本章关注的法律领域则是界定政府的权力和责任，并限制政府的活动，戈斯汀和威利曾这样描述，政府"是代表人民行事……以保护或促进人群健康的公共实体"。[1]

至少自《1848 年公共卫生法》颁布以来，公法已构成英国公共卫生法的核心，如本书第三章所述，该法将责任配置给地方当局，并给出了用于开展公共卫生活动的制度框架。但维多利亚时代也表明，特别是在疫苗接种立法的情境下，行使公共职责和个人自治之间可能存在紧张关系。因此，公法具有两重功能，下文将对此展开深入分析：公法既能**促进**政府活动，也会在认为其侵犯个人权利的

1　Lawrence Gostin and Lindsay Wiley, *Public Health Law: Power, Duty, Restraint* (3rd edn., Berkeley: University of California Press 2016) 6.

情况下，**约束**政府活动。

7.1.1 公法的性质与形式

就人们普遍的理解而言，在某种意义上，几乎所有法律都是公法。尽管法律学者早就认识到，私人组织有能力制定并执行有拘束力的规则，[2] 在某些情况下，这也包括适用于公共部门的规则。[3] 但迄今为止，对法律原则、程序和制度的分析，大多涉及立法机关的初级立法，涉及行政机关的授权立法或次级立法，和 / 或司法机关的判例法：可恰当地认为构成政府的三个分支是“公共”的。然而，“公法”与“私法”的区分通常并不取决于法律制定者的身份：例如，立法机关和司法机关都可以制定，且确实在制定调整合同关系的法律，这类法律被视为“私法”。相反，二者的区别取决于当事人 118
的身份，因此，私法涉及个人之间、私营商事主体之间或其间任何组合的法律关系。此外，还有一个不太直接的区分标准，即法律的影响范围，公法案件的影响往往比私法案件更广，如进行狭义的解读，那么私法案件的影响范围仅及争议案件中的当事人。[4]

因此，在英国，“公法”和“私法”之间的区别远非无懈可击，原因部分在于缺少一部法典化的宪法，这意味着无须发展出一套理论或分类方法，来识别哪些属于、哪些不属于国家权力的范围，部

2 例如，见 Louis Jaffe, “Law-Making by Private Groups” (1937) 51 *Harvard Law Review* 201。

3 见 Colin Scott, “Private Regulation of the Public Sector: A Neglected Facet of Contemporary Governance” (2002) 29 *Journal of Law and Society* 56。

4 这似乎低估了法律判决对案件直接当事人以外主体的影响，相关讨论见 Marc Galanter, “The Radiating Effects of Courts” in Keith Boyum and Lynn Mather (eds), *Empirical Theories about Courts* (New York: Longman 1983) 117。

分原因还在于，英国历史上占据主导地位的宪法理论认为，政府官员和其他民众同样受“普通”法的约束，[5]但我们可以通过本书一位作者在别处采用的方式，来界定该法律领域：

> 公法关注三个对任何现代国家的运作都至为重要的事项。首先，它需要研究政府的制度架构和支撑该架构的规则。其次，与此相关，它规定了各个政府机构之间的关系，并针对政府机构可能的违法行为设定限制。最后，它关注个人与国家之间的关系。[6]

有必要对上述三要素中的最后一个要素做一些扩展。有人可能论称，刑法“关注个人与国家之间的关系”，如果认为特定行为威胁公众整体安全和福祉，政府实体（通常是议会）会对此加以禁止，并由政府对不遵守所涉及法律的行为加以起诉。然而，鉴于刑法的范围和复杂性，以及刑法执行方式的专属性，最好将刑法视为一个完全独立的法律类别，这也是本书第六章采取的进路。

有时将公法称为“宪法与行政法”，此表述有助于进一步洞察其内容。可将“宪法”理解为这样一个领域，它关注的重点在于政府的安排、权力以及对这些权力的限制，既涉及不同政府机构之间的关系，也涉及公民个人之间的关系。英国不同于几乎所有其他国家，它缺少一部具有“高位阶”（higher-order）地位的宪法，限制权力

5 见 Martin Loughlin, *Public Law and Political Theory* (Oxford: Clarendon Press 1992)，特别是第五章。

6 Keith Syrett, *The Foundations of Public Law* (2nd edn., Basingstoke: Palgrave Macmillan 2014) 1.

的传统方式主要是诸如媒体、选举、大臣对议会的责任等政治机制，而非经由法院阐明的法律原则。然而，最近数十年来这种模式略有改变，以对行政行为的司法审查和下文将讨论的 1998 年《人权法》等法律程序为例，它们提供了一种替代性的、有时更为有效的方式，来确保政府在配置权力范围内行事。[7] 119

“行政法”往往更具日常性的品质，它关注国家针对个人（或集体性的实体，如非政府组织或法人团体）行使权力和职责时引发的争议。[8] 话虽如此，这类法律常被用来向政府施加压力，迫使政府采纳、放弃或改变一项政策或决定，从而构成了更为广泛政治运动的一部分。[9] 它也形成了对政府资源分配进行仔细审查的法律机制。解决行政法争议的最重要机制就是行政行为的司法审查程序，高等法院根据司法已阐明的特定“理由”，来评判行政行为和决定是否合法。司法审查旨在评判涉案的政府机构是否享有以此方式行事的法定权力，是否做出理性的决定，行事方式是否符合程序公正的要求。然而，除法院外，其他机构也会更频繁地介入此类事务，这包括裁判所、监察专员和调查部门。[10]

7 同上注，第 11—16 页。

8 应当指出，在英格兰和威尔士、苏格兰和北爱尔兰运行的三种法律体系中，行政法的原则、程序和制度存在一些差异。

9 见 Carol Harlow and Richard Rawlings, *Pressure Through Law* (Abingdon: Routledge 1992)。

10 以下构成了这类机构活动和程序的例示，其至少在某种程度上与公共卫生领域有密切关联。例如，见 Diffuse Mesothelioma Payment Scheme Regulations 2014, SI 2014/916, reg. 25（当经审查未能成功申请赔偿，而申请人仍不满意时，有向一级裁判所［first-tier tribunal］上诉的权利）；Parliamentary and Health Service Ombudsman, *Dying without Dignity* (London: The Stationery Office 2015); *The BSE Inquiry* (London: The Stationery Office 2000)。

第三个落在公法范围的领域是人权法，它介于此前勾勒的宪法与行政法之间。直至最近，可以因个人利益的法律保护而对抗英国，受保护的利益如人身自由、结社自由和表达自由，主要表现为消极的“公民自由”形式。法律没有规定的部分属于自由，它允许个人可以做任何普通法或成文法律未禁止的事情。1998 年《人权法》的制定为《欧洲人权公约》赋予个人权利提供了积极保护。这意味着，当一名“受害者”宣称某项受保护的权利遭到国家侵害时，有关机构应承担说明正当化根据的责任，证明其采取的措施符合法律规定，这些措施至少在探求一项符合整体社会利益的目标，而且对个人的干涉没有超过实现特定目标所必需的程度。需要指出，《人权法》的未来尚不确定，2015 年当选的保守党政府承诺废除该法，尽管最终可能通过颁布一项类似的甚至稍弱的立法来取代《人权法》。[11]

经由 1998 年《人权法》而具备国内法效力的《欧洲人权公约》是欧洲委员会的成果，该委员会属于区域性政府间组织，旨在“确保成员间更为团结，以维护和实现作为共同遗产的理想和原则，并促进经济和社会进步”，出于这一目的，委员会的成员承诺接受法治原则，保障公众享有人权和基本自由。[12] 当然，知名度更高的欧洲
120 区域性组织是欧盟。有必要对欧盟公共卫生法加以特别考量，欧盟的许多法律既涉及政府机构之间的关系，包括欧盟内部机构之间，以及欧盟与成员国政府机构之间的关系，也涉及这些政府机构与公

11　见 Conservative Party, *Protecting Human Rights in the UK* (London: Conservative Party 2014)。

12　Statute of the Council of Europe, ETS 1 (1949), Articles 1 and 3.

民之间的关系，还涉及对公共利益活动的法律规制，由此也被视为具有“公共”的性质。[13] 下一章将对此展开讨论。[14]

7.1.2 公法的功能

公法从根本上关乎政府机构权力的行使，这涉及政府机构之间的关系，以及政府机构与个人之间的关系，因此它深度承载了政治特征：实际上，有人认为，“公法只不过是复杂的政治话语形式”。[15] 相应地，在此背景下，我们可能识别出法律规范、程序和制度具有的独特作用，它们反映了人们对国家在社会中适当角色的不同看法。由于公共卫生也是具有深刻政治性的活动，[16] 了解这些进路，对于恰当理解公共卫生法的性质和功能，具有至关重要的意义。

宽泛而言，我们可以从学术文献中发现，关于公法的作用，存在两种主要立场。迄今为止，占主导的立场认为，法律的作用主要是控制政府活动的手段，以维护不受国家“干预”侵扰的个人自治

---

13 见 Patrick Birkinshaw, *European Public Law* (London: Butterworths 2003)。

14 应当指出，尽管欧盟并非一个典型的人权组织，但其对人权规范的参与越来越多。根据《欧洲联盟条约》[Treaty on European Union (TEU)] 第 6 条第 3 款的规定，《欧洲人权公约》所保障的权利被认为构成欧盟法的一般法律原则，《欧洲联盟条约》第 6 条第 2 款也规定欧盟应加入该公约。此外，欧盟在 21 世纪初还制定了自己的《基本权利和自由宪章》(Charter of Fundamental Rights and Freedoms)。根据《欧洲联盟条约》第 6 条第 1 款的规定，该宪章具有与其他欧盟条约同样的法律价值。将在本书第八章中对后者予以简要讨论，本章将讨论《欧洲人权公约》，经由 1998 年的《人权法》，该公约在英国已具备国内法效力。

15 Loughlin，前注 5，第 4 页。

16 例如，见 John Coggon, *What Makes Health Public? A Critical Evaluation of Moral, Legal and Political Claims in Public Health* (Cambridge: Cambridge University Press 2012) 48–61；Daniel Goldberg, ‘Against the Very Idea of the Politicization of Public Health Policy’ (2012) 102 *American Journal of Public Health* 44。

范围。这种观点以国家最低限度发挥作用为前提：政府应在其边界内活动，或者，正如一本英国行政法通用教科书中略有预言色彩的表述，“必须防止强大的权力引擎疯狂运转”。[17] 在此情况下，法律主要聚焦于由法院而非其他裁决或审查机制阐释的法律，法律作为一种运行的外部监督机制，根本在于确保政府的**可问责性**，并“因特定机构超越所配置法定职权做出行为或决定时，对受损害者提供一种回溯式的救济方式”。[18] 卡罗尔·哈洛和理查德·罗林斯采用的“红灯”隐喻充分体现了这种进路的重点所在。[19]

哈洛和罗林斯将另一种替代性的传统称为“绿灯”理论，[20] 该观点认为，如对法律持广义的理解，则包括司法和非司法层面的各种机制，认为对政府工作而言，法律是补充而非对抗的关系。该进路的支持者指出，“法院与基于公法获得权威的主体之间存在一种新关系，这种合作关系基于共同目标，即维持最高水准的公共行政”。[21] 因此，法律构成了对良好政府的推动，作为一种工具，法律以更有
121 益、最佳、更具前瞻性的方式展开运作，可以协助决策者以有利于所服务共同体利益的方式，来履行职能。这一视角显然秉持更为积极的立场，去看待国家在现代社会中的作用，它与广泛的社会民主立场相契合，但这并不必然需要彻底驳斥个人自治的价值。

---

17 William Wade and Christopher Forsyth, *Administrative Law* (11th edn., Oxford: Oxford University Press 2014) 4.

18 Syrett，前注 6，第 5 页。

19 Carol Harlow and Richard Rawlings, *Law and Administration* (3rd edn., Cambridge: Cambridge University Press, 2009) 1.

20 同上注。

21 *R v Lancashire County Council, ex parte Huddleston* [1986] 2 All ER 941, 945 (Sir John Donaldson MR).

这两种进路对于阐明法律可能发挥的作用，拥有相当的解释价值，但似乎不足为奇的是，公法的实践要比理论更为细致入微。这体现在英格兰和威尔士就行政行为申请司法审查的程序中（例如，在第五章讨论过的由兰普顿医院烟民提起的司法审查）。这一程序既包含“绿灯”理论的要素，旨在给努力为公共利益而工作的政府机构提供一定程度的保护（诸如设置较短的申请时限，通过初步筛选阶段剔除毫无根据的诉求）；这一程序也包含“红灯”理论的元素，协助确保不让违法行为逃逸于审查之外（特别是，对于谁有“诉讼资格”去质疑公共机构的问题，秉持宽松进路）。冒着反复征引“交通信号灯”隐喻的风险，用“黄灯”来记述当代公法的大量实践，可能最为恰当。汤普金斯把这种进路的前提概括为，相信“尽管法律应适当赋予行政一定程度的裁量权，但裁量权依然要限于可控制的程度，仍可成功地通过法律来限制国家”，[22] 并指出“此方案的目标在于保障特定的人权愿景”。[23]

7.1.3 本章的结构

本章继而将考量宪法、行政法和人权法这三种形式的公法，以及在公共卫生背景下公法发挥作用的不同进路。与本书其他章节一样，本章并无意穷尽源自公法的规范或标准对公共卫生都产生哪些影响，而是以例示的方式向读者说明，公法知识能显著增进我们的理解，理解法律运作如何构成对公共卫生目标和议程的助益与约束。

---

22 Adam Tomkins, “In Defence of the Political Constitution” (2002) 22 *Oxford Journal of Legal Studies* 157, 160.

23 同上注。

7.2 宪法、行政法与公共卫生

7.2.1 案例研究 1：“能力建设”——职能、机构、问责与使命

如本章开篇所述，公法的核心功能之一在于建立政府机构，并赋予其权力和职责。用马格努森的话来说，[24] 我们可以将这视为法律的“能力建设”面向：创设致力于公共卫生目标的机构、分配权力并做出授权。《2006 年国民医疗服务体系法》就很好地体现了法律在这方面的作用，它规定了英格兰国民医疗服务体系的组织架构，
122 特别是，《2012 年医疗和社会照顾法》还对 2006 年立法做了实质性修订，相较于此前涉及国民医疗服务体系的立法而言，这部法律以更为彻底的方式介入公共卫生。[25]

2006 年《国民医疗服务体系法》第 2A 条为卫生大臣设定了一项义务，令其“出于保护英格兰公众免遭疾病或其他健康危险的目的，采取他 / 她认为适当的措施”，[26] 该法第 2B 条分别规定了地方当局和卫生大臣的职责，要求其“采取它或他 / 她认为适当的措施”，以分别改善“本地区人民”和“英格兰人民”的健康。[27] 由此，该

---

24 Roger Magnusson, “Mapping the Scope and Opportunities for Public Health Law in Liberal Democracies” (2007) 35 *Journal of Law, Medicine and Ethics* 571, 576. 进一步研究，见本书第三章。

25 这反映了保守党-自由民主党联合政府所宣称的“创设公共卫生服务，而不仅仅是国民疾病服务”目标：HM Government, *Healthy Lives, Healthy People: Our Strategy for Public Healthin England* (CM 7985 2010) [1.5]。进一步研究，见本书第三章的讨论、第三章的注 79 和相应正文。

26 Inserted by Health and Social Care Act 2012, s.11.

27 同上注，s.12。

条为中央和地方政府都分配了公共卫生职责，但将**健康保护**职能划分给卫生大臣，[28] 而让中央和地方双方担负**健康促进**职能。这部法律进一步明确了履行这些职责可以采取的特定措施，但并非旨在穷尽各种措施：可以通过开展研究、提供微生物服务，通过提供疫苗接种、免疫接种和筛查服务，通过提供信息和建议等，来实现健康保护。[29] 类似地，可以通过提供信息和建议的方式，提供“旨在促进健康生活的服务或设施（帮助个人应对危害健康的行为，或通过其他方式）”，[30] 通过提供鼓励人们选择更健康生活方式的经济激励等方式，来实现健康促进。[31] 应当注意的是，虽然立法以强制性用语将健康保护和促进职能设定为义务，规定“必须采取此类措施”；但就履行义务的程度和方式而言，法律规定采取“……认为适当的措施”，从而赋予中央和地方政府相当的裁量权。这种包容性的义务表述方式使得相对不易将政府诉至法院；[32] 因此，在政治争论过程中，关于该法未能对履行公共卫生职能给予充分关注的论说，有可能会对此加以更成功的表达（进一步的论述见第九章）。

法律除了列明公共卫生职能外，还将这些职能分配给特定的个人或机构。相较于前文的勾勒而言，这方面的图景更为复杂。

---

28 但要注意，“政府认为地方当局在地方上起到至关重要的作用，要确保所有相关组织制订计划，以保护民众免受各种威胁和危害”：Department of Health, *The New Public Health Role of Local Government* (London: Department of Health 2012) 5. 这与应对公共卫生紧急规划方面的法定角色“有关，但不相同”，见下文的注 88—92 和相应正文。关于促进和保护之间的区别及职责划分，见 *National Aids Trust v National Health Service Commissioning Board*[2016]EWHC 2005 (Admin)。

29 National Health Service Act, s.2A (2), inserted by Health and Social Care Act 2012, s.11.

30 例如，建立戒烟诊所。

31 National Health Service Act, s.2B (3), inserted by Health and Social Care Act 2012, s.11.

32 见下文第 7.2.2 节的讨论，特别是本章注 62 和相应正文。

《2006 年国民医疗服务体系法》为卫生大臣划定了授权的范围，大臣可以将该范围内的健康保护和促进职能授予其他机构，如国民医疗服务体系委托服务理事会、临床委托小组和地方当局。[33] 在实践中，对于那些未被授予其他机构的职能，由英格兰公共卫生局作为卫生部的执行机构，代表卫生大臣来履行职能。[34] 该法还规定，要任命公共卫生主管，其作为首席官员来履行授予地方政府的公共卫
123 生职能；卫生大臣和地方议会联合做出这一任命，而且被任命者属于地方当局的雇员。[35] 政府已经声明，这些主管“需要具备公共卫生专业知识，且能够获得涉及健康改善、健康保护和公共卫生医疗服务（即国民医疗服务体系资助临床服务所针对的人群健康）这三大公共卫生领域的专家资源”。[36]

公法的“能力建设”作用可能不只是将任务分配给特定个人和机构，其延伸范围包括以特定方式促进这些任务的执行。就此需要指出的是，每个上级地方当局均要设立健康和福利委员会，委员会成员必须包括公共卫生主管。[37] 如本书第三章所述，这一发展似乎符合“新公共卫生”范式，因为它提供了以整合方式解决公共卫生问题的制度化手段，这些手段不仅涵盖了政府的各个领域，也介入公民社会之中。为实现这一目标，健康和福利委员会的成员可以由

33 National Health Service Act 2006, s. 7A, inserted by Health and Social Care Act 2012, s.22.

34 见 Department of Health/Public Health England, *Framework Agreement between the Department of Health and Public Health England* (London: Public Health England 2013)。

35 National Health Service Act 2006, s.73A, inserted by Health and Social Care Act 2012, s.30.

36 Department of Health (n28), 4.

37 Health and Social Care Act 2012, s.194(2) (d).

"地方当局认为适当的其他人，或这些其他人的代表"组成，例如成员可能包括志愿组织的代表。[38]《2012 年医疗和社会照顾法》第 195 条则更直接规定，委员会有义务推动整合工作，包括与那些提供"其他可能影响个人健康的服务，但并非医疗服务"的主体合作。[39]此外，根据《2007 年地方政府和健康公众参与法》第 116 条，该委员会还负责制定联合战略需求评估、联合健康与福利战略，[40]这些文件的内容分别是评估当地社区当下和未来的健康与社会照顾需求，并对为满足这些需求而给出的战略加以评估。关于此程序的法律指南指出，"政策意图在于，让健康和福利委员会对影响社区健康和福利的更为宽泛因素加以考虑，并考虑当地有助于改善结果、减少不平等的资源优势"。[41]政府还补充指出，它希望参与这项活动的公共卫生主管"确保将对本地优先事项和行动的严格关注贯穿于整个生命历程，以保证将预防性进路嵌入当地公共卫生体系"。[42]

公法的功能之一是确保公共机构及官员对其行为和决定负责，与此一致，《国民医疗服务体系法》也针对地方当局履行公共卫生职能的行为，设置了监督和控制机制。2006 年《国民医疗服务体系法》第 73B 条第（5）款和第（6）款因此做出了相应要求，要由公共卫生主管准备，并由地方当局发布一份年度报告，[43]而根据第 73A 条第（3）款和第（4）款，卫生大臣有权命令地方当局审

38 Health and Social Care Act 2012, s.194(2)(g)。

39 同上注，ss.195(4), (6)。

40 As inserted by Health and Social Care Act 2012, ss.192–193.

41 Department of Health, *Statutory Guidance on Joint Strategic Needs Assessments and Joint Health and Wellbeing Strategies* (London: Department of Health 2013) [3.2] .

42 Department of Health，前注 28，第 2 页。

43 Inserted by Health and Social Care Act 2012, s.31.

查公共卫生主管的履职情况，调查其失职行为，并采取指令中列明的举措，[44] 但只有地方当局在与卫生大臣协商后，才可以解雇公
124 共卫生主管。[45] 该法第 73C 条进一步规定了问责机制，使得卫生大臣能据此制定条例，规定针对地方当局履行公共卫生职能实践的控告程序。[46]

上述讨论的核心在于，将承担公共卫生相关职能的权力授予个人或机构。作为一个宪法问题，这可以理解为，议会授权行政机关在此领域采取行动，特别是向能进一步授权的卫生大臣授权，还向地方当局授权。但事实是，初级立法中的大量细节需要进一步的立法来填充，根据性质将这些立法分为次级立法（如条例）或三级立法（如指示或法定指南），[47] 这需要行政机关结合不同情况来制定，这些事实让上述图景变得复杂化。

然而，继 1998 年首次颁布权力下放立法之后，英国宪法内部对法定权力的授予，目前也出现于作为英国立法机关的威斯敏斯特，以及苏格兰、威尔士和北爱尔兰的立法机构中。[48] 这些机构均享有包括公共卫生在内的健康立法权，但受制于特定的保留，且如第三章所述，[49]

---

44 同上注 , s.30.

45 National Health Service Act 2006, ss.73A(5), (6), inserted by Health and Social Care Act 2012, s. 30.

46 Inserted by Health and Social Care Act 2012, s.32. 见 NHS Bodies and Local Authorities (Partnership Arrangements, Care Trusts, Public Health and Local Healthwatch) Regulations 2012, SI 2012/3054, Part 5。

47 关于次级立法和三级立法之间的区分，见 James Holland and Julian Webb, *Learning Legal Rules: A Students' Guide to Legal Method and Reasoning* (8th edn., Oxford: Oxford University Press 2013) 11－13。

48 Northern Ireland Act 1998, Scotland Act 1998, Government of Wales Act 1998.

49 见本书第三章的注 123—127 和相应正文。

英国的每个立法机构都已围绕公共卫生问题展开立法。[50] 大不列颠及北爱尔兰联合王国的各个组成部分采取进路的差别日渐增大，有必要对此开展进一步调查和分析，但因篇幅和内容范围所限，本书无法对此展开讨论。

但有必要对权力下放立法的另一个面向加以简要考虑，因为它有助于进一步阐明公法发挥的“能力建设”作用。《2015 年威尔士未来世代福祉法》中的福祉概念如前所述，采取更为广义的进路，它显著超过了健康的范畴，囊括了繁荣、平等、文化活力等事项，该法第 4 条规定了一系列目标，其中包括“一个更健康的威尔士”，具体描述为“这样一个社会，令人们的身心福祉得到最大化，并让人们知晓哪些选择与行为有益于未来健康”。这些目标的特定作用在于，令公共机构有义务去设定、公布并采取合理步骤，来努力实现目标；[51] 同时还会通过指标和年度报告的公布，来衡量各方面的绩效。[52] 在更广泛的意义上，这些目标“共同呈现了关于威尔士长期经济、环境、社会和文化福祉的愿景”。[53] 因此，这里可以看到公法在明确国家**使命**方面的作用，或者更确切地说，公法确定了《2015 年威尔士未来世代福祉法》中的使命，戈斯汀认为，在任何现代公共卫生法律中，这种使命都是至为重要的组成部分。[54] 如他所述，

---

50 就北爱尔兰而言，迄今为止有关公共卫生的立法活动很少，但可见 Department of Health, Social Services and Public Safety, *Review of the Public Health (Northern Ireland) Act 1967: Final Report* (Belfast: DHSSPS2016)。

51 s.3.

52 ss.10–13.

53 Explanatory Notes to the Well-being of Future Generations (Wales) Act 2015, [19] .

54 Lawrence Gostin, *Public Health Law: Power, Duty, Restraint* (2nd edn., Berkeley: University of California Press 2008) 25.

这类规定既有政治影响，也有法律影响；它们可能成为政治机构和
125 公民社会内部辩论的措辞，也可能为做出的决定和行为提供正当化根据，此外还可能为设定公共机构的法律义务提供架构。

7.2.2 案例研究 2：作为资源分配框架的公法

《1689 年权利法案》第四条阐明了宪法的一项基本原则，即政府要筹集资源，就必须获得议会的批准。该原则由年度财政法案来落实，法案中会列明税收、消费税及税收减免等内容；在法案出台之前，财政大臣会做出一份预算声明，列出随后将以立法形式发布的财政建议。此类立法显然并非主要针对公共卫生，但其中可能包含力图实现公共卫生目标的措施。最需要指出的是，针对购买烟草制品和酒精饮料的行为征收消费税；2016 年的预算声明还宣布，从 2018 年起对软饮料生产商开征“糖税”。

监督和控制政府支出也是立法机关的核心职能之一，尽管人们往往认为这项职能未能得以充分履行。[55] 在实践中，资金如何配置给政府部门（如卫生部），以及在政府部门内部如何针对特定活动领域（如公共卫生）配置资金，是由大臣们做出的政治性决定，其中财政大臣是关键的行为主体。[56] 尽管宪法学者留意到，有必要对现有用于支出决定的程序进行分析和批判，但实际上，这类决定不会受到行政法上司法审查程序的质疑：法院认为，此类决定属于“宏观政治领域”，[57] 它们涉及“影响大多数公众或其中某个重要部分的

55 见 Syrett，前注 6，第 86 页。

56 例如，见 HM Treasury, *Spending Review and Autumn Statement 2015* (Cm 9162 2015).

57 *R v Secretary of State for Education and Employment, ex parte Begbie* [1999] EWCA Civ 2100, [82] (Laws LJ).

一般政策问题，乃至涉及无法在法庭得到代表的利益群体”。[58] 法院拒绝干预，因为这会导致“担当起无法肩负的政策制定者角色”，[59] 换言之，这会违反权力分立原则。

通过司法审查挑战“中观层面”的资源分配，即决定应资助哪些公共卫生服务，又在多大程度上予以资助，这似乎更为合理。例如，当停止或减少用于筛查、戒烟诊所、公共卫生教育或公共卫生信息活动的资助时，可以请求法院就此类决定的合法性进行裁决。在此重要的提示是，如果成功质疑了此类决定，其结果并不必然是恢复资助。司法审查并非申诉程序，法院无权用自认为“正确”的决定取代原决策者的决定。相反，还会交由决策者做决定，决策者可能会再次得出同样的结论，但它这样做时，必须依法行事，这包括而不限于法院在起初审理过程阐明的任何规范和原则。[60] 尽管如 126
此，仅仅是诉诸司法审查的威胁，往往就足以说服公共机构推翻其初始决定。[61]

实际上，这个领域的法律先例有限。几乎所有涉及卫生资源分配问题的案件都与医疗服务裁决主题有关，这不同于人群健康方面的干预措施。换句话说，质疑针对**某个患者是否有权利获得特定治疗或服务**的“微观”决定。[62] 当然，这种诉讼也会影响人群健康，尤其由于资源有限，为特定治疗或服务分配资金会带来决策者负责

58 同上注，[80]。

59 同上注。

60 见 Syrett，前注 6，第 186—187 页。

61 见 Harlow and Rawlings，前注 9。

62 关于这些案例的讨论，见 Judith Laing and Jean McHale (eds), *Principles of Medical Law* (4th edn., Oxford: Oxford University Press 2017), chapter 7; Christopher Newdick, *Who Should We Treat?* (2nd edn., Oxford: Oxford University Press 2005), chapter 5。

社区中的其他机会成本。但司法考量的重点在于个体性和治疗性，而非集体性和预防性的卫生措施。也许有人会推测，至少自国民医疗服务体系建立以来，公共卫生资助方面的判例法匮乏，这反映出英国尊重医学决定的传统，加之存在这样一种注定准确的观念，“公共卫生法律和政策不可避免地具有政治性和政治化色彩”，[63] 因此并不适合对它们进行裁断。

然而，考虑类似情况，我们可以推测，在以上勾勒的图景类型下，法院后续会以怎样的方式做出裁决。一种可能的回应是，认为这些事项本质上**不具可裁判性**，即不适合由法院来解决，其结果是，司法会拒绝干预资源分配决策者的选择。可以从较早关于医疗服务资源分配的案例中，推导出这种进路的影响力。尤以 R 诉社会服务大臣亨克斯案为例，[64] 该案涉及拒绝为**某社区的服务**（在该案中是一家医院的矫形设备）提供资金，这有别于为个别患者提供特定治疗。案卷主事官丹宁勋爵认为，根据《1977 年国民医疗服务体系法》第 3 条的规定，提供医院床位和医疗服务并非绝对的义务，这要受制于资源的可获得性。基于此理解，他不打算质疑卫生大臣是否“竭尽所能利用了其可用的财政资源”。上诉法院法官布里奇对那些不得不等候手术的申请人表示同情，但他断言：“希望这不会鼓励人们指望能通过诉讼程序带来真正的期望，无法指望法院能提高国民医疗服务体系的标准，因为这方面的任何鼓励都源于明显的错觉。”

自 1980 年 R 诉社会服务大臣亨克斯案判决以来，有关医疗服

---

63 Goldberg，前注 16，第 46 页。

64 [1980] 1 BMLR 93.

务资源分配的判例法取得了显著发展，法院现在更愿意去审查这方面的决定，并宣布其不合法，这尤其适用于资源分配决定未能遵守程序标准的情形，这些标准包括提供理由说明，以及说明对例外情形的考量。[65] 可能适于公共卫生出资的权限边界是，考虑与公共服务（包括卫生服务）重组相关的协商程序是否合法。在特定情形
下，此类决定已被判定为不合法，[66] 但最终结果将取决于被质疑法律 127
规定（如果存在的话）的确切性质，[67] 以及公共机构在协商过程中采取的步骤。[68] 另一种可能是，撤回或限制公共卫生服务方面的出资，可能会违反平等立法规定的公共部门义务，特别是违反《2010 年平等法》设定的义务。此处，对合法性的判断在很大程度上取决于特定的事实，特别是公共机构如何以严格的进路，来评估决定带来的影响。[69]

鉴于这些案件的特定情境化特征，很难就公法在此情境下的运作方式得出一般性结论。但可以肯定，可以设想法院将仔细审查有关公共卫生服务出资和干预措施的决定程序，以确保与公法“绿灯”

---

65 见 Laing and McHale (eds)，前注 62；Newdick，前注 62。

66 例如，见 *Smith v North Eastern Derbyshire Primary Care Trust*［2006］EWCA Civ 1291；*R* (*on the application of Morris*) *v Trafford Health Care NHS Trust*［2006］EWHC 2334 (Admin)。

67 即使在没有法定要求进行协商的情况下，普通法也仍然规定了某些最低限度的公平标准，违反最低限度标准可能会导致被认定为不合法。见 *R* (*on the application of Coughlan*) *v North & East Devon Health Authority*［1999］EWCA Civ 1871,［108］(Lord Woolf MR)。

68 比较本章前注 66 中引用的案例，*R* (*on the application of F*) *v Healthy Futures Joint Committee of Primary Care Trusts*［2007］EWHC 1611 (Admin); *R* (*on the application of Fudge*) *v South West Strategic Health Authority*［2007］EWCA Civ 803。

69 例如，见 *R (on the application of Green) v Gloucestershire County Council*［2011］EWHC 2687 (Admin) (closure of libraries)。

理论进路指示的“良好行政”标准一致。

7.2.3 案例研究3：传染病立法——公法的“红灯”、“绿灯”与“黄灯”理论

如第7.1.2节所述，分析支配英格兰和威尔士在传染病控制方面的现行立法，包括关注最初起草的版本及后续的修订形式，使我们能辨别出公法作用的不同进路。可以认为，最初的《1984年公共卫生（疾病控制）法》符合“红灯”范式。该法对权力和职责做出了极为具体的规定，实际上这些规定被描述为“缺少灵活性”（inflexible）[70]——且包含许多防止滥用权力的保障措施。例如，根据该法第16条可以发布命令，以使地方当局能够在该法或根据该法制定的条例[71]所规定范围外，指定某些疾病为“法定报告疾病”，进而触发适用该法的其他条款，但这类命令的做出需得到卫生大臣的批准，必须“在本区域发行的地方报纸上，并采用地方当局认为足以通知到利害关系人的其他方式”进行公告，还须送达“经适当查询后，确定在本区域执业的每一位注册医疗从业者”，并且至少在公告一周之后才能开始实施。[72]根据该法制定的次级立法显然也做出了类似的具体规定：《1988年公共卫生（传染病）条例》规定了一项措施，要求地方当局或港口卫生当局在“有理由相信其辖区或港口卫生区的老鼠受到鼠疫威胁或感染鼠疫，或死亡数量异常”的情

70 Robyn Martin, “The Limits of Law in the Protection of Public Health and the Role of Public Health Ethics” (2006) 120 (Supplement 1) *Public Health* 71, 74.

71 分别见ss.10, 13。

72 ss.16(2), (3). 地方当局如认为情况紧急，可在未经大臣事先批准的情况下做出命令，但在这种情况下，必须立即将命令副本送交大臣，除非大臣事先批准，否则命令最多在一个月后失效。ss.16(4), (5).

况下，向首席医务官报告，并“采取措施消灭该辖区或港口卫生区的所有老鼠，防止老鼠进入建筑物”。[73] 128

这些规定过于细致，反映了维多利亚时代传染病立法框架的源起。[74] 它们对权力与责任给予了明确架构，在履行方式上，几乎没有为诸如地方政府机构之类的公共当局留下什么灵活性或裁量空间。而且，它们还辅以一系列同样具体的措施，这些措施旨在通过刑事制裁控制传染病的传播，这些刑事制裁可用来惩罚特定个人，例如照顾儿童的人、[75] 出租房屋的人，[76] 以及拥有、驾驶或指挥公共交通工具的人，[77] 又如公寓出租者 [78] 或参与守灵的人。[79] 因此，可将《1984年公共卫生（疾病控制）法》定性为“命令–控制”型规制形式，在此模式下，国家享有实现特定目标的权威性权力，这通常带有刑法的特征（更多的讨论参见本书第六章）：“以法律的强制力来禁止某些形式的行为，并要求积极采取某些行动。”[80]

这完全符合维多利亚时代以来显现出的对公法的主流理解，艾伯特·维恩·戴西的著作对此做了最著名的阐发。[81] 作为上文所述

---

73 SI 1988/1546, reg. 11.

74 更多讨论见上文第三章，注 95—101 和相应正文。

75 Public Health (Control of Disease) Act 1984, s.21.

76 同上注，s.29。

77 同上注，s.34。

78 同上注，s.39。

79 同上注，s.45。

80 Robert Baldwin, Martin Cave and Martin Lodge, *Understanding Regulation: Theory, Strategy and Practice* (2nd edn., Oxford: Oxford University Press 2012) 106.

81 初版于 1885 年，目前版本见 Albert Venn Dicey, *The Law of the Constitution* (John Allison (ed), Oxford: Oxford University Press 2013)。对戴西法治概念的介绍，见 Syrett，前注 6，第 40—49 页。

"红灯"理论的根基，戴西的法治模型尽管方式有些含蓄，但还是表达出对规则而非裁量的偏好，他力图让政府干预趋于最小化，让个人自治趋于最大化。即便从戴西对国家和社会的自由主义、个人主义观念出发，作为限制伤害他人的方式，《1984 年公共卫生（疾病控制）法》规定的措施也具有正当性，但所赋予的权力应尽可能狭窄，并受保障措施的约束，以防止公共机构滥用权力。秉承戴西式的理解，法律应当对公共机构的活动持怀疑态度。在任何可能的情况下，都应致力于维护个人对抗国家的自由。也就是说，正如本章下一节将指出的，特定措施看来确实侵犯了个人自由，这可能会触发戴西式的警觉。例如，如果某人患有该法及相关条例规定的某种应报告疾病，虽然无权对其强制治疗，但当将该患者已转移至医院以防止疾病传播，且在离开医院时没有合适替代住所的情况下，即没有可以采取适当预防措施防止疾病进一步传播的住所，《1984 年公共卫生（疾病控制）法》没有为隔离规定时限。[82]

如本书第三章指出的，《2008 年医疗和社会照顾法》第三部分对《1984 年公共卫生（疾病控制）法》加以实质性修订，主要目的是让英国法和 2005 年的《国际卫生条例》（将在下一章讨论）一致。我们从中可以发现，法律开始由"红灯"模式转向更具促进性的功能。实际上，法律提供了一个权力的"工具箱"，使国家能采取
129 它认为可能最有效的方式，来应对传染病的威胁。这主要体现在两方面。

首先，与 2005 年《国际卫生条例》规定的"所有危害"进路一致，《2008 年医疗和社会照顾法》没有将权力行使范围限定于已

82 Public Health (Control of Disease) Act 1984, s.38(2).

列明的特定疾病；相反，国家可以更灵活地行使权力，以应对任何“对人类健康带来或可能带来严重伤害的感染或污染”。[83] 其次，与之前立法包含的规定相比，对权力本身给予更为宽松的表述。例如，“基于针对英格兰和威尔士发生或传播的感染或传染（无论是起源于本地还是其他地方）来实施预防、保护、控制或提供公共卫生响应措施的目的”，卫生大臣享有广泛的条例制定权。[84] 这些条例可以针对特定的或一般性的感染或污染，也可以“做出一般性的或附带性的规定，或为回应一系列特定情形而做出特别规定”。[85] 这类“健康保护条例”可能有多种运作方式，包括将职能授予地方当局和其他人员，创设违法行为，允许或禁止收费，允许或要求支付激励款项、补偿金和费用——值得注意的是，这里设想的干预措施要比强加刑事制裁更广泛。也授予治安法官以宽泛的权力，可以命令对人员、事物或场所采取措施：[86] 该法规定，治安法官下达的命令应当涉及一系列特定的限制或要求，例如检疫隔离、消毒或消除污染、健康监测及对旅行或接触的限制，同时还授予治安法官补充性权力，以命令采取“他/她认为其他必要的限制或要求，来减少或

---

83 Health and Social Care Act 2008, s.129, inserting s.45A into Public Health (Control of Disease) Act 1984.

84 这种次级立法通常令人担忧，对于那些坚持更严格“红灯”理论的人而言，则尤其如此，因为它赋予行政机关立法权却几乎不受议会的审查。在此情况下，除了某些例外，条例仅受“否定决议”程序的约束，即除非议会（或威尔士国民议会）通过决议废除它们，否则条例就会生效。见同上注，inserting s.45Q into Public Health (Control of Disease) Act 1984。对于这种立法的概要介绍，见 Syrett，前注 6，第 85 页。

85 Health and Social Care Act 2008, s.129, inserting ss.45C(i) and (ii) into Public Health (Control of Disease) Act 1984.

86 同上注，inserting ss.45G, H and I into Public Health (Control of Disease) Act 1984。

消除相关风险”。[87]

对于那些推崇从“红灯”进路理解公法功能的人而言,《2008年医疗和社会照顾法》宽泛地授予权力是一个需要加以关切的问题。从这个角度出发，可以论称，国家当局可能会滥用这些权力，尤其可能以不正当侵犯个人自治的方式行使这些权力。为防范权力滥用的可能性，该法规定了某些“黄灯”保护措施，旨在确保与人权原则兼容。因此，与先前立法的立场不同，治安法官可以发布要求某人留在医院、隔离或检疫的命令，但该命令最长只能持续二十八天。[88] 只有在与应对公共卫生威胁“所要实现的目标合比例”时，“健康保护条例”中的限制或要求，以及施加此类限制或要求的决定，才是合法的。[89] 这项规定以体现人权法特色的方式，实现了在维护人群健康利益和保护个人自治之间的平衡，本章下一节将对此展开讨论，另外还可参见本书第二章的讨论。

130 有必要进一步对《2004 年国内紧急状态法》予以简要考虑，但它不仅仅涉及传染病，或实际上与公共卫生有关，它对 21 世纪支配公共卫生的更灵活、更便利的立法框架加以补充说明。《2004 年国内紧急状态法》给地方机构施加了评估发生“突发情况”风险、制订突发情况应对计划的职责，还进一步为其设定了合作及向其他机构提供信息的职责。[90] 该法也授权政府制定条例以应对突发事件，还包含了与权力行使相关的某些保障措施。[91] 该法从广义上界定“突发事

87 同上注，inserting ss.45K (2) into Public Health (Control of Disease) Act 1984。

88 同上注，inserting s.45L (3) into Public Health (Control of Disease) Act 1984。

89 同上注，inserting ss.45D (1), (2) into Public Health (Control of Disease) Act 1984。

90 2004 年《国内紧急状态法》第一部分。

91 2004 年《国内紧急状态法》第二部分。

件”，[92] 但其中显然包括疾病大流行、流行病或化学污染。作为该法规定的“一类响应者”，[93] 国民医疗服务体系在某些情境下使用“重大事件”这一术语，并将其界定为“对社群健康构成严重威胁，或造成某种数量或类型伤亡的，需要实施特殊安排的任何事件”。[94]

7.3 人权法与公共卫生

7.3.1 案例研究 4：消极义务——限制权利的公共卫生措施

在前文的讨论中，尤其在本书第二章中，已清楚表明，就公共卫生的核心面向而言，个人自治和集体责任之间存在根本的紧张关系。如戈斯汀所言：

> 公共卫生规制旨在监控健康威胁并进行干预，以降低人群中的风险或减轻伤害。同时，公共卫生方面的权力会侵犯隐私、身体完整性、迁徙自由、结社自由及宗教信仰自由等基本的公民自由。[95]

所涉及的人权问题属于公法的子范畴，对此领域的研究者来说，

92 见 ss.1, 19。

93 见 Schedule 1。

94 NHS England, *NHS England Emergency Preparedness, Resilience and Response Framework* (Leeds: NHS England 2013) [6.5.3] .

95 Gostin，前注 54，第 43 页。另见克雷布斯的论述：“因此，公共卫生领域的主要伦理困境在于，要尊重个人自由，政府还要履行职责向公民提供一定程度的健康保护，需在两者之间加以平衡。” John Krebs, “The Importance of Public Health Ethics” (2008) 86 *Bulletin of the World Health Organization* 579, 579.

这是非常熟悉的领域。这实际上涉及权利分析和法理层面的核心问题，传统上将权利分为消极权利与积极权利，消极权利“得以实现，在于社群中所有成员都克制自己不去做任何可能侵犯他人自由的事情”，[96]积极权利是那些“需要他人为无法自给自足的人提供物质生活帮助”的权利。[97]戈斯汀所列举的公民权利和政治权利正好都属于消极权利，尤其在西方民主国家的传统中，这类权利在法律体系中受到最高程度的保护：也就是说，已形成占主导性的“关于人权的自由共识……它成功将公民权利和政治权利的话语作为人权
131 讨论中可接受的见解”。[98]基于密尔的“伤害原则”等广为人知且可能的伦理主张，这类权利占据了支配地位，以至于任何可能干涉此类权利的措施，都被推定为不可接受的行为，甚至在许多情况下会被认定为不合法，由此，不论在法律层面还是推理层面，此类权利似乎起到“王牌”作用。[99]相较而言，积极权利包括社会权利、经济权利和文化权利，这包括健康权，但是否涵盖获得公共卫生的权利，这一点还不太明确，[100]“这可能与消极自由冲突，特别是同与经济活动有关的自由冲突，包括自由市场惯例及拥有、处置财产权的自由”。[101]原因在于，积极权利的实现，“相较于保障公民权利和政

96 Tony Evans, “A Human Right to Health?” (2002) 75 *Third World Quarterly* 197, 200.

97 同上注。

98 同上注，第 201 页。

99 见 Ronald Dworkin, “Rights as Trumps” in Jeremy Waldron (ed), *Theories of Rights* (New York: Oxford University Press 1985) 153–167。

100 Aoife Nolan, *Children's Socio-Economic Rights, Democracy and the Courts* (Oxford: Hart Publishing 2011) 31.

101 Evans，前注 96，第 200 页。

治权利的努力而言，花费的资源更多”，[102] 可能“要试着向富人施加义务，来实现这些权利”，[103] 例如通过再分配性质的税收政策，为住房、卫生或教育方面的社会福利项目提供资金，但这是间接的方式。

但必须指出，尽管并非总是成功，但人权法力图**调和**个人自治和集体责任之间的紧张关系，而不是以一种令个人自治占据绝对支配地位的方式运作。因此，断言权利会“优于某些为整个社会设定目标的背景性正当化根据”，这在某种程度上容易引起误解。[104] 相反，可能更确切的表述是，“权利会优于缺乏充分正当化根据的集体目标”。[105] 这种提法使我们注意到这样的事实，即如果当事人的行为构成对个人自治的干预，在围绕权利做出裁决时，会对当事人强加**说明正当化根据的义务**。

此种公法进路和上一节描述的进路存在重要区别，与具有“命令与控制”特征的进路尤为不同。在上一节中，“政府行为的正当性与合法性的源头在于，行为主体的行为已获授权。因此，在这一理念下，公法关注划定公共行为的界限，并确保由获得相关授权的主体做出决定”。[106] 相比之下，在涉及权利的裁决中，“当存在可接受

---

102 这项权利载于《消除一切形式种族歧视国际公约》(1965年)(International Convention on the Elimination of all Forms of Racial Discrimination) 第5条第(e)款第(iv)项，但《经济、社会、文化权利国际公约》(1966年)(Covenant on Economic, Social and Cultural Rights) 第12条规定的健康权是指作为“应采取的步骤……以完全实现该权利”的公共卫生措施，这有别于公共卫生本身就是一项权利。

103 Evans，前注96，第200页。

104 Dworkin，前注99。对德沃金所使用的“王牌”暗喻的批判性分析，见 Paul Yowell, “A Critical Examination of Dworkin's Theory of Rights” (2007) 52 *American Journal of Jurisprudence* 93。

105 Yowell，同上注，第95页。

106 Moshe Cohen-Eliya and Iddo Porat, *Proportionality and Constitutional Culture* (Cambridge: Cambridge University Press 2013) 122.

的自由和平等，能证明法律、决定、政策或行为对其约束对象施加负担时，具有正当化根据，则对合法权威的主张才貌似合理”。[107] 在这一进路下，法律的作用在于，为某项审查决定或行动的正当化根据提供框架，明确旨在追求的目标，而且是以政治共同体内广泛接受的价值为根基（即便受影响的个人在涉及本人相关的特定案件中，不接受对相应价值的援用）。这便可以在国家所追求集体目标的重要
132 性和强加给个人利益的负担之间进行比较。因此，适当的理解是：“权利代表着潜在利益冲突之间的平衡，有些是个人利益，有些是社会利益。”[108]

在公共卫生的情境下，恩霍尔诉瑞典案很好地说明了这些要点。[109] 在该案中，原告是一名五十六岁的男子，他是艾滋病病毒抗体阳性患者，并已将病毒传播给一名十九岁的男子。他没有遵守县医务官发出的指令，随后，县行政法院以《1988 年（瑞典）传染病法》为根据，发出了强制隔离令。因为他频繁地逃离医院，所以在长达六年多的时间里，法院向他签发了数次强制隔离令，直至医务官最终确定，已没有理由继续强制他隔离治疗。原告声称，隔离行为违反《欧洲人权公约》第五条的规定，非法剥夺了他的自由。虽然原告未能说服欧洲人权法院，令其判定对他自由的剥夺没有充分“法律根据”（特别之处在于，强制隔离程序和标准都不够明确），但

107 Mattias Kumm, “The Idea of Socratic Contestation and the Right to Justification: The Point of Rights-Based Proportionality Review” (2010) 4 *Law and Ethics of Human Rights* 142, 143.

108 David Feldman, *Civil Liberties and Human Rights in England and Wales* (2nd edn., Oxford: Oxford University Press 2002) 6.

109 [2005] 41 EHRR 633.

他成功证明了强制隔离行为不**符合比例原则**。

为了从这个维度理解此裁定，重要的是认识到，尽管《欧洲人权公约》第五条列明了一项权利，即“每个人都享有人身自由和安全的权利”，但随后又规定了一系列可以合法限制或取消该权利的情况，其中第（e）项规定，为防止传染病蔓延，可以对某人予以合法拘留。因此，国家实际上给出了一项公共卫生理念，将其作为干涉自由权的正当化根据。然而，法院明确表示，只有在以下情况下，采取这类行动才具有合法性：

> 传染病的蔓延会危及公共健康或安全，并且……为防止该疾病传播，隔离感染者是最后手段，这是因为已经考虑过相对不那么严厉的措施，且发现这些措施不足以卫护公共利益。[110]

这一表述使法院能够“权衡”个人利益和社会利益，也能评估强制隔离是否能最好地满足个人利益，例如提供医学治疗。在此案中，瑞典政府未能证明，它已经考虑了对原告自由权侵犯程度更低（相较于强制隔离）的措施。而且，考虑到原告有时虽不在医院，但并未将艾滋病病毒传染给任何其他性伴侣这一事实，不宜将强制隔离措施作为“最后手段”。因此，国家当局未能在确保艾滋病病毒不扩散的需要和原告的自由之间取得公正的平衡。

英国是《欧洲人权公约》的缔约国，事实上，借由1998年

110 [2005] 41 EHRR 633, [44]。应指出，就所采取的措施是否为“最后手段”来说，比例原则的表述方式与通常情况下的表述有所不同，在这种情况下，通常是评估某措施给个人造成的损害是否大于个人从中获得的收益。恩霍尔案采用的更严格标准反映了《欧洲人权公约》赋予自由的权重。

《人权法》，英国已将该公约“整合”入国内法，《人权法》第二条
133 要求法院有考虑欧洲人权法院裁判的义务。因此，恩霍尔案中的推理适用于英国出现的类似情况。马丁的确利用此案为《1984 年公共卫生（疾病控制）法》的改革辩护，声称“有关 1998 年《人权法》影响《1984 年公共卫生（疾病控制）法》的任何疑问，现在必须借由恩霍尔案判决来解决”。[111] 正如本书第三章和本章前述讨论中指出的，尽管改革的主要驱动力在于必须遵守《国际卫生条例》（见本书第八章），而非《人权法》，但的确已发生了这方面的改革。

然而，与上文所分析的且为欧洲人权法院在案件判决中明确援引的“平衡”概念一致，不应假定，恩霍尔案的判决结果表明，在所有涉及公共卫生的案件中，人权裁决结果**必然**导致个人自治优于共同体利益（又见本书第五章对兰普顿医院烟民案的讨论）。实际上，欧洲人权法院已裁决了少数可能被认为属于这一类别的案件，这类案件与关于个人医学治疗的案件不同，倾向于给予政府当局相当程度的裁量权来采取它们认为必要的行动，以保护或改善民众健康。例如，在拉斯基诉英国案中，欧洲人权法院认为，对一些在合意情况下参与施虐–受虐狂性质行为的个人提起刑事指控，不构成违反公约第八条的行为，公约第八条规定了私人和家庭生活、住所和通信受尊重的权利。英国政府论称，基于公共卫生理由，通过起诉来阻止某些类型的行为，是根据公约第八条第二款对权利行使的正当干涉，这是可接受的论说，法院判决认为：

111 Robyn Martin, “The Exercise of Public Health Powers in Cases of Infectious Disease: Human Rights Implications” (2006) 14 *Medical Law Review* 132, 143.

在被害人同意的情况下，确定法律所容忍的伤害程度首先是国家的事务，因为所涉问题一方面涉及公共卫生考量及刑法的一般威慑作用，另一方面也涉及个人自治。[112]

因此，所采取的措施落在欧洲人权法院给予成员国政府当局的“判断余地”（裁量判断范围）之内。在涉及卫生系统内部资源分配的案件中，欧洲人权法院也得出了类似的结论。[113] 法院注意到，“鉴于资源有限”，满足获得特定治疗或服务的要求，“相当于不得不从纳税人出资的其他有价值的需求中挪用公共资金”，[114] 并且“在许多欧洲国家，医疗服务领域公共资金配置都是一个引发激烈争论的问题，属于不宜由法院置喙的事项”。[115] 更确切地说，鉴于更广泛人 134
群的利益，需要对稀缺资源精打细算，评估是否能满足对特定干预措施的需求，这是需由国家当局决定的问题。[116] 在国内情境下，这种不干预的法律立场体现于，不愿意准许以 1998 年《人权法》作为请求司法审查的基础。例如，在孔德利夫案中，[117] 上诉法院认可并引用了欧洲人权法院的观察，即“必须考虑到，在相互竞争的个人利益和社会整体利益之间，应取得公正的平衡”，[118] 以支持它的结论，

---

112 ［1997］24 EHRR 39,［44］.

113 更进一步的讨论，见 Keith Syrett, “Healthcare Rationing and the Law”, in Andre den Exter and Martin Buijsen (eds), *The Compendium of European Health Law* (Antwerp: Maklu-Uitgevers 2017)。

114 *Pentiacova v Moldova*, App no 14462/03 (ECtHR, 4 January 2005).

115 *Wiater v Poland*, App no 42290/08 (ECtHR, 15 May 2012),［39］.

116 见 *Sentges v Netherlands*, App no 27677/02 (ECtHR, 16 July 2002)。

117 ［2011］EWCA Civ 910.

118 见 *Sentges*，前注 116。

认为初级卫生保健信托拒绝出资为低于特定体质指数水平的患者进行腹腔胃镜旁路手术是理性的决定，因此也是合法的决定，且没有侵犯原告根据公约第八条享有的权利。

还应指出，尽管前述案例涉及**个人自治**与集体公共卫生利益之间的平衡，但**公司**也可能援引人权法的相关规范来反对公共卫生措施。近期一个值得注意的事例与要求在香烟包装和 / 或普通包装上标识警告信息的立法有关。迄今为止，在欧洲，主要通过知识产权和自由贸易途径来对这类法律提出异议，本书第八章更详细讨论了此类立法对公共卫生的影响。[119] 然而，其他地方的情况是，美国宪法第一修正案尊奉的言论自由，构成了成功质疑联邦食品药品管理局发布图形警示要求的法律基础；[120] 在新西兰，鉴于烟草公司先前就图形警示提出过争论，[121] 政府已经就普通包装立法与《1990 年新西兰权利法案》第十四条中保护表达自由要求的一致性征求了法律意见。[122] 由于欧洲人

119 见 Alberto Alemanno and Enrico Bonadio, "Plain Packaging of Cigarettes under EU Law" in Tania Voon, Andrew Mitchell, and Jonathan Liberman (eds), *Public Health and Plain Packaging of Cigarettes: Legal Issues* (Cheltenham: Edward Elgar2012) 214–237。

120 *R.J. Reynolds Tobacco Co. v. FDA*, 696 F.3d 1205 (D.C. Cir. 2012). 相关讨论，见 David Orentlicher, "The FDA's GraphicTobacco Warnings and the First Amendment" (2013) 369 *New England Journal of Medicine* 204。

121 见 Janet Hoek, Nick Wilson, Matthew Allen, Richard Edwards, George Thomson, and Judy Li, "Lessons from New Zealand's Introduction of Pictorial Health Warnings on Tobacco Packaging" (2010) 88 *Bulletin of the World Health Organization* 861。

122 New Zealand Ministry of Justice, "Legal Advice: Smoke-Free Environments (Tobacco Plain Packaging) Amendment Bill: Consistency with New Zealand Bill of Rights 1990" (6 December 2013),<www.justice.govt.nz/policy/constitutional-law-and-human-rights/human-rights/bill-of-rights/smoke-free-environments-tobacco-plainpackaging-amendment-bill>，最后访问日期：2016 年 4 月 5 日。

权法院的判例法已确立，《欧洲人权公约》第十条规定的表达自由可以延伸至“商业言论”，并涵盖适用于商品包装上传达的信息，[123] 并且该条文还保障“接收和传递信息的权利……不受公共当局的干涉”，因此，设想在英国根据《1998 年人权法》提起类似质疑，这并非难以置信。[124] 然而，鉴于“保护健康”目标是对公约第十条第二款项下权利进行干涉的正当化理由，如果干预措施符合合比例性基准，就此类事项进行裁决的法院很可能认为，这些措施是合法的。

7.3.2 实例研究 5：积极义务——作为公共卫生干预基础的权利

行文至此，讨论聚焦于将权利保护作为国家不干预义务的基础。135
但正如前文所述，权利也可能带来积极义务，即“核心特征是国家有责任承担特定、积极的任务”，以此来保障权利。[125] 现在以人们熟知的三分法来区分义务类型，即尊重人权（不干涉）、保护人权（防止第三方违背义务）和实现人权（采取保障措施）的义务。[126] 后两类义务要求国家采取行动，对实现人权层面的义务而言，则尤其如此，这不同于作为前一节分析基础的消极尊重义务。

---

123 例如，见 *Casado Coca v Spain*［1994］18 EHRR 1。

124 例如，对于 Standardised Packaging of Tobacco Products Regulations 2015, SI 2015/829，这些条例在 *R* (*British American Tobacco*) *and others v Secretary of State for Health*［2016］EWHC 1169 (Admin) 案中没有被成功质疑，但其根据是违反了《欧洲人权公约》第一议定书的第一条（和平享有财产的权利）。

125 Alastair Mowbray, *The Development of Positive Obligations under the European Convention on Human Rights by the European Court of Human Rights* (Oxford: Hart Publishing 2004) 2.

126 早期对这种分类的陈述，见 UN Special Rapporteur for the Right to Food, *The Right to Adequate Food as a Human Right: Final Report Submitted by Asbjørn Eide*, UN Doc E/CN.4/Sub.2/1987/23 (1987)［67］—［69］。

《欧洲人权公约》是庄严记载公民权利和政治性质权利的法律文件，但它并未规定健康权，因此，采取措施改善人群健康的积极义务必须源自其他权利。最相关的来源可能是：公约第二条对生命权的规定，公约第三条对酷刑和不人道的及有损人格的待遇、惩罚的禁止，公约第八条规定，私人、家庭生活、住所和通信有获得尊重的权利。

欧洲人权法院关于公共卫生方面法理的发展脉络涉及在健康环境中生活的权利。[127] 塔塔尔诉罗马尼亚案当属这一发展态势的例证，[128] 原告指控国家未能采取适当措施规制金矿开采活动，导致供水受到氰化钠的污染。尽管在此情况下，法院未考虑接触氰化钠和原告的儿子罹患哮喘之间存在因果关系，但法院确实认为，国家没有采取适当措施保护人们享有健康环境的权利，此权利被视为《欧洲人权公约》第八条项下尊重私人生活及住所权利的维度之一。类似地，在迪萨诺诉意大利案中，[129] 法院认定，未能收集、处理和处置废物构成了对《欧洲人权公约》第八条的违反。与塔塔尔案一样，法院无法最终确定当地民众的健康是否已受到了严重影响，但法院认为，国家未能履行职责，采取合理与适当的措施，去卫护当地人群生活于安全健康环境中的权利。

在这些案例中，尚不能确定对人群健康的影响程度。然而，在其他一些已明显对健康造成不利影响的案例中，法院已经基于国家未能履行积极义务，明确论称它侵犯了公约规定的权利。因此，在伊勒弗阿迪斯诉罗马尼亚案中，[130] 一名原本健康的罪犯罹患了肺纤维化和慢

---

127 见 Council of Europe, *Manual on Human Rights and the Environment* (2nd edn., Strasbourg: Council of Europe Publishing 2013)。

128 App no 67021/01 (ECtHR, 27 January 2009).

129 App no 30765/08 (ECtHR, 10 January 2012).

130 App no 38427/05 (ECtHR, 25 January 2011).

性阻塞性支气管肺病，他曾和吸烟者共用牢房和法庭等候室，法院认定这种情况违反了《欧洲人权公约》第三条：欧洲人权法院认为，国家未能采取足够的措施来保护请求人的健康，例如，未能满足他提出的转移到无烟牢房的请求。此外，在布兰卡诉马耳他案中，[131] 法院认 136
为，接触石棉的情况构成了对《欧洲人权公约》第二条和第八条的违反：政府未能履行积极义务去制定法律或采取其他实际措施，以确保船厂工人充分了解健康风险，并保护他们免遭这些风险。

在这方面还需指出，《欧洲社会宪章》通过列明一系列经济和社会权利，构成了对《欧洲人权公约》的补充，宪章第十一条要求国家

> 采取适当措施，尤其是尽可能消除造成健康损害的原因；提供咨询和教育设施，以改善健康，鼓励个人对健康事务负责；并尽可能预防流行病、地方病和其他疾病。

这意味着给国家强加了广泛的积极义务，这些义务包括：采取措施以减少石棉污染、水污染和噪声污染产生的风险；采用食品卫生标准；强制实行对烟草供应的限制；实施广泛可及的免疫接种计划；采取预防事故的措施；提供健康教育和讯息；提供咨询和筛查（尤其是为儿童和孕妇）；提供涵盖工作健康与安全及女性、儿童和老年人健康权等事项的规制框架。[132] 马兰戈普洛斯人权基金会诉希

131 ［2014］ECHR 836.

132 见 Secretariat of the European Social Charter, *The Right to Health and the European Social Charter* (Strasbourg: Council of Europe 2009)。

腊案是对此进路的例示，说明了《欧洲社会宪章》第十一条的适用范围，[133] 在该案中，除其他事项外，因国家未能就褐煤开采的健康风险教育当地民众，及未能对附近居民实施充分的流行病学监测，法院判决认定，国家违反了《欧洲社会宪章》的规定。

英国已经批准了《欧洲社会宪章》，并接受了宪章第十一条的规定。然而，与《欧洲人权公约》不同，英国还未通过立法赋予欧洲社会宪章的国内法效力；因为英国是采二元论的国家，[134] 所以该宪章中规定的义务仅在国际法层面上成立。此外，英国也尚未允许马兰戈普洛斯案中使用的集体申诉制度。因此，该宪章对英国公共卫生法只有最低限度的影响；如果说宪章有什么功能的话，主要是非政府组织和其他行为主体将其作为手段，用以向政府施加政治压力，让政府就人群健康问题采取行动。

本章小结

- 公法是支配政府的制度架构、政府不同部门之间关系以及个人与国家之间关系的规则，通常可将公法划分为**宪法**、**行政法**和**人权法**。
- 公法为阐明政府在公共卫生方面的使命提供了途径；公法为设
137 立针对公共卫生目标的机构，提供了方式，并使此类机构可问责；公法为公共卫生领域内行为主体和活动的资源配置提供了框架。
- 主流进路认为公法在发挥**控制**作用，尤其保护个人自治。然而，最近一种补充性的观点认为，公法是**促使**国家执行任务的一种

133 Complaint No. 30/2005 (European Committee of Social Rights, 6 December 2006).

134 更多讨论见本书第八章。

手段，这包括与保护或改善人群健康有关的任务。

- 人权法可以通过令个人利益优先于集体利益，来约束国家在公共卫生方面的活动；然而，权利的法理要求法院在个人利益和集体目标之间的**平衡**，这意味着个人利益并非总处于优先地位。

- 人权法可能要求国家采取特定措施以确保人群健康，在环境保护情境下则尤其如此。这是一个正在发展的法律领域，它对英国的影响尚不明显。

7.4 扩展阅读

Department of Health, *The New Public Health Role of Local Government* (London: Department of Health 2012).

Enhorn v Sweden (2005) 41 EHRR 633.

Health and Social Care Act 2012, ss.11–12, 22, 30–32, 192–193.

Judith Laing and Jean McHale (eds), *Principles of Medical Law* (4th edn., Oxford: Oxford University Press 2017), chapter 7.

Robyn Martin, "The Exercise of Public Health Powers in Cases of Infectious Disease Human Rights Implications" (2006) 14 *Medical Law Review* 132.

Public Health (Control of Disease) Act 1984, as amended by Health and Social Care Act 2008, Part 3.

Keith Syrett, *The Foundations of Public Law* (2nd edn., Basingstoke: Palgrave Macmillan 2014).

Well-being of Future Generations (Wales) Act 2015.

第八章　欧盟法、国际法与公共卫生

139 尽管本书关注英国公共卫生法的运行情况，尤其是聚焦于英格兰和威尔士的法定管辖范围内，但倘若不分析区域性和国际层面的法律，将是不完备的法律分析。这出于如下两个原因。

第一，从**法律**视角看，这些法律可能进一步构成国家"内部"规制框架的组成部分，国家在该框架内解决国内人群健康问题，就1973 年 1 月 1 日英国加入当时欧洲经济共同体至今的欧盟法，以及经由国内立法转化、已经生效的国际条约而言，都是如此；英国还是国际舞台上的参与者，这些区域性和国际层面的法律还可能从"外部"对英国施加义务和限制。第二，从**公共卫生**视角出发，"健康的决定因素……不仅源于一国境内"。[1] 几个世纪以来都是如此，例如，可以去想一想中世纪黑死病的蔓延，但作为全球化的后果，这一问题变得愈发重要。

本章的作用在于，对欧盟法律和源自国际条约的法律之性质

---

1 Lawrence Gostin, *Global Health Law* (Cambridge, MA: Harvard University Press 2014) 32.

加以记述，说明这些法律对英国人群健康规制的可能影响，还力图实现进一步的目标。本章有助于强调我们在本书其他地方，特别是在第一、三、四、九章中提出的观点，即仅诉诸英国政府的权力和责任，无论是在国家层面、权力下放层面或地方政府层面，都不可能形成对当代公共卫生法的理解。更确切地说，我们在本书中对公共卫生法持广义理解，这需要我们考虑非政府主体及**多层次治理**的功用——在此意义上，存在“超”民族国家层面的治理。

8.1 欧盟法导论

欧盟是一个很难被归类的实体。它具有国际组织的某些特
性，但或许更妥当的做法是，将其视为“一个通过地方、国家、欧
盟、跨国机构和行为主体之间的互动来制定规范的多层次治理体
系”。[2] 欧盟的法律秩序尤其具有独特性，这有别于本章第二部分探 140
讨的国际法。现为欧盟法院的欧洲法院在早期的一份判决中，对此
做了如下说明：

> 相较于普通国际条约，《欧洲经济共同体条约》[3] 创设了自己的法律体系，在条约生效后，即成为成员国法律体系中不可或缺的组成部分，成员国法院应受条约约束，并适用条约。通过

2 Tamara Hervey and Jean McHale, *Health Law and the European Union* (Cambridge: Cambridge University Press 2004) 34.

3 这是指 1957 年的《罗马条约》，它创设了最初的欧洲经济共同体，后来改为欧洲共同体，最终成立了欧洲联盟。

创设一个无限期的共同体，拥有自己的机构、人格、法律能力和在国际上的代表权，更具体而言，真正的权力来自因主权限制，或因成员国向共同体让渡了权力，故而在有限领域内限制了成员国的主权权利，但由此建立了一个对成员国及其国民都有拘束力的法律体系。[4]

英国颁布的《1972 年欧洲共同体法》界定了国内法律和（现今）欧盟法之间的关系。根据该法第 2 条第 1 款的规定，可以“直接适用”的欧盟法律规定，即对于欧共体条约本身和欧盟机构制定的条例，将自动整合入国内法律体系，英国政府机构无须进一步采取任何行动。根据该法第 2 条第 2 款规定，对于那些不能直接适用的欧盟法律——其间最重要的当属指令，要授权行政制定次级立法，来实施这些法律：“这是最常见的方式，让欧盟法上创设的义务得以在英国作为全国性法律生效。”[5]

正如欧盟法院 1963 年所勾勒的，欧盟法也具有“直接效力”：

《欧洲经济共同体条约》的目标……意味着该条约不仅仅是一个创设缔约国之间相互义务的协议，……欧洲经济共同体构成了国际法上一种新的法律秩序，为了从这种秩序中获益，各成员国已对本国的主权权利加以限制，尽管这种限制仅在有限的领域内，并且组成欧盟法的主体不仅包括成员国，还包括各成员国的国民。因此，共同体法律独立于成员国的立法，它不

4 *Costa v ENEL* (C-6/64) [1964] ECR 585.

5 Aidan O'Neill, *EU Law for UK Lawyers* (2nd edn., Oxford: Hart Publishing 2011) 56.

仅对个人施加义务，还意在赋予他们权利，这些权利已成为共同体法律遗产的一部分。[6]

这意味着欧盟法律可以由私人实施[7]——换言之，个人可以援引
欧盟法的规定，在国内法院起诉政府官员或机构，以及私人实体或
个人。但这种直接效力并不及于欧盟指令，因为在未经国内立法转
化实施的情况下，欧盟指令仅**对国家**具有“垂直的”直接效力。此 141
外，英国颁布的《欧洲共同体法》第2条第4款规定，不论国内法
规范制定于《欧洲共同体法》之前还是之后，欧盟法都优于与其相
冲突的国内法规范，这是因为：

> 利用国内法的法律规则或概念，来判断共同体机构采取措施的有效性，会对共同体法律的统一性和效力产生负面影响，……源自《欧洲经济共同体条约》的法律属于独立的法律渊源，如果它作为共同体法律的性质未被剥夺，而且共同体本身的法律基础未受质疑，那么，无论架构如何，均不能因为它的性质，而被国内法的规则推翻。[8]

就公共卫生法的塑造而言，在欧盟层面运作的各种制度和机构

6 *NV Algemene Transporten Expeditie Onderneming van Genden Loos v Nederlandse Administratie der Belastingen* (C−26/62) [1963] ECR 1.

7 见 Paul Craig and Grainne de Búrca, *EU Law: Text, Cases and Materials* (6th edn., Oxford: Oxford University Press 2015) 185。

8 *Internationale Handelsgesellschaft mbH v Einfhur-und Vorratsstelle für Getreide und Futtermittel* (C−11/70) [1970] ECR 1125.

均可发挥一定的作用。[9]总体上，由各成员国政府中负责所讨论主题领域的部长组成了部长理事会，它和欧洲议会就欧盟委员会的立法提案共同做出决定，欧盟委员会则兼具立法和行政职能。在公共卫生领域，一个特别重要的主体是欧盟委员会卫生和食品安全总司，其目标包括保护和改善欧盟的公共卫生。在包括"导控欧盟公共卫生"、"确保卫生安全"、"采取防治疾病措施"、"社会中的健康"和"促进健康"等在内的诸多标题项下，所采取的政策和行动均在追求上述目标。[10]

欧盟法是英国公共卫生规制拼缀图景的一个组成部分，但其未来的地位目前处于高度不确定状态。本书即将付印之时，英国于2016年6月就是否继续保留欧盟成员资格举行公投，大多数投票人表示希望脱欧。重要的是，要认识到，无论这种情况在国内政治中如何发展（而且应当指出，作为法律问题，公投只是咨询性的：威斯敏斯特议会保留它选择任何行事方式的主权，包括无视这一结果），目前英国仍然受欧盟条约和由此创设义务的约束。《欧洲联盟条约》第50条规定，成员国将其脱欧意图告知欧洲理事会之后，才会启动谈判程序，并且脱欧谈判的进程最长为两年（这一进程经有关成员国同意，经理事会一致同意后，可延长谈判期限）。一旦达成协议（或如果谈判期已过，而未达成任何此类协议），欧盟法律将停止适用。然而，这并不意味着，未来英国脱欧之后，所有源自欧盟且关乎公共卫生的法律都将被废除，它们已渗透到国内法律体

9 见 Tamara Hervey and Jean McHale, *European Union Health Law: Themes and Implications* (Cambridge: Cambridge University Press 2015) 63–69。

10 European Commission, <www.ec.europa.eu/health/index_en.htm>，2016年4月5日最后访问。

系中：英国政府已表示，首先会保留那些经由 1972 年《欧洲共同体法》生效的欧盟法，随后再对它们进行审查。因此，这是一幅十分复杂的图景，至少目前，欧盟仍然是国内公共卫生法的重要来源之一，对此值得加以进一步考量。

8.2　欧盟法与公共卫生

正如欧盟卫生法领域的主流著作所言，欧盟机构制定了一系列非常广泛的法律，它们都会影响公共卫生；尤为重要的例证当属那些与环境、健康和职业安全相关的法律。[11] 本书的篇幅不足以全面探讨这些内容，但下文将讨论在传染病领域就大流行病采取的规划和防范行动；在非传染病领域，则对酒精和食物这两种重要媒介加以讨论，这些都将提供说明性的例证。 142

先要讨论的是，欧盟层面有权就公共卫生问题采取行动，其权力的合法来源何在，还要探讨在欧盟和成员国机构之间法律责任的分配。如本书第七章所述，尽管这些问题明显属于公法范畴，但它们有着更为深远的意义。戈斯汀和威利尽管基于美国的情况，但他们还是谈及“应由哪一层级的政府采取行动”，并认为在公共卫生法情境下，这是既具有根本重要性又颇具争议的问题。[12]

11　Hervey and McHale，前注 2，第 333—334 页。

12　Lawrence Gostin and Lindsay Wiley, *Public Health Law: Power, Duty, Restraint* (3rd edn., Berkeley: University of California Press 2016) 73. 当然，在一般意义上而言，欧盟并非“政府”，但如上所述，可能将其视为一个“治理体系”。

8.2.1 欧盟在公共卫生方面的权能

为了理解欧盟在公共卫生法中所发挥作用的性质和范围，有必要先了解在在欧盟机构和成员国机构之间，如何分配法定权力。此处的核心概念是这两个层级之间的**权能**（competence）分配。在一般意义上，可将“权能”理解为“通过实施特定类别的行为改变法律地位的可能性”，[13] 因此，这与法律效力问题有关：当不具备权能时，做出的行为在法律上无效。在英国国内公法话语中，“权能”这一术语并不常用，但广义上，可将其视为“关乎行动范围，涉及管辖权问题；又关乎行动方式与手段，涉及权力问题”。[14]

“基本原则是，而且始终是，欧盟仅享有条约赋予的权力。”[15]《欧洲联盟条约》和《欧洲联盟运作条约》是确立欧盟体制框架和规定欧盟运作的两项条约，2009 年 12 月 1 日生效的《里斯本条约》对这两项条约进行了修订。[16] 相较于此前的规定，《里斯本条约》更为明确地规定了权能问题。欧盟可能享有专属权能，在专属权能领域，只有欧盟可以采取立法措施；[17] 还可能享有共享权能，在共享权能领域，欧盟和成员国均可以立法，并颁布有法律拘束力的法令；[18]

---

13 Torben Spaak, “Norms that Confer Competence” (2003) 16 *Ratio Juris* 89, 91.

14 Loïc Azoulai, “Introduction: The Question of Competence” in Loïc Azoulai (ed), *The Question of Competence in the European Union* (Oxford: Oxford University Press 2014) 2.

15 Craig and de Búrca，前注 7，第 73 页。

16 它们被描述为“好似欧盟的宪法”：Hervey and McHale，前注 9，第 63 页。

17 《欧洲联盟运作条约》第 2（1）条。成员国只有在获得欧盟授权或为了在本国实施欧盟法规的情况下，才能够立法或采取具有法律约束力的行为。

18 《欧洲联盟运作条约》第 2（5）条。

或者在不取代成员国权限的情况下，仅享有采取支持、协调或补充行为的权能。[19]

《欧洲联盟运作条约》第 4 条第（2)(k）款规定，“就本条约 143
所界定的方面而言，公共卫生事项中的共同安全关切”属于共享权能问题。此外,《欧洲联盟运作条约》第 6 条第（a）款将“保护和改善人类健康”列为欧盟有支持、协调或采取补充行动权能的领域。因此，公共卫生显然不属于欧盟专属权能的事务，而是欧盟和成员国均可以采取行动的领域。鉴于不属于专属权能范畴，应适用《欧洲联盟条约》第 5 条第 3 款中规定的“辅助性”原则。该条款规定：

> 只有当成员国在中央、区域或地方层面不能充分实现拟议行动的目标，且由于拟议行动的规模或效果，在欧盟层面能更好地实现这些目标时，欧盟才应采取行动。

因此，可以**推定**，除非行动的“规模或效果”使得欧盟才是更合适的行为主体，否则公共卫生领域的法律活动属于成员国的权能范围。

《欧洲联盟运作条约》第 9 条将保护人类健康作为“主流”要求，欧盟在制定和实施其政策与活动时均应考虑到这一要求。这使健康保护在欧盟活动中具有很高地位，可谓反映了与新公共卫生范式相符的“健康融入所有政策”（Health in All Policies）的进路。[20]

---

19 《欧洲联盟运作条约》第 2（5）条。

20 详见 Hervey and McHale，前注 9，第 60—63 页；Mark Flear, *Governing Public Health: EU Law, Regulation and Biopolitics* (Oxford: Hart Publishing 2015) 54-68。

然而，采取公共卫生行动所依据的主要实体规定是《欧洲联盟运作条约》第 168 条。在展开以下论述之前，该条第（1）段的规定给出了保护人类健康的“主流”目标，这与条约第 9 条类似：

> 作为国家政策的补充，欧盟的行动应着力于改善公共卫生、预防身心疾病和不适，并消除对身心健康造成危害的来源。这类行动应涵盖应对重大健康灾害，促进对其成因、传播和预防的研究，以及健康信息和教育、监测、早期预警和消除对健康的严重跨境威胁。在减少与毒品有关的健康损害方面，欧盟应采取包括信息和预防举措在内的行动，以构成对成员国行动的补充。

该条款清楚地表明，欧盟的这项权能仅是支持性的，即“补充性”的。将由各成员国以符合辅助性原则的方式，做出公共卫生措施的基本选择。[21] 2007 年，欧盟（当时是欧洲共同体）颁布的健康战略对此做了扩展：

> 就健康政策和向欧洲公民提供医疗服务而言，成员国负有
> 主要责任。欧共体的作用不是重复成员国的工作。然而在某些
> 144 领域，成员国无法单独采取有效行动，共同体层面的合作行动
> 不可或缺。这包括主要的健康威胁及具有跨境或国际影响的问
> 题，如传染病和生物恐怖主义，以及那些与货物、服务、人员

21 然而，需要指出，第 2 段规定，成员国应协调它们在这些领域的政策和方案，欧盟委员会“可采取任何有益的行动促进这种协调，特别是以创议来制定指南和指标，组织最佳实践的交流，并为定期监测和评估来准备必备的要素”。第 3 段责成成员国和欧盟促进与其他国家、国际机构在公共卫生领域的合作。

自由流动相关的事项。[22]

《欧洲联盟运作条约》第 168 条第 7 款进一步强调了这一立场，该条规定：

> 成员国负有责任，去确定其卫生政策，确定卫生服务和医疗照顾方面的组织架构，并提供相应的服务和照顾，欧盟行动应对其加以尊重。成员国的责任应包括管理卫生服务和医疗照顾，并为它们分配资源。

因此，尽管最近欧盟《关于跨境医疗保健中患者权利的指令》产生了一定的影响，但显然卫生系统的组织、运作和资金筹措依旧是成员国的事务。[23]

然而，在特定领域，欧盟和成员国之间存在共享权能。《欧洲联盟运作条约》第 168 条第 4 款授权欧洲议会和欧盟理事会，[24] 为源自

---

22 European Commission, *White Paper: Together for Health: A Strategic Approach for the EU 2008–2013*, COM (2007) 630 final, 2.

23 Directive 2011/24/EU on the application of patients' rights in cross-border healthcare, [2011] OJ L 88/45. 相关的讨论可见 Hervey and McHale，前注 9，第 4 章；Kenneth Veitch, "Juridification, Medicalisation and the Impact of EU Law: Patient Mobility and the Allocation of Scarce NHS Resources" (2012) 20 *Medical Law Review* 362。

24 通过"普通立法程序"，欧盟委员会向议会和理事会提交议案，议会和理事会在批准时具有同等的权重。详见 Hervey and McHale，前注 9，第 63—69 页。根据第（4）段和第（5）段，只有在向为此目的设立的两个委员会，即向欧洲经济与社会委员会和各区域委员会咨询后，才可采取立法行动。关于这两个委员会的作用，见 Christoph Hönninge and Diana Panke, "Is Anybody Listening? The Committee of the Regions and the European Economic and Social Committee and Their Quest for Awareness" (2016) 23 *Journal of European Public Policy* 624。

人体的器官和物质、血液及血液制品设定高质量的安全标准；[25] 在兽医和植物检疫领域，其直接目标是“保护公众健康”；[26] 并就药品和医疗器械颁布立法措施。《欧洲联盟运作条约》第 168 条第 5 款与公共卫生背景更为相关，该条授权同一机构利用与第 4 段相同的程序，采取

> 旨在保护和促进人类健康，特别是应对重大跨境健康灾难的激励性措施；涉及监测、预警和应对严重跨境健康威胁的措施；以及采取措施，令其直接目标在于防范涉及烟草和酒精滥用的公共卫生问题。

有论者明确指出这类“激励性措施”确实不符合国家法的统一性，但这仍构成具有法律约束力的行为。[27]

145 正是通过后一种方式，创立了数个由欧盟委员会管理的公共卫生项目。[28] 尤为重要的是在 2003—2008 年、2008—2013 年和

---

25 “血液安全”指令的法律基础是 Directive 2002/98/EC，它为人类血液和血液成分的采集、检测、加工、储存和分配设定了质量和安全标准，并修改了指令 2001/83/EC，［2003］OJ L 33/30。

26 这项规定似乎是对疯牛病危机的回应，将以公共卫生保护为目标的兽医和植物检疫措施从共同农业政策（见《欧洲联盟运作条约》第 38—44 条）转移至公共卫生领域。详见 Anne Pieter van der Mei and Lisa Waddington, “Public Health and the Treaty of Amsterdam” (1998) 5 *European Journal of Health Law* 129。

27 见 Craig and de Búrca，前注 7，第 87 页。

28 Martin McKee, Tamara Hervey and Anna Gilmore, “Public Health Policies” in Elias Mossialos, Govin Permanand, Rita Baeten, and Tamara Hervey (eds), *Health Systems Governance in Europe: The Role of European Union Law and Policy* (Cambridge: Cambridge University Press 2010) 237.

2014—2020 年间实施的三个健康项目，为欧盟的健康倡议提供资金。资助行为是“引导式”而非“命令控制型”的规制形式，借此推动欧盟公共卫生政策的支持与发展。[29] 例如，目前的第三个项目是欧盟委员会寻求实现欧盟健康战略的主要手段。[30] 该项目提供了 4 494 亿欧元的预算，来支持欧盟层面的合作计划，包括与成员国卫生主管部门共同采取措施，让非政府机构发挥作用，以及与国际组织展开合作，用于探求与医疗保健和公共卫生相关的诸多一般和特殊目标，包括促进健康、预防疾病、为健康生活方式营造支持性环境，以及保护公民免受跨境健康威胁。根据年度工作方案，通过拨款和招标来规划和实施该项目，并通过向欧洲议会和理事会提交年度实施报告的方式，来监督该项目，并在 2017 年对其进行全面中期审查。[31]

迄今为止，《欧洲联盟运作条约》第 168 条是欧盟层面支配公共卫生的最重要条约规定，但也有必要简要提及《欧洲联盟基本权利宪章》第 35 条。如本书第七章所述，根据《欧洲联盟条约》第 6 条第 1 款的规定，宪章这一此前无约束力的文件现在和其他条约具有相同的法律价值。这部宪章规定：

---

29 Flear，前注 20，第 72 页。

30 欧盟委员会已阐明最初的健康战略，前注 22。2011 年的中期评估明确指出，其中确定的原则和战略在未来十年仍然有效。健康是 2010 年达成的“欧洲 2020”战略中的一部分：European Commission，*Europe 2020: A Strategy for Smart, Sustainable and Inclusive Growth*, COM (2010) 2020 final。

31 Regulation (EU) 282/2014 on the establishment of a third programme for the Union's action in the field of health (2014–2020) and repealing Decision 1350/2007/EC, [2014] OJ L 86/1. 进一步研究，见 European Commission, <www.ec.europa.eu/health/programme/docs/factsheet_healthprogramme2014_2020_en.pdf> accessed 5 April 2016；Flear，前注 20，第 72—76 页。

> 人人有权获得预防性医疗服务，并有权在国家法律和实践确立的条件下享受医疗。在界定和实施所有欧盟政策与活动时，应确保以高水准保护人类健康。

该条款以《欧洲联盟运作条约》第 168 条为基础，[32] 在欧盟法实施过程中，它适用于欧盟机构和机关以及各成员国。由于卫生体系的组织架构属于成员国的事务，而且欧盟没有提供预防性医疗保健或医学治疗的机关，“该条款的适用领域……看起来非常有限”。[33] 还应指出，该条款的第一句话更多以医疗服务为导向，这显然排除
146 了更为广泛的公共卫生责任。这一条款在诉讼中很少被援引，[34] 尽管它可能会影响法律问题的“话语框架”，但似乎并未对案件的实质性结果产生任何影响，[35] 通常认为权利主张特别重要，因为它们往往被视为“王牌”（详见本书第 7.3.1 节）。

8.2.2 欧盟的公共卫生活动：案例研究

8.2.2.1 案例研究 1：大流行

欧盟应对疾病大流行的法律基础，体现于欧盟第 1082/2013 号

---

32 见 Article 35，[2007] OJ C 303/17 的解释性文本。

33 Tamara Hervey and Jean McHale, “Article 35” in Steve Peers, Tamara Hervey, Jeff Kenner, and Angela Ward (eds), *The EU Charter of Fundamental Rights: A Commentary* (Oxford: Hart Publishing 2014) 952.

34 在公共卫生背景下，见 Case C–544/10 DeutschesWeintor (Judgment of 6 September 2012)（条例禁止酒精含量超过 1.2% [按体积计] 的饮料给出健康宣称，判定此条例有效，以确保高水平的健康保护）；Case C–459/13 Siroka (Judgment of 14 July 2014)（由于成员国立法没有执行欧盟法律，因此无权受理对强制免疫立法的质疑）。

35 见 Hervey and McHale，前注 33，第 960—961 页。

决定之中。[36] 议会和理事会制定该项决定时采用了“全危害”（all-hazard）进路，正如《国际卫生条例》规定的那样（下文将进一步讨论），适用于与下列事件相关的公共卫生措施：生物来源威胁（包括传染病）、化学来源威胁、环境来源威胁和未知来源威胁，以及可能构成《国际卫生条例》项下公共卫生紧急状态的事件（前提是这些事件属于前述四种威胁之一）。[37] 该决定设定的规则囊括了流行病学监测、监督、预警和应对严重跨境健康威胁，并为防备和响应计划提供了框架。[38] 欧盟的作用是“支持成员国之间的合作与协调”，[39] 但威胁的跨境性质意味着，在此情境下，如果设想在欧盟层面可以更好地实现干预目标，那么欧盟机构可以根据辅助性原则来采取措施。[40] 然而，成员国保留在该决定所涵盖的领域“维持或引入额外安排、程序和措施的权利”。[41]

欧盟第 1082/2013 号决定为卫生安全委员会（Health Security Committee）奠定了法律基础，卫生安全委员会成立于 2001 年，由欧盟委员会、欧洲疾病控制中心、欧洲药品管理局以及各成员国卫生部门的代表组成。[42] 该委员会的任务是支持成员国与委员会之间的信息交流，联络欧盟委员会，协调成员国的防备和响应计划，并让成员国就对健康产生严重跨境威胁的风险和危机展开交流。要求成员国每三

36 Decision 1082/2013/EU on serious cross-border threats to health and repealing Decision 2119/98/EC, [2013] OJ L293/1.

37 同上注，Article 2。

38 同上注，Article 1(1)。

39 同上注，Article 1(2)。

40 同上注，Recital 28。

41 同上注，Article 2(6)。

42 同上注，Article 17。

年就国家层面的防备和响应计划进行一次更新；[43] 正如弗里尔所评论的那样，“以这种方式搜集和形成关于成员国防备计划和响应措施的知
147 识，对欧盟的防备治理具有至为重要的意义”。[44] 话虽如此，欧盟确有自己的流感大流行应对框架，这作为卫生安全委员会的工作成果，在成员国、欧盟委员会以及其他欧盟机构之间分配任务。[45] 针对一般性的防备计划，也有一个合作框架，它的“整体目标是协助成员国制订计划，并将欧盟维度纳入其间，使各部门的法律体系均与公共卫生应急计划相关联”。[46] 这“为发展各成员国计划中的核心要素提供了支持，以应对常见各种不同类型的健康威胁，无论它们是可预期的（如流感大流行），还是不可预期的（诸如非典型性肺炎之类的流行病）”。[47]

8.2.2.2 案例研究 2：酒精

在追求公共卫生目标与维护自由市场原则之间，欧盟的法律和条例中存在着内在紧张。在酒精销售和消费受到规制的背景下，充分彰显了这种紧张关系。有些国家力图基于公共卫生理由，在国家层面采取对酒精产品实施特定限制的措施，欧洲法院的开创性案例探讨了国家采取这些措施的合法性，[48] 其结论认为，“欧洲法院在酒精政策上的作

---

43 Decision 1082/2013/EU on serious cross-border threats to health and repealing Decision 2119/98/EC,［2013］OJ L293/1，Article 4(2)。

44 Flear，前注 20，第 152 页。

45 European Commission，*Pandemic Influenza Preparedness and Response Planning in the European Community*, COM (2005) 607 final.

46 European Commission, *Strengthening Coordination on Generic Preparedness Planning for Public Health Emergencies at EU Level*, COM (2005) 605 final, 4.

47 同上注。

48 例如，见 *Rewe-Zentral AG v Bundesmonopolverwaltung für Branntwein*（“Cassis de Dijon”), Case C-120/78,［1979］ECR 649；*Commission v Germany*（“Beer Purity”), Case C-178/84,［1987］ECR 1227。

用日益重要，而对健康利益的尊重程度则纷乱杂陈”。[49] 然而，赫维和麦克海尔发现近期情况有所转变，即由将酒精问题框定为农业和贸易事务，从而指向对销售和可获得性的有限限制，到现在将它概念化为健康和社会关切，这将指向未来采取更具干涉主义色彩的进路。[50]

欧盟对酒精的许多干预有“软法”特征，具有“补充性”（详见本书第九章）。最重要的措施可能是2006年通过的欧盟酒精战略，它“提出了在2012年年底前减少酒精相关损害的全面战略”。[51] 该战略聚焦下列五个领域：保护年轻人、儿童以及未出生的胎儿；减少与酒精相关的道路交通事故造成的伤亡；预防与酒精相关的对青少年的伤害，并减少对工作场所的消极影响；就酒精消费带来的有害和危险影响，及就适当的消费模式，开展宣传、教育并提高认识，以及发展、支持和维护共通的证据基础。该战略明确指出，欧盟委员会的“主要贡献……应当是基于现有进路，对各成员国在此领域已采取的行动和战略做补充，因此欧盟委员会不打算通过特定的新立法提案来施行此战略”。[52] 相反，酒精和健康论坛为“欧盟层面所有利益相关者提供了一个公共平台，承诺加快与削减酒精损害相关的行动”，[53] 由成员国代表组成的国家酒精政策和行动委员会则鼓励

49 Ben Baumberg and Peter Anderson, “Health, Alcohol and EU Law: Understanding the Impact of European Single Market Law on Alcohol Policies” (2008) 18 *European Journal of Public Health* 392, 396.

50 Hervey and McHale，前注9，第422页。

51 European Commission, *An EU Strategy to Support Member States in Reducing Alcohol-Related Harm*, COM (2006) 625 final.

52 同上注，第17页。

53 European Commission, *Charter Establishing the European Alcohol and Health Forum* (Brussels: European Commission 2007) 2.

148 成员国之间的合作与协调，并致力于进一步的政策发展。[54]有人主张，“这一战略在运作方式上存在明显缺陷”。[55]尽管欧盟议会的一项决议要求更新这一战略，但目前尚未进行更新，[56]有迹象表明，解决此问题的任何新进路，可能只不过是构成非传染性疾病新框架的更广泛要素之一。[57]

这可能令人质疑，赫维和麦克海尔在此情境下提出的“谨慎的乐观主义”是否有些不合时宜。[58]然而，欧洲法院关于苏格兰酒类最低定价之合法性的判决，已为欧盟在该领域未来可能的应对措施给出了重要指引。[59]欧洲法院判决认为，尽管最低单位价格构成对进口商品的定量限制，违反了《欧洲联盟运作条约》第 34 条，但根据《欧洲联盟运作条约》第 36 条，作为一项旨在“保护人类健康和生命”的措施，其具有正当性。为了使这项措施合法，它必须适用于确保此目标的实现，而且不得超出实现这一目标所必需的范围；因此，如果可以通过某种对货物自由流通限制程度更低的措施来保护生命和健康，那么最低单位定价要求则不合法。欧洲法院指出，要由成员国根据提交的证据来判断适当性和合比例性层面的问题。苏格兰最高民事法院判决认为，在这些层面，此项措施是合法的，从

---

54 例如，见 *Action Plan on Youth Drinking and Heavy Episodic Drinking (Binge Drinking) 2014–2016*, 16 September 2014。

55 European Union Committee, *A New EU Alcohol Strategy?* (HL 2014–15, 123)[110] .

56 European Parliament Resolution on Alcohol Strategy, 2015/2543(RSP), 22 April 2015.

57 见 Department of Health, *Government Response to the House of Lords European Union Committee's 8th Report of Session 2014–2015: A New EU Alcohol Strategy?* (Cm 9092 2015) 10。

58 Hervey and McHale，前注 9，第 422 页。

59 *Scotch Whisky Association v Lord Advocate*, Case C–333/14,[2016] 1 WLR 2283.

而为实施《苏格兰2012年酒类（最低定价）法》扫清了障碍。[60]

8.2.2.3　案例研究3：食品法和肥胖

有关食品标签的立法可以追溯到20世纪70年代末期，[61]在疯牛病恐慌之后，欧盟就食品问题采取重要措施，包括以颁布《食品安全条例》的方式成立了欧洲食品安全局。[62]然而，这些措施主要关注如何向消费者提供准确的信息以及食品安全，而非鼓励人们选择健康的营养食品。鉴于欧盟肥胖率的上升（和其他发达国家一样），后者可能被视为一个日益需要持续关注的问题，但基于欧盟货物自由流通的基本原则，这难免会与商业利益存在紧张关系。[63]

然而，正如赫维和麦克海尔所指出的，近年来欧盟法已经超越了安全考量，把肥胖作为适当的规制干预对象，但规制对肥胖的影响尚未得到充分证实。[64]对此，具有指导意义的是《2011年消费者 149
食品信息条例》，[65]其中规定了欧盟关于食品标签的现行规则。如库

60　[2016] CSIH 77.

61　Directive 79/112/EEC on the approximation of the laws of the Member States relating to the labelling, presentation, and advertising of foodstuffs for sale to the ultimate consumer, [1979] OJ L 33/1.

62　Regulation (EC) 178/2002 laying down the general principles of food law, establishing the European Food Safety Authority and laying down procedures in matters of food safety, [2002] OJ L 31/1.

63　见 Paulette Kurzer, "Non-Communicable Diseases: The EU Declares War on 'Fat'" in Scott Greer and Paulette Kurzer (eds), *European Public Health Policy: Regional and Global Trends* (Abingdon: Routledge 2013) 155–167。

64　Hervey and McHale，前注9，第414—418页；也可见 Kurzer，同上注。

65　Regulation (EU) No 1169/2011 on the provision of food information to consumers, [2011] OJ L 304/18. 见 Food Information Regulations 2014, SI 2014/1855, 其中规定该条例中特定方面的内容在英格兰执行。

尔策的观察，[66] 在此情况下，强有力的产业游说弱化了委员会就此的最初提案，也弱化了较早关于营养和健康声明的条例。[67] 2011 年条例针对营养标签设立了统一规则：[68] 必须在包装上，以不小于 1.2 毫米的字体，“在同一视线范围内”“以清晰的格式”标明每 100 克 / 毫升和每份中卡路里、脂肪总量、饱和脂肪、碳水化合物、蛋白质、糖、盐的含量。[69] 相较而言，最初拟议的方案则明确要求将信息标注于包装正面，字体不得小于三毫米，并且要与背景形成对比。此外，英国自愿使用的“交通信号灯”（traffic light）营养标签并非最初提案的内容，* 在欧洲议会讨论条例过程中曾尝试重新引入这类营养标签，但以彻底失败告终。[70] 然而，在符合各项要求的情况下，成员国仍可推荐使用“额外的表达和展示形式”来标注营养信息。[71] 英国卫生大臣建议，除了在包装背面根据条例要求标注信息外，在包装正面可继续自愿使用“交通信号灯”标签。[72]

除了立法措施之外，欧盟委员会还制定了一份肥胖战略

---

66 Kurzer，前注 63，第 162—165 页。

67 Regulation (EC) No 1924/2006 on nutrition and health claims made on foods, [2006] OJ L 404/9.

68 酒精含量超过 1.2% 的酒精饮料不在强制性营养标签的适用范围内：Regulation (EU) No 1169/2011, Article 16(4)。成员国可采取更严格的国内标准。

69 同上注，Articles 29-35。

* 英国食品标签的“交通信号灯”系统对包装食品的不同营养成分（如盐、热量、糖、脂肪内容物）进行打分，红色表示不健康，黄色表示适中，绿色表示健康。

70 Kurzer，前注 63，第 164 页。

71 Regulation (EU) No 1169/2011, Article 35.

72 见 Department of Health/Food Standards Agency/Welsh Government/The Scottish Government, *Guide to Creating a Front of Pack Nutrition Label for Pre-Packed Products Sold through Retail Outlets* (London: Department of Health 2013)。

（Obesity Strategy），[73] 力图应对引发健康相关风险的根本原因，"在政府政策领域之间及不同层级的政府中，采用包括立法、网络、公私合作进路以及促使私营部门和公民社会介入的一系列工具"开展工作，该战略需要广泛的私主体采取行动，并辅之以有效监督。[74] 其中，涉及多个总司（Directorate-Generals）负责的各种政策，如学龄儿童的水果、广告、[75] 洁净的城市交通及欧盟运动工作计划。[76] 此外，还设立了关于营养和体育活动的高级别小组，该小组由各成员国以及挪威、瑞士的政府代表组成，小组发布了《欧盟儿童肥胖行动计划（2014）》，并达成了《关于特定营养物质的国家倡议框架》。该小组定期与欧盟饮食、体育活动和健康行动平台召开会议，成为一个供产业、消费者保护及公共卫生领域的非政府组织展开讨论的论坛，并分享行动和倡议，以达成自愿承诺为目的。

一个未决的问题是，在欧盟法之下开征"脂肪税"是否合法， 150
包括英国[77] 在内的很多国家都对此进行了讨论，但并未付诸决断，丹麦曾征收"脂肪税"，但后来又将其废止。根据《欧洲联盟运作条约》第 110 条，似乎任何此类法律"必须确保对类似食品和处于

---

73 European Commission, *A Strategy for Europe on Nutrition, Overweight and Obesity-Related Health Issues,* COM (2007) 279 final.

74 同上注，第 3—4 页。

75 见 Directive 2010/13/EU Audiovisual Services Directive,［2010］OJ L 95/1。

76 Resolution of the Council and of the Representatives of the Governments of the Member States of 21 May 2014 on the European Union Work Plan for Sport 2014–17,［2014］OJ C 183/12.

77 见"UK Could Introduce 'Fat Tax' Says David Cameron", *The Guardian* (4 October 2011)。

竞争地位的食品征税，以避免以歧视或保护主义为由提起的任何主张”。[78] 鉴于过去几年中产业利益在这一领域发挥了积极、有效的对抗作用，极有可能援引欧盟法律自由市场条款，对任何此类措施加以质疑。实际上，委员会于 2015 年 2 月根据排除国家援助的规定，[79] 对丹麦所采取措施的合法性展开了调查。

8.3 国际法导论

1973 年 1 月 1 日，英国加入当时的欧洲经济共同体。英国通过与欧洲经济共同体的六个成员国签署一项条约，成为现行多部条约的缔约方，其中最为重要的是 1957 年的《罗马条约》。[80] 这属于一种国际法行为：英国政府行使其特权，[81] 与其他国家签署了具有法律约束力的协议。如本书第 8.1 节所勾勒的，这一国际法行为的独特之处在于，可以直接适用欧盟的法律，即如欧洲法院在咖世家案中指出的那样，条约条款和条例自动成为成员国法律的一部分，[82] 而且如欧洲法院在范根登卢斯案判决指出的，可以由原告个人在本国法

---

78 Alberto Allemanno and Ignacio Carreño, "'Fat Taxes' in Europe—A Legal and Policy Analysis under EU and WTO Law" (2013) 2 *European Food and Feed Law Review* 97, 104.

79 《欧洲联盟运作条约》第 107—109 条，关于 2016 年 3 月预算中宣布的“糖税”可能面临的挑战（见第七章），见 “Drinks Makers Consider Legal Action against Sugar Tax”, *The Guardian* (20 March 2016)。

80 Treaty of Accession of Denmark, Ireland and the United Kingdom [1972] OJ L 73/1.

81 对此的讨论，见 Keith Syrett, *The Foundations of Public Law* (2nd edn., Basingstoke: Palgrave Macmillan 2014) 136-152。

82 见前注 4。

院申请执行。[83] 还不清楚这种结果是否为成员国所期待。[84]

如对本节将要讨论的法律形式加以并行审视，则可以显见欧盟法律秩序的新颖之处。“按照传统的定义，国际法是规制国家这种国际法特定主体之间相互行为的规范复合体”；[85] 因此，“国际法的首要主体是民族国家，而非公民个人”。[86] 这反映了国际法和现代国际政治体系的起源，其发轫于 1648 年《威斯特伐利亚和约》，由此浮现出主权国家的概念，宗教在国际秩序中的地位相应有所减弱：[87] “国际法之父” [88] 雨果·格劳秀斯 [89] 完成了“万国法”的理论化。尽管这一立场近年来发生了显著变化，尤其是从 1945 年以来，国际组织和个人已成为国际法上的主体，这在人权方面尤其明显。但“国际法……仍然以国家为中心。国家仍然是把握国际体系的关键”。[90]

国际法院是“联合国主要的司法机关”,[91]《国际法院规约》第 38 151
条第 1 条“被公认为是关于国际法渊源最权威、最完整的表述”。[92] 其中列举了如下渊源：国际公约；国际习惯，作为通例被证明而被

83 前注 6。

84 Craig and de Búrca，前注 7，第 189 页。

85 Hans Kelsen, *Pure Theory of Law* (Berkeley: University of California Press 1967) 320.

86 Malcolm Shaw, *International Law* (7th edn., Cambridge: Cambridge University Press 2014) 1.

87 Gideon Boas, *Public International Law: Contemporary Principles and Perspectives* (Cheltenham: Edward Elgar 2012) 8–9.

88 Shaw，前注 86，第 17 页。

89 Stephen Neff, “A Short History of International Law” in Malcolm Evans (ed), *International Law* (Oxford: Oxford University Press 2010) 9.

90 Boas，前注 87，第 207 页。

91 United Nations, *Charter of the United Nations*, 26 June 1945, entered into force 24 October 1945, 1 UNTS 16, Article 92.

92 Shaw，前注 86，第 50 页。

接受为法律的；为文明国家承认的一般法律原则；以及司法判决和“各国最权威公法学家的学说”，这构成了确定法律规则的辅助资料。其中，公约或条约是第一位的，是现今最重要的国际法渊源。[93]迄今为止，在公共卫生情境下，公约或条约是与之关系最为密切的国际法渊源，因而它们也构成此处讨论的重点所在。

“条约是明确的协议，也是各国采取的一种替代立法的形式。从表面上看，条约与合同极为相似，即双方当事人为自己创设有拘束力的义务。”[94]条约的拘束力来自对**条约必须信守**原则的认可，即“已经同意的必须得到尊重”；[95]在此意义上，同意是国际法的基础。[96]条约可分为两大类：一是契约性条约，指的是少数国家（往往只有两个）就特定主题签订的协议，例如引渡条约和双边投资条约；二是造法性条约，是由许多国家一致同意达成的，“各国由此针对某个特定主题，详细阐述它们对国际法的看法，或制定新规则以导引它们未来的国际行为”。[97]

全球化和国际法范围的扩张，导致法律体系间日益出现相互贯通的趋势；本书也证明了规制的多层次品格：从国际规制到欧盟层面的区域规制，到国家规制，再到经由权力下放的次国家层面的地方规制。这种渗透使得理解法律体系之间关系的性质变得尤为重要。要想理解这种关系，最为出名的两条进路是一元论和二元论理论。

---

93 Martin Dixon, Robert McCorquodale and Sarah Williams, *Cases and Materials on International Law* (5th edn., Oxford: Oxford University Press 2011) 22.

94 Shaw，前注 86，第 67 页。

95 Hugh Thirlway, “The Sources of International Law”, in Evans (ed)，前注 89，第 97 页。

96 见 Matthew Lister, “The Legitimating Role of Consent in International Law” (2011) 11 *Chicago Journal of International Law* 663。

97 Shaw，前注 86，第 67 页。

“一元论者认为，国际法和国内法属于同一法律秩序的组成部分。因此，直接将国际法适用于国内法律秩序，不需经任何国内立法，即可将国际法适用于国内法体系。”[98] 与之相反，二元论者“认为，国际法和国内法属于不同的法律秩序。为了在国内法律秩序中适用国际法，必须通过国内立法措施来接受国际法，这样做的效果是将国际规则转化为国内规则”。[99]

上述分析可能多少有些简单化，[100] 考虑到此前勾勒出的欧盟法的特殊性，可见英国是采二元论的国家。[101] 对于国际条约，英国采取转化的进路，[102] 这意味着，必须制定国内立法，以在国内法中履行条约义务：例如，《1998 年人权法》就《欧洲人权公约》为英国创设的条约义务赋予国内法层面的效力，由此，“将权利带回家”，英国法院此后即可直接援引它们。正如肖所言，鉴于英国批准条约的权 152
限专属于行政分支，转化方式与权力分立更为契合：[103]

> 如果条约在签署和批准之后，不经任何中间阶段，即可在国内直接适用，那么行政部门就可以不经立法机构来立法。因

---

98 Richard Oppong, “Re-Imagining International Law: An Examination of Recent Trends in the Reception of International Law into National Legal Systems in Africa” (2006) 30 *Fordham International Law Journal* 296, 297.

99 同上注，第 297—298 页。

100 见 Shaw，前注 86，第 94—95 页。

101 见 European Scrutiny Committee, *The EU Bill and Parliamentary Sovereignty* (HC 2010–12, 633–I) [10]。

102 见 Boas，前注 87，第 147 页。

103 《2010 年宪法改革和治理法案》第 20 条规定，条约必须“提交议会”，经过 21 天的审查期限后，下议院如没有反对，才可以批准条约。虽然任何成文法的制定都会为议会辩论提供机会，但该条没有要求议会组织辩论或投票。

> 此，任何整合条约法的理论进路都遭拒弃。实际上，此主题更多涉及行政分支和立法分支之间的特定关系，而非任何预定的国际法观念。[104]

英国政府签署条约后，如果尚未颁布立法使条约在国内生效，则条约设定的义务仅作为国际法事项存在。然而，当议会打算根据英国的国际义务来颁布法律时，法院的确会采取推定的方式，来对制定法加以解释；[105] 类似地，法院也可能选择与这些国际义务相符的方式，来发展普通法。[106] 就此层面而言，可以说这些条约具有“间接”法律效力：它们可能影响个案中的司法推理，但条约规定本身不能构成在英国法院提起诉讼的基础。

8.4 国际法与公共卫生

国际法是一个影响范围日渐广泛的领域，但**国际公共卫生法**是一个相对较新的领域。费德勒指出：

> 自“二战”以来的数十年间，政府间组织和非政府组织围绕公共卫生开展了国际活动，却很少用到国际法。在国际法疆域急剧扩张的时期，却未能挖掘国际法推动全球公共卫

104 Shaw，前注 86，第 106 页。

105 见 *R v Secretary of State for the Home Department, ex parte Brind*［1991］1 AC 696, 748 (Lord Bridge)，指出“这仅仅是原则的建构……不涉及将国际法引入国内领域”。

106 见 *Assange v The Swedish Prosecution Authority*［2012］UKSC 22,［10］(Lord Phillips)，指出“推定本国法将符合国际义务”。

生发展的潜能。[107]

全球化使得国际合作成为必要，以确保可以控制对人群健康的跨境威胁，为解决健康问题提供了机遇（例如通过科学知识的传播），还提升了对健康与贫困、气候变化等其他全球关切之关联性的理解；很大程度上正是由于全球化，近年来，这一立场发生了显
著变化。[108] 在 2008 年，戈斯汀和泰勒论称，“今天比以往任何时候 153
都更需要一个融贯的国际卫生法律和治理体系”，[109] 但结论是，当前“国家中心主义”的国际法对改善公共卫生、削减全球健康不平等构成了重大障碍。因此，他们提出了一种新的“全球卫生法”模式，试图“超越对国际法正式渊源和主体的传统限定，……促进各国政府、企业、公民社会和其他行为主体共同采取更有效的全球卫生行动”。[110] 戈斯汀在近期的著作中对上述观点做了重要扩展，如我们在本书中做的那样，他考虑了各种正式或非正式的法律和治理形式，拓宽了全球卫生法的范围，使其涵盖那些“并非专门为改变健康结果而设计，却对公众健康和安全产生深远影响的制度”，如贸易、食品和环境。[111] 在本书第十章中，我们还将简要回顾戈斯汀的分析。

---

107 David Fidler, “International Law and Global Public Health” (1999) 48 *University of Kansas Law Review* 1, 1.

108 见 Allyn Taylor, “Global Governance, International Health Law and the WHO: Looking towards the Future” (2002) 80 *Bulletin of the World Health Organization* 975。

109 Lawrence Gostin and Allyn Taylor, “Global Health Law: A Definition and Grand Challenges” (2008) 1 *Public Health Ethics* 53, 53.

110 同上注，第 55 页。

111 Gostin，前注 1，第 60 页。

这是一个复杂、多元且迅速演化的领域，对此领域的全面探索将远不限于本书主要关注的英国公共卫生法。作为替代，与本章第一部分关于欧盟法的研究一样，下文将通过对三个领域的简要概述，以例证的方式说明国际法的主题和功能。

8.4.1 案例研究 4：（超越）传染病——国际卫生条例[112]

采取措施应对源自境外的传染病威胁，有着悠远的历史；现代国际法律框架可追溯至 19 世纪中叶召开的国际卫生会议。[113] 世界卫生大会是世界卫生组织的主要决策机构，该机构根据本身作为条约的《世界卫生组织章程》授权，针对“卫生和检疫要求以及其他旨在防止疾病国际传播的程序”，颁布有约束力的条例。[114] 世界卫生大会于 1969 年将《国际清洁卫生条例》更名为《国际卫生条例》。[115] 在更名之初，这些条例仅适用于霍乱、鼠疫和黄热病三种疾病，[116] 且合规情况不尽如人意，还缺少有效的监督。[117] 然而，2003 年非典型性肺炎的暴发推动了已于 1995 年启动的修订进程，[118] 新条例于 2005

112 WHA Res 58.3, 23 May 2005, 2015 年 6 月 15 日生效。

113 见 David Fidler, *International Law and Infectious Diseases* (Oxford: Oxford University Press 1999), chapter 2。

114 United Nations, Constitution of the World Health Organization, 22 July 1946, entered into force 7 April 1948, 14 UNTS 185, Article 21(a).

115 1969 年 7 月 25 日更名，1971 年 1 月 1 日生效，764 UNTS 3。

116 在 1981 年，从可适用的疾病列表中删除了天花。

117 见 David Fidler, “From International Sanitary Conventions to Global Health Security: The New International Health Regulations” (2005) 4 *Chinese Journal of International Law* 325。

118 见 David Fidler, *SARS, Governance and the Globalization of Disease* (Basingstoke: Palgrave Macmillan 2004)。

年通过，是“世界上适用最为广泛的条约之一”。[119]

新条例的范围要比之前的条例宽泛得多。最为显著的是，新条例不再局限于特定疾病，而是采取了“全危害”防范进路。作为替代，将“疾病”宽泛地定义为“某种不健康状态或身体状况，无论其来源或病因如何，对人类构成或可能构成严重危害”，[120] 因此，它不仅涵盖了生物、化学和辐射威胁，还扩展至非传染性疾病。此外， 154
条例要求各国发展监测能力；[121] 向世界卫生组织通报可能构成“国际关注的突发公共卫生事件”的情况，[122] 在此情形下，还要提供相关的公共卫生信息；[123] 并发展应对这些状况的能力。[124] 如果世界卫生组织收到关于“国际关注的突发公共卫生事件”的通报，它先要判断该事件是否存在，[125] 如果确实存在，那么它可能向有关国家发出“关于人员、行李、货物、集装箱、运输工具、货物和 / 或邮包的临时建议，以防止或减少疾病的国际传播，并避免对国际交通工具造成不必要的干涉”。[126] 世界卫生组织也有权就采取适当卫生措施发布长期建议，以供常规或定期适用。[127]

该条例的目的表述为“以与公共卫生风险相称且限于这种风险的方式，预防、抵御和控制疾病的国际传播，并给出公共卫生应对

119 Gostin，前注 1，第 181 页。

120 第 1（1）条。

121 第 5 条。

122 第 6 条。它被定义为“一个不寻常的事件，这取决于（i）通过国际传播对其他国家构成公共健康风险的疾病和（ii）可能需要采取协调一致的国际对策”：第 1（1）条。

123 第 7 条。世界卫生组织可考虑除国家行为者以外的各方主体提供的信息：第 9 条。

124 第 13 条。

125 第 12 条。

126 第 15 条。

127 第 16 条。第 18 条列举了具体的建议（无论是临时建议还是长期建议）。

措施，又避免对国际交通和贸易造成不必要的干扰”。[128] 这体现出寻求健康和贸易关切之间平衡的努力，但戈斯汀发现了“概念转变”，即贸易风险决定了旧条例的范围，而健康风险界定了新版本条例的范围。[129] 条例也尝试在公共卫生措施和人权之间达致平衡：条例的实施必须“充分尊重人的尊严、人权和基本自由”，[130] 并且要以透明和非歧视的方式适用公共卫生措施。[131]

该条例受到评论者们的赞赏：费德勒论称（或许有些自负），条例可能“有助于提升公共卫生水平，成为国家、政府间组织和非政府组织追求21世纪治理质量的标志”。[132] 然而，同一位作者还指出，条例植根于全球卫生**安全**，它

> 本质上是一种防御性、反应性战略，因为它力求确保各国做好准备，以发现和应对国际关注的公共卫生威胁和紧急事件。该战略并未要求各国对导致疾病出现和传播的因素展开主动作为。[133]

他还提出警示，由于执行机制薄弱，很难保证各国遵守条例。[134] 自条例通过以来，两次大规模的传染病暴发，即2009年的H1N1大流行和2014年的埃博拉疫情，加剧了人们对条例遵守状况的担

---

128 第2条。

129 Gostin，前注1，第185页。

130 第3（1）条。

131 第42条。

132 Fidler，前注117，第387页。

133 同上注，第389页。

134 同上注，第389—390页。

忧。戈斯汀指出，在第一次大规模传染病暴发时，“许多国家没有考
虑世界卫生组织的建议”；[135] 也有人主张，世界卫生组织对大流行反 155
应过度。[136] 就埃博拉疫情而言，“世界卫生组织近四分之一的成员国制定了旅行禁令，采取了世卫组织未要求采取的额外措施，这严重干扰了国际旅行，对受影响国家造成了负面的政治、经济和社会后果”。[137] 也有人论称，各国并未发展出必要的公共卫生应对能力，并且世界卫生组织缺乏有效应对的组织文化，应对不够及时。因此，为了保护全球公共卫生利益，有进一步强化条例，并发展“共享主权”概念的吁求。[138]

条例的遵守和执行需要“一个充分的法律框架，以支持并有能力施行规定的所有义务和权利”。[139] 制定或修订立法并非义务，但世界卫生组织认为，这样可以使条例的内容趋于制度化，从而强化了条例的作用，还可促进实施过程中相关不同主体的协调。[140] 在英国，各种初级和次级立法都在履行实施《国际卫生条例》的承诺。[141] 最值得注意的是，《2008 年医疗和社会照顾法》第三部分对《1984 年

---

135 Gostin，前注 1，第 202 页。

136 见 WHO, *Implementation of the International Health Regulations (2005): Report of the Review Committee on the Functioning of the International Health Regulations (2005) in Relation to Pandemic (H1N1) 2009*, A64/10 (Geneva: WHO 2011) 17。

137 World Health Organization, *Report of the Ebola Interim Assessment Panel* (Geneva: WHO 2015) 5.

138 同上注，第 10 页。

139 World Health Organization, *IHR Core Capacity Monitoring Framework: Checklist and Indicators for Monitoring Progress in the Development of IHR Core Capacities in States Parties* (Geneva: WHO 2011) 17.

140 同上注。

141 例如，见 Health Protection Agency (Amendment) Regulations 2007, SI 2007/1624; Public Health (Ships)(Scotland) Amendment Regulations 2007, SSI 2007/515。

公共卫生（疾病控制）法》做了修订，加之《2008 年公共卫生等（苏格兰）法》颁布，此后“全危害”进路在英格兰、威尔士和苏格兰分别得以实施。北爱尔兰似乎很快就会效仿这些立法。[142]

8.4.2 案例研究 5：烟草——《烟草控制框架公约》[143]

《烟草控制框架公约》是“联合国历史上被成员国批准最广泛、最迅速的条约之一”，[144] 也是世界卫生组织主持谈判的第一项全球性卫生条约，[145] 它于 2005 年 2 月生效。截至 2015 年 3 月，已有 180 个国家批准了该条约，其中包括英国，但美国尚未批准。[146] 这项条约的酝酿过程很艰难：世界卫生组织缺乏谈判经验，并且参与创建公约的公民社会代表都不熟悉国际立法。[147] 然而，在泰勒和迪伦看来，这种新情况本身也是一个优势，因为“那些反对有效规制的利益方未能认真对待国际立法进程，后来想阻止此立法进程时，也为时过晚”。[148]

156 **框架公约**机制被认为是达成共识、克服产业界反对的最佳方

---

142 见 Department of Health, Social Services and Public Safety, *Review of the Public Health (Northern Ireland) Act 1967: A Consultation Document* (Belfast: DHSSPS 2015)。

143 2003 年 5 月 21 日颁布，2005 年 2 月起实施，2302 UNTS 166。

144 Gostin，前注 1，第 214 页。

145 World Health Organization, <www.who.int/tobacco/framework/background/en/> accessed 5 April 2016.

146 见 Framework Convention Alliance, <www.fctc.org/about-fca/tobacco-control-treaty/latest-ratifications/parties-ratifications-accessions> accessed 5 April 2016。

147 见 Allyn Taylor and Ibadat Dhillon, “An International Legal Strategy for Alcohol Control: Not a Framework Convention—At Least Not Yet” (2012) 108 *Addiction* 450, 451。

148 同上注。

式。[149] 作为条约的主要设计者，艾伦·泰勒认为，如果一项条约规定了“明确、详细和具体的规则”，则不太可能有效，因为各成员国会对此种详细的立法加以抵制。[150] 可采用这样的替代进路，即“不试图通过单一工具来解决所有重要问题。更确切地说，各国首先通过一项框架公约，呼吁为实现宽泛阐述的目标而开展国际合作。就理想状况而言，公约各缔约方随后缔结单独的议定书，其中载明旨在实现这些目标的具体措施”。[151] 这形成了一个“持续且动态的立法过程，由此可以逐步递增地建立起支持减少烟草使用的措施”。[152] 然而，因为最初的公约和议定书都需要谈判，它延长了国际立法进程，而且更为棘手的是，“框架公约的宽泛形式，减缓了公众要求国家采取烟草控制行动的压力，国家也欠缺采取具体步骤来控制烟草生产和消费的决心”。[153]

《烟草控制框架公约》的目标是“保护当代和后代免受烟草消费和接触烟草烟雾对健康、社会、环境和经济造成的破坏性影响”。[154] 各缔约方有一般性义务去制定、实施、更新并审查本国烟草控制战略、计划和项目，[155] 为此，各缔约方应提供并资助国家烟草控制协调机制，“采用和实行有效的立法、实施、行政和 / 或其他措施，并酌

---

149 关于这种方式，另一个例子是气候变化框架公约，1992 年 5 月 9 日颁布，1994 年 3 月 21 日实施，1771 UNTS 107。

150 Allyn Taylor, “An International Regulatory Strategy for Global Tobacco Control” (1996) 21 *Yale Journal of International Law* 257, 294.

151 同上注。

152 同上注。

153 同上注，第 295 页；Gostin，前注 1，第 215 页。

154 第 3 条。

155 第 5（1）条。

情与其他缔约方合作，去制定适当的政策，防止和减少烟草消费、尼古丁成瘾和烟草烟雾接触”。[156] 更具体而言，该公约包含了一系列措施，旨在减少烟草需求，包括规制烟草制品的含量、包装和标签，及规制烟草广告、促销和赞助；[157] 旨在减少烟草供应，例如消除烟草制品的非法贸易，禁止向未成年人销售和由未成年人销售烟草制品；[158] 对研究、监测、报告和信息交换加以规定；[159] 以及在科学、技术和法律方面展开合作。[160] 实施指南对公约中多项表述宽泛的条款加以细化，意在协助缔约方履行义务，并提出用于履行公约义务的可能措施。[161] 此外，《消除烟草制品非法贸易议定书》进一步构成了对公约的补充。[162] 这项议定书目前尚未达到生效所需的缔约方数量。*

《烟草控制框架公约》第 21 条要求缔约方定期报告本国的公约
157 实施情况，目前要求每两年提交一次报告。基于此，公约秘书处能判断实施进度。它最近的报告指出，“80% 的缔约方在批准公约后，强化了现有的烟草控制立法，或通过了新的烟草控制立法，但三分之一的缔约方尚未制定符合烟草控制框架公约要求的立法措施”；据统计，公约条款的平均实施率接近 60%，但可确证在国家协调和能

---

156 第 5（2）条。

157 第 6～14 条。

158 第 15～17 条。

159 第 20～21 条。

160 第 22 条。

161 例如，见 WHO, *Guidelines for Implementation of Article 11: Packaging and Labelling of Tobacco Products*, FCTC/COP3 10 (Geneva: WHO 2008)。

162 2012 年 11 月 12 日。

* 在本书英文版出版后，2018 年 6 月 27 日，随着第四十个缔约方大不列颠及北爱尔兰联合王国的批准加入，《世界卫生组织烟草控制框架公约》通过的第一份具有法律约束力的文书《消除烟草制品非法贸易议定书》生效。

力方面的缺失。[163] 因此，部分评论者认为，公约只不过是达到“合格”或“被视为”成功，[164] 而另一些评论者则对公约给出了更为积极的评价。[165]

欧盟是《烟草控制框架公约》的缔约方，并签署了附加的议定书。相应地，欧盟的相关法律措施 [166]（特别是 2014 年修订的《烟草制品指令》）[167] 意在履行公约创设的义务，但在采取烟草规制措施方面，欧盟比公约的规定更进一步。[168] 经由关于包装标准化的次级立法，欧盟指令的规定已被转化为英国的国内法；[169] 其他规定于 2016 年 5 月得以实施。[170] 然而，如同上述欧盟的情况，英国有关烟草的

163 WHO, *2014 Global Progress Report on Implementation of the WHO Framework Convention on Tobacco Control* (Geneva: WHO 2014) vii.

164 例如，见 Taylor and Dhillon，前注 147，第 450 页；Thomas Bollyky and David Fidler, “Has a Global Tobacco Treaty Made a Difference?”, *The Atlantic* (28 February 2015)。

165 例如，见 Arthur Wilson and Abdallah Daar, “A Survey of International Legal Instruments to Examine their Effectiveness in Improving Global Health and in Realizing Health Rights” (2013) 41 *Journal of Law, Medicine and Ethics* 89, 94; Oscar Cabrera and Juan Carballo, “Tobacco Control Litigation: Broader Impacts on Health Rights Adjudication” (2013) 41 *Journal of Law, Medicine and Ethics* 147, 149。

166 见 Directive 2011/64/EU on the structure and rates of excise duty applied to manufactured tobacco, [2011] OJ L 176/24, recital (2)。

167 Directive 2014/40/EU 内容近于要求，成员国关于烟草生产、展示和销售，应有怎样的法律、条例和行政规定，并废止了 Directive 2001/37/EC, [2014] OJ L 127/1。特别要重复指出的是该指令篇首的（7）：“欧盟层面的立法行为也是必要的，它旨在实施 2003 年 5 月颁布的世界卫生组织烟草控制框架公约，欧盟层面的立法规定拘束欧盟及其成员国。”

168 见 Alberto Alemanno, “Out of Sight, Out of Mind: Towards a New EU Tobacco Products Directive” (2012) 18 *Columbia Journal of European Law* 197, 202。

169 Standardised Packaging of Tobacco Products Regulations 2015, SI 2015/82.

170 Tobacco and Related Products Regulations 2016, SI 2016/507.

法律和规制干涉措施虽在某些方面受到公约影响，[171]但它不仅为公约所驱动，而且远远超过了公约的要求。

8.4.3 案例研究 6：国际法与公共卫生？——国际贸易协定

正如上文提及欧盟时指出的，在力求加强国际贸易的国际协定与力求保护或促进健康的措施之间，存在难以调和的紧张关系。贸易与公共卫生之间的联系已有数世纪之久：本书第三章简要勾勒的检疫措施就是早期为健康利益而限制自由贸易的例证，而《国际清洁卫生条例》与修订后的《国际卫生条例》也力求限制传染病传播对贸易的影响。人们的注意力最近转向贸易对非传染性疾病发病率的影响，例如，贸易通过鼓励对烟草、酒精和 / 或致胖产品的需求，会影响非传染性疾病发病率。因此，目前已有如下认识：

> 自由贸易政策的普遍收益，如更多竞争和更低价格，会给
> 158 健康带来消极后果。竞争加剧和价格降低尤其会刺激有害产品
> 的消费，相关的发病率和致死率可能会因此上升。[172]

这种联系也可能更为间接：例如贸易可能会影响宏观经济状况，这可能会影响就业水平，进而可能加剧特定人群之间健康状况

---

171 例如，见 Government Response to the House of Commons Health Committee's First Report of Session 2005–2006: Smoking in Public Places, Cm6769 (Norwich: TSO 2006) [10]—[11] referring to the Convention in respect of proposals that were enacted as Part 1 of the Health Act 2006。

172 Benn McGrady, *Trade and Public Health: The WTO, Tobacco, Alcohol and Diet* (Cambridge: Cambridge University Press 2011) 2.

的不平等。

世界贸易组织成立于1995年，是“贸易治理的权力中心”，[173]费德勒论称，“它成立后，在提高全球公共卫生的政治形象方面，做得比国际卫生合作史上任何其他组织几乎都要多”。[174]非歧视原则是世贸组织协定中的一项支撑性基本原则，但也有例外允许世界贸易组织成员国采取限制性措施来保护健康，[175]前提条件是，这类措施对贸易的限制不能超过必要限度。[176]然而，有论断认为，规定例外情况的方式

> 使主张公共卫生利益的成员国在偏离一般义务时，有责任为其行为提供科学上的正当化根据。在这种负担之下，贫穷国家很难确保多边贸易协定不会对本国人民健康状况产生不利影响。[177]

1989年泰国和美国之间的争端构成了这些原则的实施例示，[178]

---

173 David Fidler, Nick Drager and Kelley Lee, “Managing the Pursuit of Health and Wealth: The Key Challenges” (2009) 373 *Lancet* 325, 327.

174 Fidler，前注117，第389页。

175 例如，见 General Agreement on Tariffs and Trade (GATT), 5 April 1994, entered into force 1 January 1995, 1867 UNTS187, Article XX(b)。

176 见 World Health Organization/World Trade Organization, *WTO Agreements and Public Health: A Joint Study by the WHO and WTO Secretariat* (Geneva: WHO/WTO 2002) 31。

177 Kent Ranson, Robert Beaglehole, Carlos Correa, Zafar Mirza, Kent Buse and Nick Drager, “The Public Health Implications of Multilateral Trade Agreements” in Kelley Lee, Kent Buse, and Suzanne Fustukian (eds), *Health Policy in a Globalising World* (Cambridge: Cambridge University Press 2002) 35.

178 GATT Panel Report, *Thailand—Restrictions on Importation of and Internal Taxes on Cigarettes*, DS10/R, adopted 7 November 1990, BISD 37S/200.

泰国禁止进口香烟，但批准国产香烟的销售。泰国根据第 XX 条（b）款主张可以采取这些措施，这一主张被否定。泰国政府声称，美国生产的香烟中含有化学物质和其他添加剂，因而比泰国生产的香烟更具危害性，但政府没找到科学证据来支持这一说法；而限制进口“不一定为保护人们的生命或健康所必须”，因为原本可以选择其他对贸易限制较少的非歧视措施，来支持国内生产商（如禁止烟草广告）。鉴于此决定，泰国在 1990 年取消了对进口香烟的禁令，但为应对市场开放，泰国采取了更有力的烟草控制措施，泰国的吸烟率随后确有下降。[179]

就公共卫生和国际贸易协定交会的领域而言，人们最为熟悉的或许是世界贸易组织《与贸易有关的知识产权协定》（以下简称
159 TRIPS）对发展中国家获得药品的影响。[180] 该协定第 27 条要求成员国为包括药品在内的“所有技术领域的任何发明，无论是产品还是方法”提供专利保护，因此，这可能成为“负担能力上的障碍”，[181] 多个联合国机构对此表示关切。[182] 作为回应，世界贸易组织部长级会议通过了《关于与贸易有关的知识产权协定与公共卫生的多哈宣言》（下称《多哈宣言》），强调：

---

179 World Health Organization/World Trade Organization，前注 176，第 73 页。

180 见 Kennet Shadlen, Samira Guennif, Alenka Guzmán, and N. Lalitha (eds), *Intellectual Property, Pharmaceuticals and Public Health: Access to Drugs in Developing Countries* (Cheltenham: Edward Elgar 2011)。

181 Richard Smith, Carlos Correa and Cecilia Oh, “Trade, TRIPS and Pharmaceuticals” (2009) 373 *Lancet* 684, 686.

182 例如，见 World Health Assembly, *WHO Medicines Strategy*, WHA Res. 54.11, 21 May 2001；UN General Assembly, *Declaration of Commitment on HIV/AIDS*, A/RES/S-26/2, 2 August 2001。

> TRIPS 协议不会也不应该阻止成员采取保护公共卫生的措施，……［并且］对该协定的解释和实施，可以而且应该采用支持世界贸易组织成员捍卫公共卫生的权利，尤其是促进所有人获得药品的方式。[183]

《多哈宣言》强调了利用 TRIPS 协议中嵌入的“灵活性”来保护公共卫生的重要性，诸如对仿制药授予强制许可和平行进口的权利。世界卫生组织和世界贸易组织的秘书处宣布，该宣言“表明，以规则为基础的贸易体系与公共卫生利益相兼容”。[184] 然而，其他问题更为关键，例如史密斯、科雷亚和俄亥论称，发展中国家由于能力和资源方面的短板，未能充分利用 TRIPS 协议的灵活性；[185] 容易受到来自发达国家的政治和经济压力（许多发达国家正在根据比 TRIPS 协议保护标准更高的知识产权保护条款，即 TRIPS-plus 条款，展开双边协议谈判，这些协议破坏了灵活性）；[186] 并误解了灵活性的适用条件。

这一特定问题可能不会影响英国公共卫生方面的法律和条例，但对英国而言，医药行业具有经济价值，这意味着在 TRIPS 协议的运作中，政府有着显著的利益。然而，看似合理的是，作为国际法上的事务，可以合法地以干预形式来解决特定的公共卫生问题，而国际贸易协定可以构成对干预形式的限制。例如，如果不能同等地将征税适用于所有“相似的”国内和进口产品，那么对食品中的脂肪或盐征税有可能构

183 14 November 2001, WT/MIN(01)/DEC/2,［4］.

184 World Health Organization/World Trade Organization，前注 176，第 111 页。

185 Smith et al，前注 181，第 690 页。

186 见 Carlos Correa, ‘Implications of Bilateral Free Trade Agreements on Access to Medicines’ (2006) 84 *Bulletin of the World Health Organization* 399。

成《关税和贸易总协定》下的歧视：目前尚不清楚第 XX 条（b）款规定的健康例外能否适用，因为很难确定某项措施是否为保护健康所**必需**。[187] 酒类产品最低定价政策可能也会遭遇类似的困境，[188] 这实际上也是人们反对《2012 年酒精（最低价格）（苏格兰）法》的理由。[189]

本章小结

160 • 由于英国仍然是欧盟成员国，欧盟的法律优先于英格兰和威尔士的法律。然而，虽然保护人类健康是欧盟所有政策和活动的“主要”目标，但欧盟在此领域行事的权能呈现出补充性的品质；公共卫生的首要责任还是归于包括英国在内的成员国。

• 尽管如此，对于成员国无法自行采取有效行动的领域，包括与传染病、烟草和酒精相关的领域，欧盟立法机构在制定应对公共卫生威胁措施方面发挥着重要作用。在诸如肥胖症之类的其他领域，欧盟最初的权能范围有限，其权能主要关乎消费者保护，如今已扩展为更为广泛的公共卫生角色，并且可能会继续发展。

• 除欧盟法外，只有在英国议会将国际条约规定整合入立法之

---

187 见 Allemanno and Carreño，前注 78，第 106—111 页。

188 见 GATT Panel Report, *Canada-Import, Distribution and Sale of Certain Alcoholic Drinks by Provincial Marketing Agencies*, DS17/R,adopted 18 February 1992, BISD 39S/27,[5.27]—[5.32]。

189 见 Position of Poland on Notification 2012/0394/UK on the draft Alcohol (minimum price per unit) (Scotland) Order, reported by the BBC, <www.bbc.co.uk/news/uk-scotland-scotland-politics-22186762> accessed 5 April 2016; Scottish Parliament, *Passage of the Alcohol* (*Minimum Pricing*) (*Scotland*) *Bill 2011*, SPPB 173 (Edinburgh: Scottish Parliamentary Corporate Body 2013), evidence by Scotch Whisky Association, MIN65,[15]。

后，与公共卫生事务有关的国际条约才在国内具有法律效力；若非如此，英国的法定义务则仅仅是国际法层面的事务。

- 近年来，国际层面公共卫生活动日益增多。在世界卫生组织的主持下，缔结了两项主要条约，即《烟草控制框架公约》和修订后的《国际卫生条例》。全球卫生法领域将不断发展，我们对此会在第十章予以讨论。但在其他领域，特别是在贸易领域，国际协定有时可能阻碍公共卫生目标的实现。

8.5 扩展阅读

Alberto Alemanno and Amandine Garde (eds), *Regulating Lifestyle Risks: The EU, Alcohol, Tobacco and Unhealthy Diets* (Cambridge: Cambridge University Press 2014).

David Fidler, *SARS, Governance and the Globalization of Disease* (Basingstoke: Palgrave Macmillan 2004).

Mark Flear, *Governing Public Health: EU Law, Regulation and Biopolitics* (Oxford: Hart Publishing 2015).

Lawrence Gostin, *Global Health Law* (Cambridge, MA: Harvard University Press 2014).

Tamara Hervey and Jean McHale, *European Union Health Law: Themes and Implications* (Cambridge: Cambridge University Press 2015).

Benn McGrady, *Trade and Public Health: The WTO, Tobacco, Alcohol and Diet* (Cambridge: Cambridge University Press 2011).

Andrew Mitchell and Tania Voon (eds), *The Global Tobacco Epidemic and the Law* (Cheltenham: Edward Elgar 2014).

第九章　公共卫生法中的政策、自我规制与治理

9.1　超越法律进路与公共卫生

161 本书第五章至第八章概述了英国法律体系内或与之相关的不同领域和进路，阐释了各个领域和进路的基础，探讨了它们如何构成公共卫生事项的助益或限制。我们尝试给出了一种理解，来说明关乎公共卫生研究与实践的法律的广度，并奠定了基础，以在公共卫生情境下，对不同法律分支的力量和弱点进行批评，给出实践性反思。在这些章节之前，于本书第一部分介绍公共卫生概念时，我们就阐明了社会协同的重要意义。该部分的讨论不仅揭示出法律在规定社会协同方面的重要作用，也指出了更为广泛的治理观念：如着眼于社会和政府“机制”，则公共卫生活动不仅仅受制定法和判例法中的规则规制。例如，公共卫生学会可以面向公众，就健康相关问题展开宣传教育，地方主管部门在决定如何履行公共卫生职责及确定优先次序方面，享有相当的裁量权（尽管如本书第七章所述，此类裁量权由法律赋予，且要受法律约束）。

在本书第三章的讨论中，我们已经强调，认识公共卫生实践中广

泛的社会协同功能的意义所在，至少从表面上看，法律已滞后于当下对公共卫生进路的理解，对“公共卫生法”的认识肤浅，会忽视公共卫生议程的广度和范围。合理的理解是，公共卫生法实际上是一个极其宽泛的领域，与仅限于法定疾病等问题的界定相比，其范围要宽泛得多。因此，本书第四章在勾勒公共卫生法这一研究和实践领域的特征时，我们给出了理由，说明既要审视法律的光谱，也要将更为广泛的**治理**措施涵盖其中。在治理的概念下，我们将诸如政府政策、专业指南、自我规制以及协调行为的“私”手段等规制机制都囊括进来。简言之，我们力图把握正式立法之外那些能切实、有效实现社会控制的方式。本章的目的在于，介绍并探究这类规制进路与公共卫生之间的关系。

在下一节，我们将阐述某些关于规制的基本观念。我们将探究谁来担当“规制者”，勾勒不同的干预方式，并强调公私主体之间以及公共卫生伦理层面存在的某种紧张关系。本章第三节将考量个人责任和自我规制问题。在审视企业社会责任问题之前，我们首先会考量个人公共卫生责任的范围与局限性。在确证这些方面的力量与 162
弱点之后，鉴于人们担忧“硬法”提供的工具有时过于僵硬，我们会在本章第四节，在更广泛的意义上对公共政策与公共卫生加以探究。在这部分，将根据颇具影响力但也可能有争议的“助推理论”（nudge theory），探讨政府的政策和规制，继而转向由公共主体实施，有赖于软法干预措施展开的社会控制。

9.2　公共卫生的治理

9.2.1　规制与规制者

本书的书名是《公共卫生法》。然而，与同类教科书的作者一样，我们所谈论的“公共卫生法”，或者至少可以说，在这一题目之下我们的分析对象，要比正式制定和公认的法律规定更为宽泛。[1] 严格来说，法律措施之所以可被确定为公认的法律规则或原则，是因为它们以特定方式呈现，有着特定渊源（就英国法而言，它们源于判例法和成文法）；它们适用于特定管辖范围内的主体（如英格兰和威尔士）；并且可以通过法院等经认可的机构来执行。[2] 无论如何，我们不得不遵守或已遵守的许多规则并非此种意义上的法律：譬如，医生有义务遵守医学总会的规则和指南，或是本书第五章提及的，患者有义务遵守国民医疗服务体系规定的禁止吸烟等政策。社会协同的诸多方面均以规则、原则或规范为基础，而非源自与制定法、普通法规则相关联的基本政治与法律权威。我们还发现，与采取严格的法律措施一样，分析实践中其他协调模式，也要考量其中一些规则、原则或规范为何以及如何得到更为严格的遵循和执行。[3] 此类考量将我们引至规制理论与实践领域。

可以说，规制是独立于法学研究的一个学术研究领域。[4] 无论

---

1 例如，乔纳森·蒙哥马利在其撰写的重要的教科书中对医疗服务法做了如下界定：“医疗服务法的范围比医事法更为宽泛。它不仅包括医疗实践，还涉及非医疗性健康服务业的实践，医疗服务管理以及法律在维护公共卫生方面的作用。这也意味着，有必要仔细探究此种情境下的‘法’。由议会和法院制定严格意义上的法律规则，但就医疗服务法而言，这并非仅有的有拘束力的规范类型。”见 Jonathan Montgomery, *Health Care Law* (2nd edn., Oxford: Oxford University Press 2002) 4。

2 从概念层面如何确证法律，一个颇具影响力的理论阐释，见 H. L. A. Hart, *The Concept of Law* (2nd edn., Oxford: Clarendon Press 1997)。

3 这些问题并非本书的核心主题，但考量法律、条例的规范和实践效力时，不仅要关注立法做出了怎样的规定，还应探究这些规定产生了哪些影响：例如，人们是否会遵循这些规定，是否监督这些规定的实施，是否对违反这些规定的行为加以制裁？

4 Bronwen Morgan and Karen Yeung, *An Introduction to Law and Regulation: Text and Materials* (Cambridge: Cambridge University Press 2003).

如何，从根本上说，公共卫生法的论著涉及影响人群健康的社会协同机制，这就要求我们对并非基于法律的社会控制加以考量。以本章第四节探讨的“助推理论”为例，该理论旨在通过更为柔性的治理风格来实现良好的政策目标：譬如经由间接的、侵入性最低的、非强制性的干预方式等。助推不仅显然可以避免围绕强制性控制机制展开的争议，还能在个人和群体层面产生更好的效果，故将其视为具有革命性的方式。[5]然而，对公共卫生领域的观察表明，长期 163
以来，法律之外的规制技术已成为有关健康或其他公共治理策略的一部分。[6]无论对不同治理模式展开怎样的批判性评价，或这些治理模式的创新性如何，很重要的是，在有关公共卫生理论和公共卫生活动的整体社会协同功能中，要理解治理所发挥的作用。倘若我们的分析对象仅限于硬法，则我们只能为公共卫生法的基础提供一幅不完整的图景。

克里斯托弗·胡德及其合作者确证了所有规制体系均具备的三个组成部分：其一，制定标准；其二，收集信息或监督规制体系的运作；其三，**行为修正**方面的作用。[7]基于这一观察结果，布朗文·摩根和卡伦·杨在他们撰写的有关规制的重要教科书中指出：

---

5 Richard Thaler and Cass Sunstein, *Nudge: Improving Decisions about Health, Wealth, and Happiness* (London: Penguin 2009). 参见 Richard Thaler and Cass Sunstein, “Libertarian Paternalism Is Not An Oxymoron” (2003) 70 *University of Chicago Law Review* 1159。

6 Chris Bonell, Martin McKee, Adam Fletcher, Paul Wilkinson, and Andy Haines, “One Nudge Forward, Two Steps Back” (2011) *342 British Medical Journal* d401.

7 Christopher Hood, Henry Rothstein and Robert Baldwin, *The Government of Risk—Understanding Risk Regulation Regimes* (Oxford: Oxford University Press 2001) 23.

关于规制概念，最狭义的定义倾向于以国家的有意干预为中心，通过国家制定、监督和执行法律规则，来影响那些对社会有价值却可能引发不利副作用的行为。在最广泛意义上，规制则被认为涵盖了所有社会控制方式，不论是有意还是无意施加的，是由国家还是其他社会机构施加的。[8]

与布朗文·摩根和卡伦·杨一样，我们也认识到从更为宽泛的层面理解规制的重要意义所在。因此，重要的是，当我们的兴趣在于公共卫生治理模式时，我们将关注英格兰公共卫生局等公共机构的规制角色和社会影响。而且，我们的关注不限于政府机构的作用。许多其他主体和机构也会影响人们的行为，进而影响人群健康。以大型超市为例，尽管它们的问责机制和激励机制都不同于公共机构，但它们在制定标准、监督活动以及切实修正行为方面发挥着作用。[9]它们是私营主体，但其活动可以对人群产生影响。在此意义上，公共卫生法学者要像关注英格兰公共卫生局发布的指南或议会制定的法律一样，关注大型超市和其他组织的治理活动。需要从更广泛的层面观察治理现象，不能只观察立法者和政府的行为。

布朗文·摩根和卡伦·杨关于规制理论的介绍，阐释了这样的要点，即有必要从更宽泛角度出发，来理解谁有可能成为规制者。在考量如何展开社会治理时，可以理解，法学者和其他主体会寻求基于主权性的法律权力来展开控制。有时这也包括第七章探讨的向

8 Morgan and Yeung，前注 4，第 3—4 页。

9 劳伦斯·戈斯汀和林赛·威利在关于公共卫生法的定义中，也谈及政府与企业等主体之间的合作。Lawrence Gostin and Lindsay Wiley, *Public Health Law: Power Duty Restraint* (3rd edn., Berkeley: University of California Press 2008) 4.

公共机构的**授权**。但仅关注这些方式，会遗漏对社会协调产生重要影响的替代治理源流。布朗文·摩根和卡伦·杨在阐述规制理论的特征时指出，社会协同进路的根本假设是，仅考量那些植根于法律的措施，他们进而探讨，更为完备的治理分析如何构成了对此种假设的挑战：

> 第一个假设认为，政府是阐明共同体集体目标的主要场域。
> 新近的学术研究成果对这一假设提出了挑战，新成果强调，包 164
> 括商业企业、非政府组织在内的非政府机构不断涌现，这些非政府机构不仅可以构成社会影响的来源，也可以成为展开公共审议的论坛。第二个假设在于政府角色的科层制特性。新兴的多层次和多节点治理以并行或交叠的方式展开，而并未秉承自上而下的方式，这使政府拥有最终权威的观念日渐受到挑战。第三个假设在于“命令”式规则构成了塑造行为的主要模式。这一假设受到双重挑战，一方面，实证研究发现法律规则的实效受到了限制，另一方面，人们日益认同，有可能运用替代方法来推进政策实施。[10]

鉴于这些观察和回应主要针对以法律为中心的分析模式，本章下述各节将围绕不同规制模式如何促成公共卫生目标，展开一系列讨论，所引出的问题是：法律之外的治理进路何时构成推进公共卫生议程的唯一或最佳方式，其原因为何。这些讨论与持续存在的当代政治话语相关，我们可以将此追溯到保守党和自由民主党的联合

---

10 Morgan and Yeung，前注 4，第 4 页。

政府计划，首相戴维·卡梅伦和副首相尼克·克莱格在该计划的序言中写道：

> 一直以来假定中央政府只能通过规则和条例来改变人们的行为。我们的政府将变得更为聪明，避免过去的官僚式作风，探寻明智的方式，以鼓励、支持和促使人们自己做出更好的选择。[11]

保守党政府当下的进路依旧秉持这种立场，因此，有必要关注中央和地方政府行为者的治理职能，关注更硬和更软的规制模式，关注非政府主体的角色及其可能采取的规制干预措施类型。公共卫生和公共卫生法领域的学者和实务工作者不仅要考虑，是否能为人们提供支持，促使人们做出更好的选择，还要关注他们是否的确做出了更好的选择。[12] 我们还会考虑通过私人组织的治理。理解规制时，首要的是要有一个碎片化的规制者网络，去面对围绕利益和议程之间可能的竞争所展开的问题：例如，即便我们认可大型超市的治理会影响人群健康，也不一定就认为，它们的规制选择将服务于公共卫生目的，更不要说就一定能服务于公共卫生目的。接下来，我们将探讨公共和私人治理内部存在的某些紧张关系，但首先，我们会对规制中可用措施的范围加以概述：从胡德及其合作者界定的框架出发，即公共和私人主体用来**制定标准、收集信息或监督**体系

11 Cabinet Office, *The Coalition: Our Programme for Government* (London: Cabinet Office 2010) 7–8.

12 Theresa Marteau, David Ogilvie, Martin Roland, Marc Suhrcke, and Michael Kelly, "Judging Nudging: Can Nudging Improve Population Health?" (2011) 342 *British Medical Journal* d228.

运行及发挥**行为修正**作用的方法。在考量后续讨论时，铭记规制理论家对过程与结果的区分，是有助益的。尽管我们并未对此展开深入阐述，但在审视过程问题时，关注重点在于协调。当研究结果时， 165
关注的是体系中形成的规范、制度与文化。[13]

9.2.2 规制干预

如前所述，可以通过多种方式来构思不同的规制模式。[14] 就本书所分析的领域而言，纳菲尔德生物伦理委员会在关于公共卫生伦理的报告中，给出了一个颇具影响力且广泛应用的例证，前文已对此加以勾勒。[15] 在本部分，我们将更为详细说明纳菲尔德生物伦理委员会提出的“干预阶梯”（intervention ladder），这为理解更软与更硬的治理模式提供了一个方案。需要指出，该报告关于“干预阶梯”的说明起初遭到了批评。特别是，包括安格斯·道森和马塞尔·韦尔维在内的学者批评其过于强调自由。[16] 如我们目前将看到的，纳菲尔德生物伦理委员会规定，采取积极治理措施的话，规制者在说明正

---

13 进一步的讨论，见 Julia Black, “Decentring Regulation: Understanding the Role of Regulation and Self-Regulation in a ‘Post-Regulatory’ World” (2001) 54 *Current Legal Problems* 103。

14 见 Morgan and Yeung，前注 4。

15 Nuffield Council on Bioethics, *Public Health: Ethical Issue*s (London: Nuffield 2007). 例如，干预阶梯的使用例证可见 Local Government Association, *Changing Behaviours in Public Health—To Nudge or to Shove?* (London: LGA 2013)；HM Government, *Healthy Lives, Healthy People: Our Strategy for Public Health in England* (CM 7985 2010)。

16 Angus Dawson and Marcel Verweij, “The Steward of the Millian State” (2008) 1 *Public Health Ethics* 193; Angus Dawson, “Snakes and ladders: state interventions and the place of liberty in public health policy” (2016) 42 *Journal of Medical Ethics* 510.

当化根据方面的负担更重，委员会还指出，干预程度“越重”，就必须有更充分的正当化根据。尽管该报告认为规制者对不作为和积极干预都要负责，但它指出，规制者始终应从干预程度最低的方式着手：这反映出一个或可辩驳的假定，即自由具有最高的价值。[17]

我们明确承认存在批评意见，例如，道森和韦尔维不接受或反对纳菲尔德生物伦理委员会所提议的框架。但我们意在说明，针对该框架的**伦理**批评，本身并不会削弱“干预阶梯”这一隐喻的实践价值。道森、韦尔维以及其他批评者使人们质疑纳菲尔德生物伦理委员会在分析规制干预时采取的管护模式。[18] 当我们主张将干预阶梯作为理解不同治理模式的框架时，我们的基础在于，可以借助它来理解治理模式，但不必非按照纳菲尔德生物伦理委员会主张的方式来适用它。干预阶梯简明地展示了可采取的不同规制方式。尽管干预阶梯存在一些简单化的问题，但它具有很好的解释力，并被普遍用于有关公共卫生实践的学术和政策材料之中。

铭记上述讨论，出于结构完整性的考虑，再对干预阶梯进行考量（还可见本书第二章），并给出纳菲尔德生物伦理委员会自己的说明：

---

17 这种立场与公共卫生伦理学上的各种进路一致。然而，政治体制让自由优于良善（good）的观点受到了质疑。见 John Coggon, *What Makes Health Public? A Critical Evaluation of Moral, Legal, and Political Claims in Public Health* (Cambridge: Cambridge University Press 2012)。

18 Dawson and Verweij，前注 16。参见 John Coggon, “Harmful Rights-Doing? The Perceived Problem of Liberal Paradigms and Public Health” (2008) 34 *Journal of Medical Ethics* 798; John Coggon, “What Help Is a Steward? Stewardship, Political Theory, and Public Health Law and Ethics” (2012) 62 *Northern Ireland Legal Quarterly* 599。

我们提出的“干预阶梯”为考量不同公共卫生政策的可接受性和正当化根据提供了一种思维方式。通常情况下，干预度最低的步骤当属“什么都不做”，或至多对现状加以监督。干预度最高的是通过立法来限制个体、整个群体或特定行业的自由。总体而言，政策制定者所采取的干预方式梯度越高，就需 166
要越有力的正当化根据。就一项干预度较高的政策创议而言，只有当有明确迹象表明其将产生预期效果，并与可能给自由带来的任何损失相权衡之后，仍可达到有利的效果时，其才可能被公众接受。

干预阶梯

政府行为可能的阶梯如下：

- 排除选择。通过彻底排除选择来进行规制，例如，强制隔离传染病患者。
- 限制选择。通过限制人们选择的方式来进行规制，达成保护人们的目的，例如，食品中不得添加不健康的成分，商店或饭店中不得出售不健康的食品。
- 通过抑制措施引导选择。通过财政和其他抑制措施，影响人们不去从事特定活动，例如，对香烟征税，通过收费机制或限制停车位来减少在市中心开车。
- 通过激励引导选择。通过财政和其他激励进行规制，引导选择，例如，为购买自行车提供税费减免，以鼓励人们买自行车作为通勤工具。
- 通过更改默认政策来引导选择。例如，某家餐馆可以更改菜单，不再将薯条作为标准配菜，将更为健康的食品作为备选项；而是将更为健康的食品作为标准配菜，将薯条作为备选项。

- 让选择成为可能（enable choice）。为人们改变行为提供便利条件，例如，提供机会参与国民医疗服务体系的“停止吸烟”项目，修建自行车道，或在学校免费提供水果等。
- 提供信息。让公众知晓信息，教育公众。例如，某项活动的部分内容是，鼓励人们多走路或每天吃五份水果和蔬菜。
- 什么都不做或仅仅对当前情况进行监测。[19]

如本书第三章所解释的，纳菲尔德生物伦理委员会就干预方式的分类，在某种意义上可能存在简化概念的问题。例如，提供信息意味着并不仅仅是程度较低的干预。以及，取决于行政机关**如何**告知信息、进行教育，会出现更多的问题，涉及一项干预在伦理和政治上有“多重”：例如，考虑通过污名化的方式来推进公共卫生运动。[20]

无论如何，总体而言，干预阶梯简洁地概括了公共卫生法情境下可能使用的一系列治理进路。本章继而对可能的或实际上采取的公共卫生政策展开更为广泛的评估，同时考量政府主体、私人主体
167 和机构会如何使用处在不同梯级的各种措施。尽管此处是从达成公共卫生目的出发，来展示这些措施，但规制者可能采取这些措施来实现其他议程。在深入探究公共卫生理论与实践当下争论的三个案

19 Nuffield Council on Bioethics，前注 15，第 xviii—xix 页（省略了报告中的交叉引用）。

20 参较 Ronald Bayer and Jennifer Stuber, “Tobacco Control, Stigma, and Public Health: Rethinking the Relations” (2006) 96 *American Journal of Public Health* 47；另可对下文中的关切和分析加以比较，Martin McKee and Pascal Diethelm, “How the Growth of Denialism Undermines Public Health” (2010) 341 *British Medical Journal* c6950。

例之前，我们先要说明其中的某些紧张关系是如何构成的，又该做何理解。

9.2.3 公共卫生治理中的紧张关系

摩根和杨在介绍理解规制的不同关键进路时，强调了三类分析视角。[21] 这表明，我们可能发现，规制者的类别各异，他们在实现社会协同过程中的动机和效果可能有鲜明差别，甚至相互冲突。第一，一些理论主张规制者服务于共同的目标：立法者和公共政策制定者均致力于共同的善。第二，有的进路通过诉诸相互对立的私益来解释规制利益：将治理理解为一种现象，理解为相互竞争的自利者之间博弈的结果。第三，规制的学术研究进路可能会关注系统：以公共卫生为例，这会涉及对不同体系内不同部门的考察。隐含在这些不同关键视角中的紧张关系，与公共卫生政策制定和实践中固有的紧张关系存在相似之处。在迈向推进或限制公共卫生议程的问题时，我们有必要考量不同主体的潜在作用和影响，不论其是公共主体还是私人主体。公共卫生从业者会非常熟悉保护和促进人群健康尝试的政治现实。尽管在宽泛意义上，法律和公共政策可能源自服务于共同利益的承诺，但实际上，围绕事项的优先次序，政府内部会发生分歧。在公共卫生法的情境下则尤其如此。在英格兰，将公共卫生治理职责授予地方当局（参见第三章和第七章），因此，在国家不同地方，政治角逐的形式和结果会有所不同。从下文对制定法所持立场的勾勒，地方当局享有宽泛的裁量权，可根据对“当地需求和其他因素”的评估，来确定如何更好地处理范围广泛的问

21 Morgan and Yeung，前注 4，第二章。

题，如烟草、酒精、营养和运动、工作场所健康和安全，以及儿童健康、行为和生活方式等。[22] 政策制定过程中会触发不同的声音，各方的力量不仅与占主导地位政党的政治观点有关，也涉及不同利益相关者的相对权力。我们发现，相当多的公共卫生文献在极力呼吁"健康融入所有政策"（Health in All Policies）的进路：这一呼声要求各部门在政策制定过程中，对健康的影响予以考虑，并加以适当关注（另可参见本书第三、四、七章）。[23] 然而，就如倡导健康在政策讨论过程中会占有重要的一席之地，对其他利益的倡导也会在政策讨论过程中发挥作用，这些利益可能与健康利益冲突。随着人们对公共卫生伦理的关切以及温斯洛等先驱对公共卫生使命的推进，公共卫生理论与实践已广为人知。但它们仍需要获得现实政治的认可。[24]

168 无论从硬法层面，考察私人机构采取的对人群健康产生影响的措施（如，一家超市出售非常便宜的酒精饮料），还是介于这两类行为之间，只要对治理问题加以考量，我们就必须意识到，驱使公共或私人等不同主体采取行动的因素之间存在着紧张关系。从法律、政治和伦理角度，我们还要关注正当化根据、可问责性的问题，并关注施加或不施加约束的可能性等问题。例如，我们能否将针对公

---

22 National Health Service Act 2006, s.2B. 参见 NHS, *Public Health Supplement to the NHS Constitution* (2015) 7, www.gov.uk/government/uploads/system/uploads/attachment_data/file/473475/NHS_Constitution-PublicHealthSupp.pdf，最后访问日期：2016 年 4 月 5 日。

23 见 World Health Organization, *Health in All Policies: Training Manual* (Geneva: WHO 2015)。

24 Coggon，前注 17；参见 Raymond Geuss, *Philosophy and Real Politics* (Princeton: Princeton University Press 2008)，但该书与公共卫生没有直接相关性。

共主体的问责标准适用于快餐连锁企业，或者说，我们是否能对二者所追求的利益抱有同样的期待？如果答案是否定的，这对公共卫生和治理而言意味着什么？不论是国家层面，还是地方层面，都要同时考虑公共卫生职责和其他关切。这必然会引发紧张关系。还会涉及诸如此类的问题：不同治理主体被赋予怎样的权力（他们是否能够正当行使权力？），治理主体的责任（他们承担哪些责任，并对谁负责？），对实质问题的价值判断（在特定情况下，要优先考虑哪些问题），如何实现既定目标（在特定情境下，某种可能的干预方式实际上是可行的规制模式吗？）。对私人主体加以评判时，观察者还要审视所采取策略的有效性：例如，如果“不健康”消费品的制造商赞助了诸如体育赛事之类的健康促进活动，其赞助行为是代表了一种积极的健康干预措施，抑或会危害人群健康呢？[25]

除了这些紧张关系之外，在展开下述讨论前，我们还需铭记，姑且不论对错，就英国公共卫生法而言，人们极其关注个人自由，还关注私人主体达成公共目标的能力。主流政治意识形态高度重视个人的选择和责任，[26] 并且在当前的经济背景下，针对公共卫生议程只能给予较少的财政支持。[27] 进一步地，政府旨在通过“削减繁文缛节计划”（cutting red tape programme）来减少对企业的限制，促进经济增长。[28] 进而对商业主体和其他私人主体加以信任，认为他

---

25 例如，可考虑下文的分析，Jonathan Gornall, “World Cup 2014: Festival of Football or Alcohol” (2014) 348 *British Medical Journal* g3772。

26 Jesse Norman, *The Big Society* (Buckingham: University of Buckingham Press 2010).

27 2015 年至 2016 年度公共卫生预算削减了两亿英镑。见 Department of Health, *Local Authority Public Health Allocations 2015/16: In-Year Savings* (London: DoH 2015)。

28 见 Cabinet Office, https: //cutting-red-tape.cabinetoffi ce.gov.uk/，最后访问日期：2016 年 4 月 5 日。

们会服务于共同的善。[29] 因此，既要考虑如何设计公共政策措施以促进公共卫生目标，也有必要去质疑，这些措施是否足以应对、如何应对 21 世纪面临的公共卫生挑战。任何系统均会使用软法措施。公共卫生法的研究者和其他相关主体需要考量的是，实践中何时最适合采取此类措施，何种情况下此类措施在政治层面可能并非最佳选择，但却是唯一可行的治理方式，又为何如此。因此，我们将在下一节讨论个人和企业主体的政治自由与义务，以及如何看待它们的治理角色。在第四节中，我们会审视，当具有值得追求的公共卫生目标，但无法采取严格的法律干预，或严格的法律干预不足以达成目标的情况下，或者至少从公共卫生的视角出发，单凭自我规制无法奏效时，公共机构可能会采取怎样的规制进路。

9.3　个人责任、自我规制与公共卫生

169 本节将审视非政府主体承担的公共卫生责任。我们分析的第一个案例与个人有关。这使我们能进一步检视父爱主义、促进人群健康的集体主义公共卫生目标与个人决定自由（包括做出不利于健康的决定的自由）之间的紧张关系（另可参见本书第五章）。在英国法律和政治意识形态中，居于优势地位的规范既体现出对福利保障的关切，也就高度重视个人自由价值做出了强有力承诺。[30] 正如公众对禁烟立法等问题的争论一样，在政治和哲学文献

29　见 HM Government，前注 15 以及下文的进一步讨论。

30　尽管关于什么才是居主导地位的政治道德，存在合理的分歧，但必须考虑《论自由》一书的影响，见 John Stuart Mill, *On Liberty* [Edward Alexander (ed), first published 1859, Peterborough, Ontario: Broadview 1999]。

中，对于父爱主义的干预同样颇多争议（另可参见第六章）：人们论称，成年人知晓什么最能符合自己的利益，他们应当有选择如何生活的自由。就公共卫生而言，我们发现，对个人自由和个人责任的承诺尤为强烈，这也在影射拟议议程和政策中浮现出的保姆式国家主义作风。[31]

还应结合具体情境，连同有关个人健康责任的更具拓展性的生物伦理学文献，对在前一自然段间接提及的政治话语加以审视。此话语下，一个普遍的主题是，出于种种原因，或许我们可以说，人们有保护自身健康的**道德**义务，但要施加严格的法律义务，让个人保护其自身健康，则其正当性难以说明。[32] 简言之，即便我们希望人们能够更好地关注自身健康，也不等于我们可以找到强制人们这么做的正当化根据（参见第二章）。相应地，纳菲尔德委员会宣称其推崇的原则是，法律和政策制定者“不能试图强制成年人过健康的生活”。[33] 正如前面各章所述，在很多情况下，法律实际上会强制要求做出健康的选择。我们进而认为，至少原则上必须接受，在某些情况下要采取严格的法律措施，来促进公共卫生目标，包括实现纳菲尔德生物伦理委员会的规定。然而，我们也要接受一种精妙的主张，即根据占支配地位的政治意识形态，国家强制成年人过健康生

31 例如，虽然本章注释 16 中 Dawson 和 Verweij 的文章认为纳菲尔德生物伦理委员会的报告过于“重视自由”，但也存在与之相反的观点。见 David Rose, “No to the Nanny State, but Yes to Telling Us All What to Do through ‘Stewardship’”, *The Times* (13 November 2007)；David Rose, “Higher Alcohol Tax and No Smoking at Home—Beware of the New Nanny State”, *The Times* (13 November 2007)。

32 Margaret Brazier, “Do No Harm—Do Patients Have Responsibilities Too?” (2006) 65 *Cambridge Law Journal* 397.

33 Nuffield Council on Bioethics，前注 16，第 26 页。

活，这**往往**是错误的。这是否意味着，成年人通常无须为保障自身健康承担政治责任？换言之，在政治层面，个人是否无须对健康承担责任？

围绕《英格兰国民医疗服务体系章程》对个人责任的规定展开个案研究，可以结合政府对人们健康责任的表述，来探究这些问题。如何设计政治措施来鼓励个人以有助更好实现人群健康效果的方式行事，章程为此提供了一个例证。但与此同时，章程中所宣称的义务也呈现出相对薄弱之处：尽管章程旨在让个人为自己的健康负责，但也假定了对健康的普遍社会责任，即不论做出何种影响健康的选择，所有人均享有同等的权利。[34]

9.3.1 案例研究 1：个人的公共卫生责任

170 在医事法与医疗服务法中，通常认为，关于个人健康责任的分析和建构通常被认为围绕生物伦理意义上狭义构想的自主决定概念展开。[35] 尽管此种范式已遭质疑，[36] 但**患者**不应受不必要干预的观念是可以理解的：在医疗服务体系内，对专业人士的尊重居于支配地位，对患者权利的保护受到了限制，生物医学伦理[37]和医事法[38]领域的建立就是对此种医疗服务体系的回应。因而，就这些研究和实践

34 参见 Harald Schmidt, "Patients' Charters and Health Responsibilities" (2007) 335 *British Medical Journal* 1187。

35 例如，见 Brazier，前注 32。

36 见 John Coggon, "Would Responsible Medical Lawyers Lose Their Patients?" (2010) 18 *Medical Law Review* 541。

37 例如，见 John Harris, *The Value of Life* (London: Routledge 1985)。

38 例如，见 Ian Kennedy, *Treat Me Right: Essays in Medical Law and Ethics* (Oxford: Clarendon Press 1991)。

领域的发展而言，可将其定位为以自由主义的关切为基础，以允许具备决定能力的成年人自主决定应如何生活：如约翰·哈里斯所言，医事法保护患者的自主权，使其能够“主宰自己的人生”。[39] 正如我们在本书第五章中看到的，法律规定了患者抵御人身暴力侵害的权利，为患者不受干扰给予普遍保护。此外，如前一个自然段所述，从伦理视角出发，未征得人们同意便进行父爱主义式的干预，通常很难为此找到政治上可接受的正当化根据。

用以保护人们选择生活的权利的规则和规范具有卓越地位，这不仅在医疗服务体系内构成了挑战，还超越医疗服务体系，将挑战延伸至公共卫生活动的其他领域。公共卫生伦理学领域的基本关切之一已经在质疑乃至可能重构我们对健康相关责任的分析范式：[40] 在医患关系中，可能最好由看上去更彰显个人权利和自由的自由主义理想，来支配成年人的自主决定。但在健康政策和人群进路的情境下，健康责任可能要更为严格。如果我们超越单纯的**医疗服务**法和源于医学伦理的主导范式，[41] 那么就个人自由是最应受保护价值的主张而言，并不总是那么容易为其找到正当化根据，这样也就不再有那么明显的争议。[42] 诚然，如上所述，本书中许多讨论均表明，在一些领域，无论个人如何选择，法律还会强制要求个人和私人主体的行为以公共卫生目的为依归。

---

39 John Harris, “Consent and End of Life Decisions” (2003) 29 *Journal of Medical Ethics* 10. 此种立场的哲学基础是有争议的，但可追溯至密尔在《论自由》一书中表达的观念，见 Mill，前注 30。

40 Angus Dawson and Marcel Verweij, “Public Health Ethics: A Manifesto” (2008) 1 *Public Health Ethics* 1.

41 见 Kenneth Veitch, *The Jurisdiction of Medical Law* (Aldershot: Ashgate 2007)。

42 Coggon，前注 17。

认为所有父爱主义规制都不合法，是过于简单化的主张，也为公共卫生法研究所摒弃，[43] 然而，这会引发相当程度的挑战。正如我们在第二章所看到的，有些规制的目的在于保护第三方免受不合理损害，为此类规制提供正当化根据要相对简单。在某些情况下，法律旨在为个人自身健康提供正当保护，例如强制使用安全带的立法也获得了普遍接受。[44] 然而，正如本书第一章及本书例证所示，当下的公共卫生议程不仅旨在通过消除危害和疾病，还力图通过消除
171 风险，或将潜在疾病的风险或指征削减至最小化，来促进健康。以肥胖者为例，肥胖者患心脏病和 2 型糖尿病等疾病的风险较高。但肥胖本身并非疾病。因此，尽管从个人和人群层面出发，均有理由去降低肥胖水平，但因某人肥胖或有肥胖的风险，就去干预其选择如何生活的自由，则存在争议：我们在力图引导人们避免处于风险状态的风险。

鉴于这些伦理和政治层面的考量，我们认为旗帜性政策文件《英格兰国民医疗服务体系章程》[45]，力图在人们选择影响健康的生活方式时提供导引，以期实现更好的个人健康和人群健康水平。值得注意的是，该章程涉及个人、政府及（国民医疗服务体系和地方当局中的）卫生专业人士。在审视这些不同受众时，要通过与专业人士和公共主体对比，来考量个人如何以私人身份承担各项义务。章程作为一份文件，又如何通过影响个人的风险因素，来规制人群层面的问题。让我们先来看看，章程如何对自身的范围和权限加以

---

43 Lawrence Gostin and Kieran Gostin, “A Broader Liberty: J.S. Mill, Paternalism and the Public’s Health” (2009) 123 *Public Health* 214.

44 参见 Coggon，前注 17，第十章。

45 Department of Health, *The NHS Constitution* (London: DoH 2015).

表述：

> **章程**确立了英格兰国民医疗服务体系的**原则**与**价值**。它规定了患者、公众和工作人员享有的**权利**，国民医疗服务体系致力于实现的**承诺**，以及为了确保国民医疗服务体系公平有效运作，公众、患者和工作人员彼此之间应承担的**责任**。根据法律规定，卫生大臣、国民医疗服务体系的所有机构、国民医疗服务体系中的私人和志愿服务提供者，以及履行公共卫生职能的地方当局，在做出决定或采取行动时，应当将此章程考量在内。[46]

前两句话适用于所有“利益相关方”，其中提及了患者、公众和工作人员的权利与责任。然而，随即需注意的是，最后一句话提及一项法律义务，即“在做出决定或采取行动时，应当将此章程考量在内”，该项义务仅适用于公共当局和提供医疗服务的公共或私人主体。患者和公众通常不在此适用范围之内：由于《英格兰国民医疗服务体系章程》本质上属于公法，其设定的法律义务不能落在个人头上（更多讨论可参见本书第七章）。相应地，虽然章程针对个人做出了规定，但个人没有任何法律理由去了解它，更不用说去尊重它。鉴于章程开篇就已经显得相对薄弱，接下来我们将探究它如何应对公共卫生情境下的相关问题。[47]

章程第三部分题为“患者和公众”。这一节首先列明了各项权

46 同上注，第 2 页。

47 章程中还阐明了“国民医疗服务体系的指导原则”以及“国民医疗服务体系的价值观”。

利：这些是指“硬”的法定权利，例如免费获得医疗服务的权利、不受非法歧视的权利，还有以下权利：

> 期待您的国民医疗服务体系评估您所在社区的健康需要，并执行和提供那些认为有必要的服务，在受地方当局委托提供公共卫生服务的情形下，应采取措施来改善当地社区的健康水平。[48]

172 章程用五页的篇幅阐明了上述权利以及其他获法律支持的一系列权利，而题为“患者和公众：您的责任”的这部分仅用了一页的篇幅。在此标题下做了如下声明：“国民医疗服务体系属于我们所有人。我们可以为自己、为彼此做一些事情，以帮助国民医疗服务体系有效运作，并确保负责任地利用资源。”[49] 与可溯源自法律权威的权利不同，章程对患者和公众责任仅做了简单规定，在规定每项责任时，均用了“请”这一礼貌用语。与患者和公众责任部分形成反差的，还有关于“工作人员责任”的那部分规定，工作人员所要承担的责任事实上属于法定职责。[50] 所列出的患者和公众责任不具有可执行性，从具体内容来看，这些责任不仅关乎医疗服务体系内的问题，例如“请预约就诊，或在合理时间内取消预约”，[51] 还拟定了两项责任，这专门出自公共卫生层面的考虑：其一，“请认识到，您可以为

---

48 Department of Health，前注 45，第 7 页。

49 同上注，第 11 页。

50 关于现有法律权利与《英格兰国民医疗服务体系章程》之间关系，其解释说明与分析见 Judith Laing and Jean McHale (eds), *Principles of Medical Law* (4th edn., Oxford: Oxford University Press 2016) [1.73]—[1.83]。

51 Department of Health，前注 45，第 12 页。

您自己和家人的健康和福祉贡献良多，并为个人健康承担责任”；其二，“请参与诸如接种疫苗之类的重要公共卫生项目”。

英国医学会和参与卫生政策的学者均支持这样的观念：《国民医疗服务体系章程》中应当包含个人的健康责任。[52]理想中，规定人们需承担和信守的责任，可能具有至关重要的价值。然而，如果章程能对人们的决定有所影响，那么我们可能的问题是，章程究竟会产生怎样的影响：应当铭记，上文提及，规制的特征包括运用治理工具，通过设定基准，来修正行为。在章程中，规定了患者和公众的责任，还有患者权利、工作人员和政府的责任，两者所占比重形成了鲜明对比。然而获法律支持的权利和义务具有明确的规范效力，如若违反这些关于权利义务的规定，规定了补救措施，但不清楚患者和公共责任的“现实情况”为何：那些还不知晓这些责任的人，是否会因《国民医疗服务体系章程》为其规定的角色，来着手履行各项责任？鉴于缺乏执行机制，很难想象他们能如何遵循章程中所列的这些不具有强制性的责任。换言之，尽管某种意义上也会把个人责任视为政治责任，但这些责任并不以任何形式的威慑或制裁为基础。

同样地，在考量个人的健康责任时，我们可能发现，公共卫生伦理方面的论说具有一定的说服力，其认为人们仅承担特定的维护健康义务。同样地，公共卫生和政治层面的论说可能也有一定的说服力，其认为人们负有保护和促进自身健康的社会责任。然而，这些责任见诸《国民医疗服务体系章程》之类的文件中，除此之外找不到其他根基，鉴于这些责任在法律和政治上都得不到保障，因此，令个人做出促进自身健康的决定将会引发问题。或许，当考虑个人

52 见 Schmidt，前注 34。

在实现公共卫生目标方面所承担的责任时，我们可能注定得出的结论是，在公共卫生法领域，即便为个人责任列出基本清单，甚至以
173 政府官方文件的形式来公布清单，作用也很有限。当然，诸如《国民医疗服务体系章程》之类措施的效果如何，对此展开研究，是有意义的。[53] 我们认为，这象征着个人就健康所负政治责任的地位。

从实践层面看，如果个人的公共卫生责任欠缺法律基础，那么似乎会引发的问题是，无法将此责任适用于某些公共主体和私人组织。可以论称，如果能确认并成功应对公共卫生问题，政府层面或多或少要做出一项根本性的决定：或者通过提供法律支撑，让个人承担更大的责任，但考虑政治敏感性，这种做法可能会遭到抨击；要么公共政策制定者需要实施更多、更进一步的规制干预，以引导人们做出有益于健康的决定，这可能与助推理论或其他类似观念相契合，但其可能有局限性，而且会因此遭到反对。[54] 本章第四节会进一步探讨这些问题，接下来我们将对企业责任和自我规制进行简要分析。

9.3.2 案例研究 2：关于企业责任和公共卫生的关键问题

与自然人一样，企业具有法律人格：换言之，企业可以是法律权利与义务的承担者。公司活动以实现特定目的为动机，譬如，实

53 已有证据表明，公众对《国民医疗服务体系章程》的关注度不高。见 Department of Health, *Report on the Effect of the NHS Constitution* (London: Department of Health 2012)，第二章；Patients Association, *Patient and Public Awareness of the NHS Constitution* (London: Patients Association 2014)。

54 参见 Robert Baldwin, "From Regulation to Behaviour Change: Giving Nudge the Third Degree" (2014) 77 *Modern Law Review* 831。

现利润最大化，或推进特定议程。而且，根据企业的性质和规模，它们显然足以产生显著的社会影响，包括对人群健康的影响。我们对企业的**道德**关切，以及干预企业决定的政治正当性，会与对自然人的干预有所不同。但是，与干预自然人一样，国家对私人主体的规制，特别是针对某个行业的规制，也面临来自诸多方面猛烈且有效的政治抵制。自由市场的运作需要可执行的规则和条例，例如，本书第五章对合同法加以探讨，第八章中讨论了欧盟法和国际法层面的贸易规制，但在英格兰和威尔士等地区，尽管尚未获得人们的普遍支持，但占支配地位的共识是，在可行的情况下，自我规制才是最适合的策略。当然，相当多的争议源自究竟如何理解“可行”：正如许多学者所言，对企业而言，运作良好的做法可能并不符合公共卫生目的，甚至也有违一般认为的共同利益。[55]

我们在本章开篇和第三章均探讨了，此前和当下的政府议程如何体现出支持私人主体发挥规制作用和能力。现行规制体系的建立，基于时任卫生大臣安德鲁·兰斯利在 2010 年《健康生活，健康国民》白皮书中给出的提议，以医疗服务体系和公共卫生治理的改革提议为前提。[56] 除了导致立法改革，使公共卫生责任转移给英格兰的地方当局，这也为推行“责任协议”奠定了基础。[57] 责任协议基于这样的观念：“企业应当就其实践活动对人们健康和福祉的影响， 174

55 需要指出的是，尽管有不少研究在公共卫生背景下批评私人利益，但也有论者根据经济自由放任主义，为公共卫生规制辩护。尤见 Richard Epstein, “In Defense of the ‘Old’ Public Health” (2004) 69 *Brooklyn Law Review* 1421。

56 HM Government，前注 15。

57 见 Department of Health, *The Public Health Responsibility Deal* (London: Department of Health 2011)。

承担更多的责任。”[58]责任协议旨在涵盖“有关食品、酒精、身体活动、工作场所卫生和行为改变这五方面的网络”。[59]尽管在本书写作时，责任协议的前景尚不明朗，但随着2015年5月政府换届，对此进路加以勾勒会有一定启发性。还应指出，责任协议以及其他类似的政策进路与**企业社会责任**有着一样的基础：欧盟委员会将这种现象界定为“这样一种观念，企业自愿将对社会和环境的关切融入自身商业活动中，并融入与利益相关方的互动中”。[60]欧盟委员会网站上写道：

> 公司可以通过以下方式承担起社会责任：
>
> - 守法；
> - 将对社会、环境、道德、消费者和人权的关切，整合到自身商业战略与运营过程之中。[61]

就如何展开责任协议，以上已详尽阐明了相应立场，很快即可明了的是，政府对产业界给予了相当大的信任，相信其能在推进卫生政策目标方面发挥作用。白皮书直接提及纳菲尔德生物伦理委员会的干预阶梯，并指出——同时也是慎重承诺——只有在产业界失灵时，政府才会采取严格措施，以确保促进健康：

---

58 HM Government，前注15，第25页。

59 同上注，第8页。

60 该定义源自 European Commission Green Paper, *Promoting a European Framework for Corporate Social Responsibility* (COM 2001) 366 final。

61 见 European Commission, www.ec.europa.eu/growth/industry/corporate-social-responsibility/index_en.htm，最后访问日期：2016年4月5日。

> 通过我们新的公共卫生责任协议，政府的目标是让这些进路以与企业和其他合作伙伴签订的自愿协议为基础，而非诉诸规制或自上而下的训令。然而，如果基于伙伴关系的进路没能奏效，政府在必要时会考虑沿着干预阶梯“提高”干预程度。例如，倘若企业未能在约定期间内自愿履行承诺，我们会以公众健康利益为取向，考虑通过规制带来改变。[62]

依此进路，诸多合作伙伴签订了责任协议，[63] 每个合作伙伴至少做出了一项承诺。承诺事项主要集中于行为网络中的五个方面。以食品领域为例，承诺包括不使用人工反式脂肪，减少卡路里以及包装正面贴营养标识等。[64]

产业界之外的合作伙伴也签订了责任协议，这也包括公共卫生学会。然而，公共卫生学会已经表达了对酒精方面承诺的关切，[65] 鉴于担心政府令产业利益优于人群健康的改进，最终退出了协议。[66] 因此，或许切题的是，考虑以责任协议项下有关酒精的某项 175
承诺为例，签约方并非受制于立法或指令性公共政策，不得不以特

---

62 HM Government，前注 15，第 31 页。这一观念是“规制金字塔”理论的反映，见 Ian Ayres and John Braithwaite, *Responsive Regulation: Transcending the Deregulation Debate* (Oxford: Oxford University Press 1992)。

63 在撰写本书时，共有 776 个合作伙伴，见 Department of Health, <https: //responsibilitydeal.dh.gov.uk/partners/>, 最后访问日期：2016 年 4 月 5 日。

64 见 Department of Health, <https: //responsibilitydeal.dh.gov.uk/pledges/>, 最后访问日期：2016 年 4 月 5 日。

65 Faculty of Public Health, <www.fph.org.uk/uk_faculty_of_public_health_rejects_alcohol_pledges>, 最后访问日期：2016 年 4 月 5 日。

66 Faculty of Public Health, <www.fph.org.uk/fph_withdraws_from_responsibility_deals>，最后访问日期：2016 年 4 月 5 日。

定方式行事，而是主动做出了与酒精有关的十一项承诺。[67] 其中，零售商于 2014 年 7 月一致同意，通过“承诺在店铺和超市中负责任地陈列和宣传酒类饮品”，努力减少与酒精相关的伤害，而酒类饮品生产商则承诺，不再出售大罐装的“高度数”酒类饮品。[68]

在公共卫生学会等组织看来，单凭前文所列的这类措施还远远不够。要实现与饮酒有关的公共卫生目标，有必要考虑采取带来更重负担的干预方式，譬如，设定最低定价（另可参考第八章的讨论）。作为一家慈善机构，酒精研究所的“核心目标是，就有关酒精的公共政策问题，以公共利益为依归”，它从未获得过政府或产业界的资助。[69] 2015 年 11 月，酒精研究所发布了一份报告，题为《到医院前已死亡？评估有关酒精的公共卫生责任协议》。[70] 该报告严厉抨击了责任协议的有效性，它认为，这种治理进路既缺少证据支持，又未获得公共卫生机构和学术界的认可，还忽视了更为有效的措施。报告的结论部分这样写道：

> 责任协议从未建立起真正的伙伴关系，它几乎遭到所有独立公共卫生团体的抵制。过去四年间，针对责任协议的许多反对意见都已获证实。责任协议系统地关注那些有效性相对不足的干预方式，这些干预方式不太可能减少酒类消费。协议中用

---

67 前注 64。

68 见 UK Government, <www.gov.uk/government/news/alcohol-industry-takes-action-to-tackle-irresponsibledrinking>, 最后访问日期：2016 年 4 月 5 日。

69 Institute of Alcohol Studies, <www.ias.org.uk/>, 最后访问日期：2016 年 4 月 5 日。

70 Available at <www.ias.org.uk/What-we-do/IAS-reports.aspx>, 最后访问日期：2016 年 4 月 5 日。

> 一些模棱两可的条款做出承诺，以此来抵制评估。酒类企业通过给出不可靠的进度报告，以及更为糟糕的、在官方评估过程中施加的不当行为，阻碍了对责任协议的严格评估。即便展开独立评估，……酒类企业通常也无法证明自己已实现目标。甚至在企业践行承诺的文本时，它仍寻求规避这种事业的精神精髓。如果责任协议只是一个无关紧要的陪衬，那么所有这些情况也可获原谅。但近年来，责任协议似乎已成为英国酒精策略的主要要素。

当然，政府会从截然不同的积极视角来看待责任协议的成就。[71]就公共卫生成效而言，此处尚需指出一些经验性问题，这包括自愿协议的效果，也涉及在与现有事实相反的情况下，例如，如果实行最低限价，或未实行责任协议时，将会产生怎样的效果。[72]作为研究公共卫生法领域柔性措施的聚焦点，在责任协议中，对企业主体委以公共卫生治理角色，这使我们有必要分析产业主体的利益和诚信问题，它引发的问题还涉及，规避更严格的规制控制形式，具有怎样的政治可接受性。无论如何，在就此得出结论之前，还具有重 176
要意义的是，探究如何将这些措施与其他可选择的补充性政府干预措施组合使用。

---

71 Department of Health, <https: //responsibilitydeal.dh.gov.uk/category/alcohol-network/>, 最后访问日期：2016 年 4 月 5 日。

72 见 Cécile Knai, Mark Petticrew, Mary Alison Durand, Courtney Scott, Lesley James, Anushka Mehrotra, Elizabeth Eastmure, and Nicholas Mays, ‘The Public Health Responsibility Deal: Has a Public-Private Partnership Brought about Action on Alcohol Reduction?’ (2015) 110 *Addiction* 1217。

9.4　公共政策与公共卫生

如上所见，按照纳菲尔德生物伦理委员会给出的干预阶梯，干预程度最低的方式仅要求负有公共卫生职责的公共机构无所作为，或只是监督现状。结合前文已探究的缘由，这不仅是基于对保护个人和商业自由的现实政治考量，还有更多哲学层面的关切，即便这在某种意义上令人遗憾，公共当局有时也只能是无所作为。人们有权利做出不明智的决定，并且社会往往要受公共卫生以外的关切支配：例如，要探寻的政治目标可能是达致最佳的健康经济状态，即使这与令民众健康达致最佳状态的目标不完全兼容。然而，正如干预阶梯提醒我们的，仅仅是强硬的法律措施不合适或其他方面不可行，并不意味着无法以政府干预来引导社会状况的改变：在探寻实现公共卫生目标时，可以通过较为柔性的方式提供让人们能健康生活的条件。因此，在本章最后这一实体章节中，我们将探析那些超越硬法的公共治理模式，尽管它们的权威有时源自硬法。

与本书其他章节探究的不同法律措施和进路一样，关于公共政策与公共卫生的主题，也可选用诸多案例研究。如前所述，在英格兰，将涉及公共卫生问题的诸多广泛职责授权给地方当局，由它们裁量处理（另可参见本书第七章）。《2006 年国民医疗服务体系法》第 2B 条第 1 款规定："每个地方当局必须采取它认为适当的措施，来改善本地区民众的健康。"该法不仅规定了地方层面的优先事项范围，还敦促地方当局使用干预阶梯中位于强制方式下的一系列措施来解决问题。该法第 2B 条第 3 款阐明了地方当局可采取的步骤，包括：

（a）提供信息和建议；

（b）提供服务或设施以促进健康生活（可以通过帮助个人应对有损健康的行为，或通过其他任何方式）；

（c）提供预防、诊断或治疗疾病的服务或设施；

（d）提供经济激励，促使个人选择更健康的生活方式；

（e）提供包括财政援助在内的援助，帮助个人将其住所或所处环境中的任何健康风险降至最低；

（f）为健康促进领域的工作人员或寻求入职的人员提供培训，或参与培训的提供；

（g）让所有人都能享受各项服务或设施。

考虑到这些公共卫生责任以及关于可能规制进路的上述讨论，本节将探讨地方当局如何考虑公共卫生中的政策制定。在关于公共卫生伦理和法律的公共话语中，这具有核心地位，我们将特别诉诸助推理论，并关注助推以怎样的方式影响地方当局展开公共卫生规制。在讨论的最后，我们将着重介绍地方当局运用助推技术的一个实际例证，但我们首先还是给出概览。

9.4.1 案例研究 3：助推（与拥抱、猛推和拍打……）

理查德·泰勒与卡斯·桑斯坦的著作《助推》[73] 基于他们早期阐 177
发的“自由放任派父爱主义”（libertarian paternalism）观念，[74] 将助推视作“真正的第三条道路，可以用来平息当代民主中一些最棘手

73 Thaler and Sunstein, *Nudge*，前注 5。

74 Thaler and Sunstein, ‘Libertarian Paternalism’，前注 5。

的争论”。[75] 自由放任派父爱主义的精义在于，即便政府（与诸如雇主、餐馆之类的私人主体）有充分的理由去提升人们的福祉，他们依旧要尊重个人自由。该论说进一步指出，许多人建议，采用父爱式政府干预进路，可以在不否定个人选择自由的情况下，促进个人利益和集体利益。基于此观念形成了一种干预模式，据称，它能以与新自由主义理想相容的方式，来实现福利导向的国家目标。相应地，它恳请包括政策制定者在内的《助推》读者，去探究能促进公共卫生目标的规制技术，但无须强制性立法。

为了解释如何做到这一点，泰勒与桑斯坦结合法学、经济学、行为科学以及规制方面的专业知识，主张根据源自**行为经济学**的经验性理解来发展出治理模式。例如，如果有证据表明，人们在点牛排的时候倾向于简单接受默认配菜，那么我们可以将沙拉作为标准配菜，同时保留搭配薯条的选项。这种“选择架构”有助于改善健康状况，且不会侵害人们选择相对不那么健康选项的权利。因此，助推进路要想奏效，至少在理论上要仰仗科学知识，以理解人们如何对所处环境做出反应，规制者由此可以形成选择架构，让最佳选项成为人们最容易做出的选择。根据预期行为或结果，助推涉及一系列可能规制策略的运用。泰勒和桑斯坦指出，作为助推概念的一般特征，任何特定的助推

> 通过可预见的方法改变人们的行为，它不会禁止任何选择，也不会显著改变人们的经济激励。某项干预要想被视为单纯的助推，则必定是可以容易且成本低廉地避免的。助推不同于命令，

75 Thaler and Sunstein, *Nudge*，前注 5，第 253—254 页。

> 把水果放在视线所及的地方被视为助推，禁止食用垃圾食品则不是助推。[76]

助推除激发出卷帙浩繁的学术文献之外，[77] 还在政治和大众想象层面产生了深远的影响。[78] 杰西·诺曼在阐述前首相戴维·卡梅伦政府的**大社会**（The Big Society）政治理念时论称，在哲学层面，助推理论并非政府所青睐的进路：《助推》推定人们是有瑕疵的决策者（至少从经济学术语上看是如此），而“大社会”的推崇者则假设人们是“能力和潜力的高能集合”。[79] 然而，上一届保守 178
党领导下的联合政府与本届保守党政权显然从自由放任派父爱主义中找到了某些共鸣：内阁办公室于 2010 年成立了“行为洞察团队”（Behavioural Insights Team），它的通俗名称是“助推小组”，2014 年，该小组已私有化，但依旧从政府获得部分资助。[80] 自“助推小组”成立以来，理查德·泰勒一直参与其中，泰勒目前是其学术咨

---

76 Thaler and Sunstein, *Nudge*，前注 5，第 6 页。

77 2016 年 4 月 5 日，通过谷歌学术搜索“自由放任派家长主义”（libertarian paternalism），得到 4 170 个结果。2016 年 4 月 5 日，谷歌学术显示，《自由放任派家长主义并非矛盾修饰》（“Libertarian Paternalism Is Not an Oxymoron”）一文被引用 1 419 次。

78 例如，见 The BBC Radio 4 Programme, “Nudge Theory in Practice” , www.bbc.co.uk/programmes/b01rg1hb，最后访问日期：2016 年 4 月 5 日 (first broadcast 31 December 2013); “The Rise of Nudge—The Unit Helping Politicians to Fathom Human Behaviour” , *The Guardian* (23 July 2015); “Four Money ‘Nudges’ the Government Recently Used on You”, *The Telegraph* (24 July 2015).

79 Norman，前注 26，第 188 页。

80 关于一般性信息，见 Behavioural Insights Team, <www.behaviouralinsights.co.uk> accessed 5 April 2016; 参见 Cabinet Office, *Applying Behavioural Insight to Health* (London: Cabinet Office 2010)。

询小组的成员，这反映出《助推》一书的影响力。而且，即使在私有化之后，行为洞察团队也依旧在公共政策中发挥着引人注目的咨询职能。[81]

因此，与之相关的在于审视，在公共卫生规制过程中，地方当局如何得到明示的鼓励，去参考助推的架构，来采取更为柔性的治理措施。对此，2013 年地方政府协会形成了一份题为《改变公共卫生中的行为：轻推还是猛推？》的简报文件，[82] 尤其在结合 2006 年《国民医疗服务体系法》第 2B 条一起解读时，可见它很好地捕捉到了相应要点。该文件主要针对地方议员和官员，旨在证实可如何利用助推推进公共卫生议程。基于泰勒和桑斯坦的著作以及纳菲尔德生物伦理委员会的干预阶梯，该文件勾勒出了可采取的不同治理进路。它的做法在于强调采取较少侵害措施的可欲性，而且，有趣的是，它对我们已观察到的那些方式给出了进一步的规制分类：

> 作为健康行为的汇报，可给凭单（vouchers）之类的直接激励技术贴上“拥抱”（hugs）的标签，而诸如学校限制外卖之类的更强硬措施，因限制选择而属于猛推（shoves）。诸如对在公共场所吸烟之类的禁令，则仅称为“拍打”（smacks）。[83]

这份简报进一步指出：

---

81 见 Behavioural Insights Team, <www.behaviouralinsights.co.uk/about-us/>，最后访问日期：2016 年 4 月 5 日。

82 LGA，前注 15。

83 同上注，第 2 页。

> 可以说，地方当局在行为改变方面发挥着双重作用：一方面，在本行政区域内承担战略领导角色，例如制定政策、评估方案；另一方面，与来自私营、公共和志愿部门的其他伙伴一同组织实施干预，发挥作用。[84]

尽管文件中承认，特定助推方式的有效性如何，仍有诸多尚待证明之处，但还是对助推秉持赞成的态度。[85] 在近期公共卫生报告的分析中，也可见此种倾向。例如，英格兰公共卫生署于 2015 年 10 月发布了一份报告，提出有必要在人群层面采取行动，以减少食糖摄入量。[86] 虽然这份报告仅在刻画产业界鼓励过度消费的做法时用到了“助推”一词，但就政府如何回应给出的建议中，包括了一些符合助推定义的措施，例如提高公众对日常饮食的认知。

为了举例说明地方政府协会在助推方面推崇的是什么，让我们 179
考虑它使用的一个案例研究。[87] 2005 年，盖茨黑德市议会的一项研究表明，人们在购买鱼和薯条时，食盐摄入量非常高：问题出在人们用来添加食盐的调味罐上，这种调味罐上的孔比盐罐上的孔大得多。作为回应，盖茨黑德市议会购置并免费发放了较小的盐罐，以便人们能够更适量地添加食盐。在地方政府协会看来，这一干预方式的成功“证实了低成本的助推如何能发挥影响”。我们可以注意

---

84 同上注，第 4 页。

85 同上注，第 6 页。

86 Public Health England, *Sugar Reduction: The Evidence for Action* (London: Public Health England 2015).

87 同上注，第 8 页。

到，就改善人群健康而言，这一干预方式可能影响甚微：单凭此种干预方式，难以显著改善人群健康。虽然如此，这个简单的例证不仅让我们能把握助推的精义，而且，助推可能只能施加有限的健康影响这一点也让我们明了，通常，只有在助推作为更宽泛干预体系的一部分时，助推才能有效发挥作用——一言以蔽之，用地方政府协会的话来说，这种干预体系中既要有“猛推”，也要有助推。[88]

对助推和其他规制机制的高调阐述可以证实，地方当局如何受到鼓励，去通过各种治理手段来应对其职权范围内的公共卫生问题。在诸如盐罐例证之类的措施备受重视的情况下，除了要探寻助推进路有效性的证据基础外，还需从公共卫生视角，探究致力于公共卫生目标的程度：一方面，它以例证方式阐明了一种创新性治理进路；另一方面，可以说它过于强调那些效果相对有限的进路，而以牺牲更有效的方式为代价。

综上所述，从公共政策视角来看，现行法定框架以及包括地方政府协会、英格兰公共卫生署在内等有影响力机构的文件，均积极鼓励采取硬法之外的治理措施。当我们面临对“保姆式国家”干预的关切时，有可能找到一种具有政治可行性的助推方式，来促进健康。然而，需要强调的是，无论是《助推》一书的作者，还是政府，抑或诸如英格兰公共卫生署之类的行政机关，它们均未提出柔性规制进路可以穷尽公共卫生治理之责。出于实践和政治层面的原因，具有重要意义的是，理解在政策制定时可以使用较少侵害性干预方式的范围。尽管公共政策制定者也需要仰赖强制性措施，但鼓励而

---

88 参见 Karen Jochelson, *Nanny or Steward? The Role of Government in Public Health* (London: King’s Fund 2005)。

非命令人们做出更健康的选择，能更切实地完成诸多活动，并较少引发政治争议。

公共卫生领域内外的异议提出的关切是，助推的效果极为有限：如果我们想要解决社会面临的重大公共卫生问题，譬如，相关人群因饮食不合理而健康欠佳，此时仅运用柔性治理措施还是不够的。因此，重要的是，既要考虑何时适于采用助推，也要考虑，对于全面回应公共卫生关切而言存在这样的风险，即助推的影响力或政治吸引力有可能会产生令人难以接受的微弱效果：凸显助推的重要性，也可能会掩盖对更强硬干预方式的需要。诸如盐罐例证之类的措施构成公共卫生法分析的一部分。在概念层面，必须理解此类干预方式，而且出于法律和政治层面的原因，地方当局和公共卫生机构能很好地探索创新的潜力以及治理模式的创新。但有证据表明，在当前的政治氛围下，这种潜力被过度强调了。风险在于，本章对公共卫生法的处理，可能导致规制者忽视之前四章探讨的该法更“硬”面向。对此，确切的答案必然 180
要取决于政治视角和优先次序。但在进行评判时，有必要回想胡德和他的同事们提出的规制体系之三项措施：制定标准，收集信息或监督，以及对行为的纠正，这对于当前讨论具有至关重要的意义。

本章小结

- 研究公共卫生法需要了解法律之外的社会协调方式。
- 与分析关乎公共卫生领域的硬法一样，必须在政治和社会现实情境下展开此类分析，例如，就个人健康责任有着怎样的主流政治承诺，对此要给出记述。

- **规制**观念并不仅限于法律措施，也反映出公共**和**私人主体的职能。正如克里斯托弗·胡德、亨利·罗思坦和罗伯特·鲍德温指出的，规制体系制定标准、收集信息或监督体系运行，还有纠正行为的作用。
- 关于公共卫生治理的讨论往往会谈及纳菲尔德生物伦理委员会提出的“干预阶梯”，它根据适用的压力程度不同，区分了不同的规制模式：例如，它将阻止“不健康行为”的政策（如提高烟草税），与强制或禁止特定行为的政策（如禁止在全封闭和大体上处于封闭状态的公共空间吸烟）做了对比。
- 官方政策尤为强调个人对健康的责任，却很少通过政治或法律手段强迫人们追随“健康生活方式”。
- 官方政策中包含企业社会责任，并正式规定了私人主体的治理角色。
- 鼓励地方当局等公共卫生领域的关键主体根据“助推议程”制定政策。

9.5 扩展阅读

Robert Baldwin, ‘From Regulation to Behaviour Change: Giving Nudge the Third Degree’ (2014) 77 *Modern Law Review* 831.

Julia Black, “Decentring Regulation: Understanding the Role of Regulation and Self-Regulation in a ‘Post-Regulatory’ World” (2001) 54 *Current Legal Problems* 103.

Bronwen Morgan and Karen Yeung, *An Introduction to Law and*

Regulation: Text and Materials (Cambridge: Cambridge University Press 2003).

Nuffield Council on Bioethics, *Public Health: Ethical Issues* (London: Nuffield 2007), chapter 3.

Richard Thaler and Cass Sunstein, *Nudge: Improving Decisions about Health, Wealth, and Happiness* (London: Penguin 2009).

第三部分

反思性结论

第十章 法律与公共卫生的未来方向

10.1 导 论

本书试图描述和解释公共卫生法的性质与范围，罗宾·马丁 183
和理查德·科克在十年前曾将此领域描述为“晦涩难懂、无边无际”。[1] 作为一个研究领域，公共卫生法或许依旧是一个“没有边界的领域”；[2] 然而，我们希望通过此书，可以让它不再那么晦涩难懂。为了给这个领域描绘一幅清晰的地图，我们在本书第一部分先尝试解释了我们对公共卫生本身的理解，然后勾勒了相关伦理问题以及法律和公共卫生的历史。在第二部分，我们展示了相关的法律进路，以及它们与涉及卫生和治理的相关实践要点之关联，并选择若干特定实例，作为这些进路运作的例证。当然，即便用

---

1 Robyn Martin and Richard Coker, “Conclusion Where Next?” (2006) 120 (Supplement 1) *Public Health* 81, 81.

2 John Coggon, *What Makes Health Public? A Critical Evaluation of Moral, Legal, and Political Claims in Public Health* (Cambridge: Cambridge University Press 2012), 第五章。

比本书再长几倍的篇幅，也难以穷尽法律、治理和公共卫生活动的全貌。因此，我们试图通过推进对公共卫生法的界定，描述公共卫生各种特征和含义的重要意义，增强这一领域的融贯性（尤见本书第四章）。

作为最后一章，本章旨在提出公共卫生法领域研究和实践的未来方向。鉴于公共卫生法领域不易把握，还有许多未知区域有待探索。然而，认识将影响该领域发展的因素是可能的：也就是说，作为一个专业化领域，该主题将如何持续浮现与发展，或实际上缩小其范围。以下三节将考量实践和学术影响将如何作用于公共卫生法的发展。首先，我们会分析公共卫生将如何适应社会和政治规范的变化。其次，我们思考全球化对公共卫生法领域的影响。最后，我们以对公共卫生法这一学术研究领域的反思作为落脚点，考虑可能出现的学术进路，以及公共卫生法研究对政策和实践的贡献。

10.2 变迁中的规范：如何在更宽泛的情境下适用公共卫生法

184 本书的架构围绕对公共卫生法的独特理解展开（见第四章），但**任何**公共卫生方面的法律研究都有两个核心聚焦点。第一，有些措施意在专门解决公共卫生关切，如《2012 年健康和社会照顾法》中包含的那些措施（尤见第七章和第九章）。第二，与本书第三章和第四章中所勾勒的“健康融入所有政策”方法一样，尽管有些规制干预措施并非有目的地为“公共卫生法”设计，或被指定为“公共卫生法”的一部分，但其中仍可能包含可服务或约束公共卫生议程和实践的治理措施。[3] 正如第三章中历史分析所证实的，公共卫生法的发展必定会带有偶然性。当然，偶然性是法律研究中常见的现象之一：这就是学者们经常在更广泛的社会、经济、专业和政治背景下研究法律的原因。然而，公共卫生法似乎特别容易受到它所处更广泛背景的影响。公共卫生法理论和实践受以下问题的限制：

- **公众可接受性**：一项措施是否得到了公众的支持，或是否因被视为“保姆式”措施而显得步子过大？（尤其见第二、第六和第九章。）
- **伦理可接受性**：一项政策或实践是否符合公共卫生伦理方面的专业和/或道德标准？（见第一和第二章。）
- **政治优先次序**：对某项特定公共卫生问题的关切是否会“压倒”其他政府优先事项，比如确保经济增长？（关于这些问题可能引发的不同看法，参见第二、第三和第七章。）
- **法律支持和法律约束**：法律规则、原则和实践是为公共卫生活动提供基础，还是限制这些活动的实施？（见第五至第九章。）
- **政治、法律和专业意愿**：即使法律规定了某种特定的做法，如疫苗接种，实践中法律是否会被遵守或执行？（关于此问题的讨论，例可见第三章。）
- **经济可行性**：是否有足够的资源来推进特定的公共卫生议程？（考虑第七章和第九章探讨的关于公共决策的事项。）

3 参较 Martin and Coker，前注 1；参见 John Harrington, “Commentary on ‘Legal Foundations of Public Health Law and Its Role in Meeting Future Challenges’” (2006) 120 (Supplement 1) *Public Health* 14。

- **适当的治理进路**：考虑到公共、道德、政治、法律、专业和经济方面的关切不同，在某种特定情形下，什么治理进路才是适当的？基于当前所列的其他要点（又见第四章），这包括对如下问题的探讨：

    - 应该采用更硬或更软的治理模式吗？此处需要考虑到效率、政治和社会的可接受性以及实用性（例如，及时立法是否可行，或者是否更容易设计出“更柔”的规制措施？）。
    - 应在地方、区域、国家还是超国家层面制定措施？
    - 就采取行动而言，私人或非政府的利益相关者是否比公共当局处于更好的位置？
    - 如果存在的话，那么存在哪些资源和资源限制？
    - 185 如果存在的话，那么有什么法律规定或限制？
    - 哪些科学证据和证据标准支持这种进路？

本书尝试提供一个框架，以协助回应这些关键且广泛的问题和关切的尝试。公共卫生法的研究和实践都要求能够成功应对挑战，而不仅限于纯粹的法律分析：社会、政治、经济、伦理和专业方面的理解必不可少。只有这样，才有可能充分参与诸如酒精规制、疾病大流行规划和 / 或完好的职业健康等特定事务的讨论，并推进相关议程。

因此，有必要加强对多学科和跨学科的聚焦。第一章解释了公共卫生领域本身为何有着固有的多学科属性。而且在实践中，这种多学科的进路反映于跨部门的治理进路中，其中最典型的表现当属“健康融入所有政策”的理念（见第三章和第四章）。同样值得关注的是，作为法律之外的治理形式，包括私人和非政府行为主体在规制中的作用，构成了对公共卫生法的推进，需要一个参与式的议程，来反映这一更宽泛的进路（见第九章）。拥有法律专长的专家应当分享他们的专门知识和理解，但在多主体参与的进程中，他们也要向其他学科和部门的专家和从业人员学习。继马丁和柯克之后，[4]我们给出同样的建议：公共卫生法领域要求学者和从业人员从不同的法律主题中汲取经验：公共卫生法学者不能将自己的进路局限于本书第五至第八章中分述的某个"核心"领域。实际上，如第九章所述，这一领域甚至不能仅限于"硬"的法律进路。就公共卫生法在更广泛意义上对公共卫生的贡献而言，公共政策和规制问题，以及甚至更分散的治理，诸如私主体发挥的规制功能，都起到至为重要的作用。在本章第四节中，将进一步阐述这些要点。

10.3　公共卫生与全球化

在上一节的讨论中，可能明显遗漏了**全球化**背景——这不仅如本书第八章所述，尤其因为区域和国际因素会对公共卫生法产生显著影响。然而，鉴于全球化独有的重要意义，有必要对全球化背景给出单独分析。众所周知，经济全球化对任何特定管辖范围都产生了重大的社会反响。[5]应当铭记，英国具有相当的全球影响力，这种影响力会延伸到法律领域。而且从学术研究角度来看，相对于**国际**卫生法而言，必须以**全球**卫生法这一重要相关主题的兴起为背景，

4　Martin and Coker，前注 1。

5　Lawrence Gostin, *Global Health Law* (Cambridge, MA：Harvard University Press 2014)，第二章。

考量公共卫生法与全球化。[6]

诸多法律研究领域已经认识到全球化的影响，但公共卫生法尤其容易为这种现象所形塑。从本国视角，我们可以思考全球化和卫生研究对内如何引起人们的担忧，例如，移民和全球旅行的现代趋势如何影响疾病传播，[7] 烟草产业如何利用国际法质疑国内控烟议
186 程，[8] 或者全球化如何让过去难以开展的“不健康产品”的交易趋于便利化。[9] 同样，从外部视角出发，可以检视英国对全球卫生的影响，[10] 审查它应该承担的责任：例如，为全球卫生工作贡献经济和其他方面的支持；[11] 英国如何通过推动医务人员移居国外，来影响其他国家的医疗基础设施和人群健康水平；[12] 或它对自然资源的消耗如何以直接和间接方式作用于全球环境危害，直接方式例如通过碳排放，间接方式如有能力参与某种全球经济秩序，其要务是构建一个国际规制体系，由此可能导致更难实现更多的可持续性。[13] 和之前一样，此处许多分析可能要求我们超越国家视角，比如，去探究位于英国

---

6 同上注，第三章。

7 同上注，第十二章。

8 同上注，第七章。

9 同上注，第十三章。

10 关于制定评估此类影响的方法的讨论，见 Modi Mwatsama, Sidney Wong, Dena Ettehad, and Nicola Watt, “Global Health Impacts of Policies: Lessons from the UK” (2014) 10 *Globalization and Health* 13。

11 尤见国际发展部的职权和工作，www.gov.uk/governent/organisations/department-for-international-development/about，最后访问日期：2016 年 4 月 5 日。

12 见 Gostin，前注 5，第十一章；*Department of Health, Code of Practice for the International Recruitment of Healthcare Professionals* (London: Department of Health 2004)。

13 有关从伦理和政策角度考虑气候变化和公共卫生的论文集，见 Cheryl Cox MacPherson (ed), *Climate Change and Health: Bioethical Insights into Values and Policy* (New York: Springer 2016)。

的和受英国规制的企业，例如，那些生产药品、食品或酒类产品的企业对各国人群健康可能产生的影响。[14]

铭记这些问题，对进一步审视法律的作用是有意义的。鉴于对广泛人群带来多种深远影响，而且最终会影响全球人群，人们可能希望通过法律来支持社会协调能力的保障，进而确保良好的卫生条件。这可以基于对捍卫国家人群健康的关切，也可以基于希望建立一个更为公平的世界，通过开展预先行动，来避免疾病和痛苦。[15]然而，从公共卫生法的角度，全球卫生已引起特别关注。劳伦斯·戈斯汀和艾伦·泰勒将全球卫生法描述如下：

> 全球卫生法是一个涵盖法律规范、程序和机构的领域，旨在为世界各地的人们创造条件，实现最高可能水平的身心健康。这一领域力求为关键行为主体开展健康促进行为提供便利，这些主体包括国际组织、政府、企业、基金会、媒体和公民社会，它们对公众健康有显著影响。全球卫生法律机制应激发研发投资，调动资源，设定优先事项，协调行动，监测进展，创造激

---

14 关于英国制药行业所做贡献的积极评价，见 All-Party Parliamentary Group on Global Health, *The UK's Contribution to Health Globally—Benefiting the Country and the World* (APPG on Global Health 2015), chapter 4。有关特定领域的负面分析，例如，见 Chris Holden, Kelley Lee, Anna Gilmore, Gary Fooks, and Nathaniel Wander, "Trade Policy, Health and Corporate Influence: British American Tobacco and China's Accession to the World Health Organization" (2010) 40 *International Journal of Health Services* 421。

15 关于这些观点的分析，见 John Coggon, "Global Health, Law, and Ethics: Fragmented Sovereignty and the Limits of Universal Theory" in Michael Freeman, Sarah Hawkes and Belinda Bennett (eds), *Law and Global Health* (Oxford: Oxford University Press 2014) 369–385。

励，并执行标准。应根据这些非常重要的社会正义价值，来对这一领域的研究和实践加以导引，这就要求公平分配医疗服务，特别是要让世界上最贫困的群体受益。[16]

187 虽然在第八章我们主要分析了与国际法相关的法律渊源，特别是条约；也分析了与国际法有关的主体，特别是国家。但这一新兴领域的先驱们不遗余力地强调，可以证明，现有的国际法框架无法有效实现社会正义的价值，而社会正义“弥漫于这一领域”。[17] 戈斯汀指出，国际法以国家为中心，这导致它不足以获取其他行为主体的“创造力和资源”，这些其他行为主体包括个人、公民社会组织和私营企业。[18] 此外，他还确认，据自己所知，可执行性差和标准的模糊是整个“国际法难以摆脱的”因素，[19] 在卫生情境下尤其如此，围绕人类健康权性质和范围的争议即为佐证。[20]

作为一个新兴的研究和实践领域，全球卫生法具有描述性和规范性两个维度。在描述性上，它试图捕捉国际舞台上那些足以“削弱传统主权观念”的发展，[21] 例如，随着对人权的日益强调，非国

16 Lawrence Gostin and Allyn Taylor, “Global Health Law: A Definition and Grand Challenges” (2008) 1 *Public Health Ethics* 53, 55. 另一个定义略有不同，见 Gostin，前注 5，第 59—60 页。

17 同上注，第 60 页。

18 同上注，第 62 页。

19 同上注，第 64 页。

20 有关讨论，例如，见 Brigit Toebes, *The Right to Health as a Human Right in International Law* (Antwerp: Intersentia 1999); Jonathan Wolff, *The Human Right to Health* (New York: W.W. Norton & Co. 2012); John Tobin, *The Human Right to Health in International Law* (Oxford: Oxford University Press 2012)。

21 Gostin and Taylor，前注 16，第 61 页。

家行为主体作为“合作伙伴”日益参与到全球卫生筹资和政策制定之中，世界卫生组织的协调作用也在不断加强，在本书第八章讨论的两个条约中，这表现得尤为明显。[22] 在规范性上，这表明了一种关切，即“需要新的模式来引导更具建设性和合作性的行动，以解决我们这个时代最具决定性的问题之一——全球人群健康”。[23] 考虑这些“新模式”可能采取的形式，以及它们如果产生影响的话，那么可能对包括英国在内的多国国内法律框架产生影响，在未来相当长的一段时间内，这似乎都将是公共卫生领域学术议程的前沿问题。[24]

10.4 公共卫生法：迈向确定的学术探究领域

界定公共卫生法领域的性质和范围，仍然是一个正在进行的过程。围绕它的基本假设、基本原理、方法和进路，还会持续展开争论。[25] 尽管如此，现在无疑将公共卫生法视为一个重要的研究领域。

---

22 这并不意味着对世界卫生组织的现有作用、结构或职能进行不加批判的评估，例如，见 Gostin，前注 5，第 4 章。

23 Gostin and Taylor，前注 16，第 61 页。

24 一种可能的做法是，借鉴烟草方面采取的做法，制定一部全球卫生框架公约（第八章的讨论内容）。例如，见 Gostin，前注 5，第 437—439 页；Michel Sidibé and Kent Buse, “A Framework Convention on Global Health: A Catalyst for Justice” (2012) 90 *Bulletin of the World Health Organization* 870; Lawrence Gostin and Eric Friedman, “Towards a Framework Convention on Global Health: A Transformative Agenda for Global Health Justice” (2013) 13 *Yale Journal of Health Policy, Law and Ethics* 1。

25 例如，见 Wendy Parmet, *Populations, Public Health, and the Law* (Washington: Georgetown University Press 2009)；Coggon，前注 2；Lawrence Gostin and Lindsay Wiley, *Public Health Law: Power, Duty, Restraint* (3rd edn., Berkeley: University of California Press 2016)。

尽管马丁和科克在 2006 年曾感叹，“英国本科和研究生的‘卫生法’课程几乎仅排他地涉及与患者个体治疗有关的问题”，[26] 而在 2009 年，西雷特和奎克指出，“作为学术研究的一个课题，公共卫生法依然在
188 实质上被忽视”，[27] 如今，面向法学、公共卫生和其他学科的学生，大学课程表中逐渐开设出公共卫生伦理和法律方面的课程。这在很大程度上要归功于马丁和科克等本国学者的开拓性工作和合作，以及第四章所提及戈斯汀和国际学术界其他学者的更广泛影响。

随着公共卫生法日渐成熟，依然具有重要意义的是，审视之前章节勾勒出的公共卫生法的边界、范围和影响问题。但同样重要的在于，要考虑如何把公共卫生法领域作为教学和研究的基础。什么方法和进路是合适的？课程和研究议题应包括哪些内容？如何将法律研究与其他学科相关联？在处理这些问题时，有裨益的是，要牢记我们在本书第四章中强调的作为公共卫生法基础的要点。在第四章中，我们提出了以下观点：

> **公共卫生法是一个研究领域与实务领域，它涉及法律、政策和规制的许多方面，无论如何理解，这些促进或限制了在人群内部、人群之间和跨人群展开的保护与促进健康的活动。**

在解释我们如此描述该领域的原因时，我们强调了某些关键特征，这些特征既能指导我们理解公共卫生法的进路，也同样影响课程和研

26 Martin and Coker，前注 1，第 81 页。

27 Keith Syrett and Oliver Quick, “Pedagogical Promise and Problems: Teaching Public Health Law” (2009) 123 *Public Health* 222, 223.

究议题的开展思路。简要重述的话，公共卫生本身是一个极为广阔的领域，且法律和政府治理的交叉跨越了非常广泛的法律进路和政府部门，这应该作为公共卫生法教学的出发点。此外，由于聚焦点在于促进社会协调，而不只是通过权威机构发布一系列规则来发展对法律概念的“纯粹”记述，所以在公共卫生情境下分析法律的相对功用和影响时，必须考虑各种不同的规制措施，并考虑私主体、非政府机构与国家的作用。

当然，这对公共卫生法领域未来的教学改革提出了显著挑战。正如西雷特和奎克所观察的，教授公共卫生法一定程度上需要多元知识储备，这与当代许多学术实践的专业化性质不相符，当然这种专业化倾向也不限于法学。[28] 通过采取实际措施，例如，通过建立物理网络和虚拟网络，来实现资料和课程的交流与分享；[29] 利用机构的支持设立跨学科课程，在跨学科导向下，出版诸如本书这样的文本，或发布博客文章和工作论文等在线材料，这可以在一定程度上缓解这方面的难题。然而，最关键的因素可能是态度：在该领域工
作的人愿意跨越学科界限，并接受不熟悉的方法和知识形式。简言 189
之，我们需要认识到，正如 J.S. 密尔所说，“让人们接触与他们不同的人，接触不同于他们熟悉者的思维和行为方式，……这样做的价

28 同上注，第 227 页。

29 关于这种网络的一个例子（将地球科学教育与社会问题联系起来），见 Carleton College, http: //serc.careton.edu/integrate/index.html，最后访问日期：2016 年 4 月 5 日。美国有一个公共卫生法网络，The Network for Public Health Law, www.networkforphl.org/，最后访问日期：2016 年 4 月 5 日。然而，这一网络的重点不是教育功能，而是将公共卫生人员和法律从业人员联系在一起。奥尼尔国家和全球卫生法律研究所设在乔治城大学，由劳伦斯 · 戈斯汀领导，www.law.georgetown.edu/oneillinstitute/，最后访问日期：2016 年 4 月 5 日。此网页上有许多有用的资源，但算不上是一个网络。

值怎么估计都不为过”，[30] 或如美国法学家奥利弗·温德尔·霍姆斯所言，“要掌握任何知识分支，你必须掌握那些与其相关的知识；因此，要知道某种事物，你必须知道全部”。[31]

有人可能对未来公共卫生跨学科研究议题的发展给出类似的观察，这包括但不限于本书探讨的法律进路。超越学科甚至是分支学科的藩篱，这不仅提出了认识论上的要求，还会造成制度内部的紧张关系。例如，有论者认为，这种研究形式在“本”学科（“home” discipline）内部无法总得到高度评价，也许是因为其他学者没有完全理解这类研究，或者是因为与其他学科研究人员交流时，可能需要在某种程度上简化观点与方法，从而导致这些学者相较于其部门同行而言，在学术上的可信度有所降低。[32] 还有定量证据表明，跨学科研究的引用率较低，这似乎证实人们对这类研究存在负面认识。[33]

虽然我们承认这些挑战，但我们认为，对那些愿意跨越学科边界展开工作的人而言，他们所能获得的回报远远胜过了这些挑战。选择跨学科的研究者有实际的收益：尤其是研究委员会对这类工作的支持，会增加他们获得资金的机会。[34] 对研究者而言，智

---

30 John Stuart Mill, *Principles of Political Economy with Some of Their Applications to Social Philosophy* (London: John W. Parker 1848), Book III, chapter 17: 14.

31 Oliver Wendell Holmes, Jr., *Speeches* (Boston: Little Brown & Co. 1934) 23.

32 关于这些障碍和其他障碍的讨论，见 National Academies, *Facilitating Interdisciplinary Research* (Washington: National Academy Press 2005) 88 –93；进一步讨论见 Garry Brewer, “The Challenges of Interdisciplinarity” (1999) 32 *Policy Sciences* 327。

33 Elsevier, *A Review of the UK’s Interdisciplinary Research Using a Citation-Based Approach* (Bristol: HEFCE 2015) 3.

34 例如，见 Research Councils UK, *Memorandum from Research Councils UK in Response to the British Academy Call for Evidence on Interdisciplinarity* (2015)，www.rcuk.ac.uk/RCUK-prod/assets/documents/submissions/BAInterdiscipilinarityRCUKsubmission.pdf，最后访问日期：2016 年 4 月 5 日。

识上的收益在于拓展和丰富对概念、理论和方法的理解，[35] 以及更
直接，但至关重要的（鉴于我们在这本书中所采取的进路）是**理**
解一个内在地处于社会、经济、政治、文化、历史和科学背景之
下的领域的能力。对社会而言，跨学科研究也有巨大的潜在价值。
首先，跨学科研究被公认为能非常有效地激发创新思维。[36] 其次，
与此相关的人群健康问题（或许尤其是本章上一节提到的全球健
康问题）本质上很复杂：实际上，它们可能被视为“棘手问题”，[37]
即特别难以解决的问题，至少部分原因在于它们与其他问题有关
（例如，健康状况不佳与社会弱势有关）。正是这种相互关联性为 190
我们在此提倡的这类跨学科回应创造了需求和空间。[38] 正如波普尔
论称：

35 见 Diana Rhoten, “Interdisciplinary Research: Trend or Transition” (2004) 5 *Items & Issues* 6, 9。

36 例如，见 National Academies，前注 32，第 35—39 页；Jorge Alves, Maria José Marques, Irina Saur, and Pedro Marques, “Creativity and Innovation through Multidisciplinary and Multisectoral Cooperation” (2007) 16 *Creativity and Innovation Management* 27; Alan Blackwell, Lee Wilson, Charles Boulton, and John Knell, *Creating Value Across Boundaries: Maximising the Return from Interdisciplinary Innovation* (London: NESTA 2010)。

37 见 Horst Ritter and Melvin Webber, “Dilemmas in a General Theory of Planning” (1973) 4 *Policy Sciences* 155。关于卫生背景下“棘手问题”的简要概述，见 Ilona Kickbusch, “Health in All Policies: The Evolution of the Concept of Horizontal Health Governance” in Ilona Kickbusch and John Buckett (eds), *Implementing Health in All Policies: Adelaide 2010* (Adelaide: Department of Health, Government of South Australia 2010) 11；具体例证见 Diane Finegood, “The Complex Science of Obesity” in John Cawley (ed), *The Oxford Handbook of the Social Science of Obesity* (Oxford: Oxford University Press 2011) 208–236。

38 见 National Academies，前注 32，第 34—35 页；Roderick Lawrence, “Beyond Disciplinary Confinement to Imaginative Transdiciplinarity” in Valerie Brown, John Harris and Jacqueline Russell (eds), *Tackling Wicked Problems: Through the Transdisciplinary Imagination* (London: Earthscan 2010) 16–30。

> 学科的划分，部分出于历史原因和行政管理的便利（如教学组织和职位任命），部分因为我们为解决问题而构建的理论有发展成统一体系的趋势。但所有这些分类和区别都是相对而言不重要的、表面的事情。**我们不是研究某些主题的学者，而是研究问题的学者。**问题可能会跨越某些主题或学科的边界。[39]

10.5 结 论

我们认为，在21世纪，对于力求理解和回应人群健康问题的人而言，不论他们是教育工作者、研究人员、从业人员还是决策者，无论他们是在英国还是在其他国家，法律都是他们所需整体进路中不可或缺的组成部分。我们在本书第一章中指出，了解公共卫生的关键要素之一是关注社会协作，设计并提供有组织的社会合力，为人们的健康生活提供环境条件。[40] 在这方面，即便有时会被低估，但法律和政府治理仍是至关重要的工具，并且，亟待一些人做出明确而重要的贡献，他们拥有至为重要的实务知识，对本书要努力推进的事务有所理解。简言之，公共卫生政策和实践将从来自公共卫生伦理和法律层面的呼声中得到支持。我们的希冀和野心是，本书将有助于显著增强这种声音。

---

39 Karl Popper, *Conjectures and Refutations: The Growth of Scientific Knowledge* (London: Routledge Classics 2002) 88 (黑体强调为原作者所加).

40 Charles-Edward Winslow, "The Untilled Fields of Public Health" (1920) 51 (1306) *Science* 23.

索引

译后记

新冠肺炎疫情的全球大流行改变了每个人的生活，也引发了社会各界特别是法学界对公共卫生法的关注。习近平总书记指出，要深入研究如何强化公共卫生法治保障，完善公共卫生法律法规，健全权责明确、程序规范、执行有力的疫情防控执法机制。[1] 在我国的法学研究中，相对更受关注的是宪法、法理、民法、刑法、行政法、国际法等传统法学学科门类，作为“领域法学”的卫生法学兴起较晚，高质量研究成果还相对较少。在已有的卫生法研究中，更多成果相对聚焦于医事法，在疫情暴发之前，公共卫生法研究相对寂寥。[2]

在我国，公共卫生法的“道”与“术”都不能充分满足现实需求。在“术”的层面，我国公共卫生法治体系建设已初具雏形，已

1 习近平:《构建起强大的公共卫生体系　为维护人民健康提供有力保障》,《求是》2020 年第 18 期。

2 见汪劲:《第一讲　公共卫生法概述》,《中国公共卫生管理》1990 年第 1 期；杨彤丹:《公共卫生法之现代阐释》,《学习与探索》2012 年第 12 期；徐国栋:《罗马公共卫生法初探》,《清华法学》2014 年第 1 期等。

经颁布了《基本医疗卫生与健康促进法》《传染病防治法》《突发事件应对法》《动物防疫法》《进出境动植物检疫法》等法律；还有《药品管理法》《疫苗管理法》《职业病防治法》《献血法》《渔业法》《食品安全法》等十余部与公共卫生相关的专门法律，此外，在有关生态环境、职业安全、社会管理、国家安全的等法律中，也有涉及公共卫生的条款。但我国公共卫生立法依然存在法律制度不健全、法律制度不衔接、制度滞后或虚置、配套法律制度不完备等问题。2020 年 4 月 17 日第十三届全国人民代表大会常务委员会第 50 次委员长会议通过了《十三届全国人大常委会强化公共卫生法治保障立法修法工作计划》，旨在从保障人民群众生命安全和身体健康、防范化解重大公共卫生风险、提升国家治理体系和治理能力现代化、维护国家安全和长治久安的高度，推动强化公共卫生法治保障立法修法工作。[3]

在学理层面，更需探寻我国公共卫生法的“道”，探寻其中的事理与法理。例如，何为公共卫生？如何理解公共卫生的概念与特征？如何理解公共卫生中的“公共”？如何理解公共卫生法的功能与范围？如何考虑公共卫生中的规范性问题与描述性问题？如何理解公共卫生伦理对公共卫生法律和规制的影响？如何从私法、刑法、公法、国际法角度审视公共卫生法？如何理解“新公共卫生”的范式转型？如何审视公共卫生中的行政规制、自我规制与治理，实现

3 全国人大常委会法制工作委员会主任沈春耀：《全国人民代表大会常务委员会法制工作委员会关于强化公共卫生法治保障立法修法工作有关情况和工作计划的报告》，2020 年 4 月 26 日于第十三届全国人民代表大会常务委员会第十七次会议，“中国人大网”2020 年 5 月 12 日，http: //www.npc.gov.cn/npc/c30834/202005/92ae17a6545648409716bb0dceb5bf44.shtml（最后访问日期：2021 年 5 月 4 日）。

公共卫生规制工具的革新？在我国医学学科中，公共卫生学科已有完备建制，而“公共卫生”与“法律”却似两条互不交错的单行道，无论是公共卫生学界还是法学界，都未能对公共卫生法基础理论问题加以深入研究。

在此背景下，译介国外高水准公共卫生法学术著作，或许能为深化我国公共卫生法学理研究、推动我国公共卫生法治体系建设，提供些微学术助力。尽管主译者多年从事行政法、医药卫生法研究，但对公共卫生法学术积累不多。2020年初新冠肺炎疫情暴发后，在学术责任感的驱使下，主译者投入公共卫生法学术研究与决策咨询活动中，也因此广读文献，以求有所增益。在此背景下，我们翻译了这部《公共卫生法：伦理、治理与规制》，以期提供高质量的学术公共物品，为推动我国的公共卫生法研究做点实事。

《公共卫生法：伦理、治理与规制》是一部不可多得的公共卫生法体系性、原理性著作，这本书对公共卫生法给出了权威、全面、深刻的勾勒。本书三位作者来自英国布里斯托大学和南安普顿大学，本书描述了当代公共卫生的立法、公共政策、司法判决和公共卫生实践，勾连法律与伦理，探讨规制与治理，勾连国内卫生法与全球卫生法，从哲学层面阐释了公共卫生法的理论，回溯了公共卫生漫长的立法与规制史，从法律和公共政策层面探讨了行政规制、自我规制与治理，考察了私法、公法、刑法及国际法在公共卫生领域中的作用，提出了公共卫生法的未来方向。本书虽然立足于英国公共卫生法治实践，但其间流淌的洞见，阐发的原理，对我国公共卫生法学理研究的体系化，对我国回应公共卫生法治建设的实践难题，都有诸多裨益。

本书第一部分包括三章，讨论了公共卫生法的基本原理，涉及公共卫生概念、公共卫生伦理、公共卫生立法史。本书第一章讨论何为公共卫生。作者梳理了公共卫生学会、英格兰公共卫生局和世界卫生组织就公共卫生给出的定义，论述了公共卫生与法律的关联，讨论了公共卫生的理念与公共卫生法的进路。公共卫生更为关注群体健康，而非个体健康；更为关注疾病预防，而非治疗；更为关注政府与社群的关系，而非医患关系；更为关注以生物统计学、流行病学等科学方法为基础的群体服务，而非个体医疗服务。[4] 公共卫生涉及医疗服务体系、公共卫生基础设施以及健康的社会决定因素；公共卫生旨在通过预防措施和健康促进来促进健康；公共卫生涉及诸多干预措施，不能将其简单归约于“治安权”（police power）或强制性手段的运用。

本书第二章讨论了公共卫生、哲学和伦理。作者指出，公共卫生伦理要解决的问题之一是“什么使卫生成为公共的”，伦理关乎公共卫生干预措施的正当化根据。伦理的规范性问题涉及道义性和评价性两个层面，涉及对不同价值的评判与衡量。面对公共卫生问题，可以提升伦理意识、提供伦理行动指南、促进伦理审议，并从伦理层面对公共卫生干预措施的正当化根据加以说明。在我国，一般认为公共卫生伦理应秉承效用、公正、尊重、社会团结、比例等原则，需关注健康责任、公共卫生与个人自由、健康公平、卫生资源配置等问题。[5] 在我国公共卫生立法中，也需考虑不同的伦理因素，并考虑如何将伦理原则转化为可操作性的公共卫生法律制度和措施。

---

4 Lawrence O. Gostin, *Public Health Law: A Renaissance*, 30 J.L. Med. & Ethics 136 (2002).

5 见翟晓梅、邱仁宗编著：《公共卫生伦理学》，中国社会科学出版社 2016 年版，第 55—80 页。

本书第三章从制度史的视角，讨论了英国公共卫生立法与规制的演进。本书指出，英国现代公共卫生法源起于维多利亚时代；在20世纪的大部分时期，英国的公共卫生立法着眼于对个别妨害的规制，未能对人群健康予以整体性的关注；进入21世纪后，在“新公共卫生”范式下，引入风险规制、加强能力建设、推进职责下放，引入新的规制进路。其中的启迪或在于，如何整理我国1949年以来的公共卫生立法史，如何审视不同阶段公共卫生立法的发展规律与成败得失，如何审视我国公共卫生立法与医疗服务立法之间的关系，我国公共卫生立法中如何体现合作治理、风险预防、规制创新等理念。

本书第二部分为全书的主旨部分，讨论了“公共卫生法的领域”，这本著作没有针对烟草控制、酒精规制、肥胖控制、疫苗接种等公共卫生法各论展开探研，而是秉承法律人的立场，从私法、刑法、公法、欧盟法和国际法、自我规制与治理五个不同角度，对公共卫生法理论加以条分缕析。这也体现了公共卫生法的“领域法学”特色，综合运用不同的法律手段，运用工具箱中不同的工具，来回应公共卫生问题，实现公共卫生所希望达成的目的。

本书第四章讨论了公共卫生法的范围。在本书第五章中，作者讨论了私法与公共卫生的关联性，讨论了合同法、侵权法、家事法、私人生活、个人选择在公共卫生领域中的作用。作者以多诺霍案为例，讨论了公共卫生与消费者保护的关联；以费尔柴尔德案为例，讨论了石棉暴露风险认定中因果关系的判定；以精神病院内禁烟为例、个人疫苗接种意愿为例，讨论私人选择与公共卫生之间的紧张关系。在我国，也需系统思考民法在公共卫生法中的作用。《民法典》第465条第1款规定：“依法成立的合同，受法律保护。”《民法典》第七编规定了侵权责任，其中对损害赔偿、产品责任、医疗损害责任均加以专门规定。《民法典》第 5 条规定，民事主体从事民事活动，应当遵循自愿原则。《未成年人保护法》第 19 条规定，在做出与未成年人权益有关的决定前，听取未成年人的意见，充分考虑其真实意愿。在我国公共卫生法治实践中，应思考私法自治与国家强制之间的关系，更多发挥民法的机能，让民法原则、民事法律责任机制发挥更多作用。

本书第六章聚焦于刑法与公共卫生，结合对传染病传播、疾病控制、道路安全、生物恐怖主义犯罪的剖析，讨论了与公共卫生有关的刑法目标、议程。指出刑法规制主要关注构成危害行为的公共违法行为，这涉及本质上违法的行为，也涉及法律禁止的违法行为。当“较软”的手段不起作用时，有可能采取“较硬”的控制手段。在我国，《刑法》第 6 章第 5 节题为“危害公共卫生罪”，在《刑法》第 330 条至第 337 条中，以 8 条的篇幅，规定了“妨害传染病防治罪”“传染病菌种、毒种扩散罪”“妨害国境卫生检疫罪”“非法组织卖血罪”“强迫卖血罪”“非法采集、供应血液、制作、供应血液制品罪”“采集、供应血液、制作、供应血液制品事故罪”“医疗事故罪”“非法行医罪”“非法进行节育手术罪”“妨害动植物防疫、检疫罪”等罪名，在 2020 年 12 月 26 日通过的《刑法修正案（十一）》中，则完善了妨害传染病防治罪的犯罪构成，增设了“非法采集人类遗传资源、走私人类遗传资源材料罪”和“非法植入基因编辑、克隆胚胎罪”。[6] 除了对我国公共卫生罪名的犯罪构成加以审视之外，我们还需反思刑法谦抑原则与积极主义刑法观之间的紧张关系，思

6 见冯军：《危害公共卫生行为的刑法防治——以〈刑法修正案（十一）〉的相关规定为中心》，《法学》2021 年第 2 期。

考刑法介入公共卫生的限度。

本书第七章讨论了公法与公共卫生，讨论了公法的“能力建设”面向，即创设致力于公共卫生目标的机构，促进机构的能力建设，明确机构的使命和可问责性。还讨论了如何将公法作为配置卫生资源的法律框架；讨论了行政法上“红灯”、“绿灯”和“黄灯”理论与传染病立法；讨论了公共卫生措施中蕴涵的积极干预义务，以及公共卫生措施对权利的限制。我国正着力于改革完善疾病预防控制体系，并于2021年组建了国家疾病预防控制局，应进一步研究，如何通过修改《传染病防治法》《突发事件应对法》等法律，明确相关行政机关、专业技术机构的法律地位、职责权限、能力建设、决策程序和责任归属。还需研究在设定公共卫生干预措施时，如何尽可能保障相对人的人身权、财产权、隐私权等权利，令对其权利限制降低到尽可能少的范围。

本书第八章讨论欧盟法、国际法与公共卫生。该章讨论欧盟在公共卫生方面的权能，并讨论了欧盟在传染病防治、控制酗酒、控制肥胖等领域的作用。本书尤其以《国际卫生条例》、《烟草控制框架公约》及国际贸易协定为例，探讨了国际法在公共卫生治理中的作用，特别提出了“全球卫生法”的图景。应当看到，在新冠肺炎疫情应对过程中，全球组织、各国政府、非政府组织、企业、专家及不同类型的利益相关方参与其中，构成了公共卫生的全球治理网络。在抗击疫情过程中，体现了全球公共卫生政策的政策扩散和相互学习。其中有全球、多边、双边等不同层面的全球公共卫生合作。需要进一步思考，在我国公共卫生法治建设中，如何应对全球卫生治理的需要，对我国相关法律、法规、标准和指南进行必要的修正。同时，国家卫生健康委、国家国际合作发展署、外交部、商务部等部门之间如何建立相应的协调机制，并如何以制度化、程序化的方式，参与全球公共卫生治理之中，并围绕治理目标的确定，围绕治理规则的协调与实施，展开更为积极的互动，使得在全球公共卫生治理网络中捍卫我国的主权，表达我国的利益。[7]

本书第九章讨论了公共卫生法中的政策、自我规制与治理，分析了公共卫生领域的干预措施和干预阶梯，分析了助推等政策工具在公共卫生治理中的作用，讨论了公共卫生中的个人责任、企业责任与自我规制。需要指出，在卫生行政中，可以有什么都不做、提供信息、为选择赋能、更改默认政策、采取激励措施、限制选择、排除选择等方式，[8] 在干预阶梯体系中，应当优先选用干预程度较低的方式，自下而上逐步选用干预度更强的措施。[9] 我国《基本医疗卫生与健康促进法》第 69 条规定“公民是自己健康的第一责任人”，《基本医疗卫生与健康促进法》第 86 条则规定，国家建立健全机构自治、行业自律、政府监管、社会监督相结合的医疗卫生综合监督管理体系，这体现了行政规制与自我规制的结合，有助于勾连行政、市场、社会、个人等子系统，降低治理成本，有效实现公共卫生治理目标。

本书第十章构成了本书的第三部分，作为结语，讨论了法律与公共卫生的未来方向。本章讨论了公共卫生法的多学科和跨学科属性，指出公共卫生法也是“戴着镣铐跳舞”，要受公众可接受性、伦理可接受性、经济可行性、政治优先次序、法律约束、政治意愿和

7 见宋华琳:《全球规制与我国政府规制制度的改革》,《中国行政管理》2017 年第 4 期。

8 见本书第 9.2.2 节。

9 见［英］罗伯特·鲍德温、马丁·凯夫、马丁·洛奇:《牛津规制手册》,宋华琳、李鸻、安永康、卢超译，上海三联书店 2017 年版，第 141 页。

治理进路等影响。这令人想起马丁·洛克林所说，公法是复杂的政治话语形态，公法深植于它所处的社会、政治、经济和历史背景。[10]在我国未来的公共卫生法治建设过程中，还需更多考虑法律、政治、经济、政策、社会、历史、文化等因素的约束，通过对不同备选方案的比较衡量，选择可能的制度改革之道。

以上是对这部《公共卫生法》著作内容的简要勾勒，并探讨了对我国学术研究和制度建设的可能启发之处。本书是一本简明精当的公共卫生法概述，书中以英国及欧盟立法为例，探讨公共卫生的要义与伦理基础，对公共卫生立法与规制史进行精辟阐述。本书从伦理、政策制定与规制三个维度对公共卫生及公共卫生法做出界定，考察了公共卫生对私法、公法、刑法和国际法的影响。这部著作作为公共卫生法律、伦理与规制领域的发凡之作，框架清晰，可读性强，不仅适合公共卫生研究人员、从业者阅读，也适合相关的政策制定者、执法者和司法人员阅读，适合法科、医科读者阅读，适合对公共卫生这一议题感兴趣的普通读者阅读。此书有助于我们更好借鉴法治发达国家公共卫生法律理念和制度，推进我国公共卫生法治建设。

在此还要忠实记录这部著作的翻译过程。2020 年 3 月，我向译林出版社王笑红编审推荐了这部英国公共卫生法著作。2020 年 5 月初，笑红告知已购得此书中译本版权，我即组织学术团队着手翻译，2020 年暑假时，团队成员即基本完成了初稿。在统校过程中，李芹博士对本书第六至第十章稿件初稿进行了统校，李鸻博士对本书第一至第五章稿件初稿进行了统校，并制作了全书的索引。我则在她

10　见［英］马丁·洛克林:《公法与政治理论》，郑戈译，商务印书馆 2002 年版，第 8 页。

们的基础上，于 2020 年 10 月至 2021 年 3 月间，特别是寒假期间，对本书译稿进行了逐字逐句的统校，对诸多遣词造句尽量字斟句酌，对诸多细微之处加以润色调整，并于 2021 年 3 月 25 日将中译本定稿交给译林出版社。

本书由宋华琳、李芹、李鸻等译出，翻译团队成员包括宋华琳、李芹（河北大学法学院讲师、法学博士）、李鸻（南开大学档案馆馆员、法学博士）、邹志（南开大学法学院 2019 级硕士生）、赵伟勋（南开大学法学院 2019 级硕士生）、李美郡（上海交通大学凯原法学院 2020 级博士生、南开大学法学院 2020 级硕士生）、牛佳蕊（南开大学法学院 2019 级博士生）、杨金晶（安徽大学法学院讲师、法学博士）、吴凡（南开大学法学院 2021 级硕士生）、吕正义（浙江大学光华法学院 2021 级博士生、南开大学法学院 2021 级硕士生）、郑志行（清华大学法学院 2021 级博士生、北京大学法学院 2019 级硕士生、南开大学法学院 2019 级本科生）。团队所有成员都曾经或正在南开园求学问道，这部译著也是南开园公法研习的见证，衷心感谢各位译者的辛勤付出。

本书翻译分工如下：

导论　宋华琳译

第一章　宋华琳、赵伟勋译

第二章　李鸻、邹志译

第三章　李美郡译

第四章　赵伟勋译

第五章　牛佳蕊译

第六章　杨金晶、吴凡译

第七章　吕正义译

第八章　郑志行译

第九章　李芹译

第十章　吴凡译

要感谢译林出版社王笑红编审，我们是相识二十载的好友，也有过多次愉快的出版合作，是她促成了这一选题的落实和译著的付梓，还要感谢译林出版社黄洁编辑在编辑过程中的辛劳，谢谢。

当写下以上文字时，全球新冠肺炎疫情仍未结束，新冠肺炎在南亚和南美似有风云再起之势。而就公共卫生法而言，我们所需关切的问题不仅仅是传染病防控，还涉及初级卫生保健、慢病防控、妇幼保健、烟草控制、环境健康、职业卫生、食品安全、放射卫生、精神卫生、地方病防治、公共卫生监测等各论引发的法律课题，其间有法学理论亟待回应的课题，更有法治实践建设层面的难题。[11] 衷心希望突发公共卫生事件早日过去，祝愿我国公共卫生治理能力不断提升，更希望更多学界与实务界人士勠力同心，共同推动我国的公共卫生法学术研究，进而推动我国公共卫生法的政策设计与制度改革，以更好地预防疾病，更好地促进人民健康。

宋华琳

2021 年 5 月 5 日

11　见李立明、姜庆五：《中国公共卫生理论与实践》，人民卫生出版社 2015 年版。

译者简介

宋华琳

南开大学医药卫生法研究中心主任，南开大学法学院副院长、教授、法学博士、博士生导师。兼任中国法学会行政法学研究会常务理事暨政府规制专业委员会副会长、中国卫生法学会常务理事暨学术委员会副主任委员。主要从事行政法学、医药卫生法研究，主持国家社会科学基金重大项目“突发重大公共卫生事件防控的法治体系研究”及国家社会科学基金年度“合作规制的行政法研究”“药品安全监管的行政法研究”，参与多部医药卫生法律的制定、修订或立法咨询。

专著《药品行政法专论》获教育部高等学校科学研究优秀成果奖（人文社会科学），在《中国法学》《管理世界》等 CSSCI 刊物发表论文六十余篇，独译《打破恶性循环：政府如何有效规制风险》（2009），合译《牛津规制手册》（2017）、《创设行政宪制：被遗忘的美国行政法百年史》（2016）、《美国公用事业的竞争转型》（2012）、《规制及其改革》（2008）和《偏颇的宪法》（2005）。

李　芹

河北大学法学院讲师，浙江大学法学博士，美国爱荷华大学法学院访问学者，南开大学医药卫生法研究中心研究人员。兼任中国行为法学会行政法治分会理事、中国药品监督管理研究会药品治理体系研究专业委员会青年委员。主要研究方向为行政法学、政府规制。在《国家行政学院学报》《行政法学研究》《行政法论丛》发表论文、译文多篇。

李　鸻

南开大学档案馆馆员，上海交通大学法学博士，南开大学医药卫生法研究中心研究人员。主要研究方向为行政法学、医药卫生法。合译《牛津规制手册》《美国公用事业的竞争转型》《何谓法律：美国最高法院中的宪法》，在《华东政法大学学报》《行政法学研究》《山东大学学报》等刊物发表论文、译文多篇。